T0169711

# PHILOSOPHIE DU VÉGÉTAL

# COMITÉ ÉDITORIAL

TEXTES CLÉS

# PHILOSOPHIE DU VÉGÉTAL
## Botanique, épistémologie, ontologie

Textes réunis et introduits par
Quentin HIERNAUX

Traductions par
V. CHOISNEL, A. DARATOS, S. GERBER,
Q. HIERNAUX, C. TRESNIE

PARIS
LIBRAIRIE PHILOSOPHIQUE J. VRIN
6 place de la Sorbonne, V e
2021

© *Librairie Philosophique J. VRIN*, 2021
*Imprimé en France*
ISSN 1968-1178
ISBN 978-2-7116-2975-6
*www.vrin.fr*

# INTRODUCTION GÉNÉRALE

Renouer avec la nature, retourner à la terre, s'émouvoir de la déforestation, protéger la biodiversité et même manger bio, ces propositions semblent peu à peu gagner du terrain dans la société occidentale même si elles peuvent aussi, faute de s'ancrer directement dans la réalité dramatique à laquelle elles renvoient, demeurer à l'état de slogans. Or une part essentielle de cette réalité se joue sous nos pieds et sous l'indifférence de nos regards. À la différence de l'animal – du moins l'animal tel qu'il est généralement représenté par la philosophie : vertébré, domestique ou en relation avec nous, le végétal est sans visage et sans regard. Il diffère pourtant d'une pierre et du reste du monde des objets inanimés. La plante vit, et, à ce titre, perçoit et agit dans son intérêt de façon cohérente. La vitalité des plantes est une force, parfois domptée au service de l'humanité, mais qui peut aussi la dépasser, voire la menacer. Des espèces invasives ou devenues résistantes à la suite d'usages intensifs d'herbicides ruinent des hectares entiers de cultures. Des algues vicient ou obstruent les eaux ; des essences propagent des feux de forêt. Plus modestement les racines des arbres perforent les canalisations, éclatent le béton, déforment trottoirs et chaussées devenant périls pour les usagers. Cette vitalité obscure, incommensurable avec la nôtre, a pu inquiéter certains philosophes tel Sartre dans l'exemple fameux de *La Nausée* :

J'ai peur des villes. Mais il ne faut pas en sortir. Si on s'aventure trop loin, on rencontre le cercle de la Végétation. La Végétation a rampé pendant des kilomètres vers les villes. Elle attend. Quand la ville sera morte, la Végétation l'envahira, elle grimpera sur les pierres, elle les enserrera, les fouillera, les fera éclater de ses longues pinces noires ; elle aveuglera les trous et laissera pendre partout des pattes vertes. Il faut rester dans les villes, tant qu'elles sont vivantes, il ne faut pas pénétrer sous cette grande chevelure qui est à leur porte : il faut la laisser onduler et craquer sans témoins. Dans les villes, si l'on sait s'arranger, choisir les heures où les bêtes digèrent ou dorment, dans leurs trous, derrière les amoncellements de détritus organiques, on ne rencontre guère que des minéraux, les moins effrayants des existants[1].

Si l'animal est l'autre de l'humain, la plante est l'autre de cet autre. Elle perturbe l'ordre de notre système de pensée, nous renvoie à la monstrueuse lueur verte au tréfonds de notre être, celle d'un foyer sans éclat ni chaleur qui brûle sans autre signification que dévorer et croître. D'un autre côté, l'espèce humaine et l'histoire de la civilisation ne peuvent se comprendre sans les relations de domestication, sans les alliances agricoles, utilitaires et symboliques nouées avec les plantes[2]. Les écosystèmes, l'agriculture, l'exploitation forestière, l'industrie même, dépendent intrinsèquement des plantes, paradoxalement rendues invisibles dans notre culture philosophique occidentale. Le végétal cristallise ainsi en même temps, dans notre tradition, une altérité radicale et une familiarité

---

1. J.-P. Sartre, *La Nausée*, Paris, Gallimard, 1938, p. 220.
2. P. Lieutaghi, *La plante compagne : pratique et imaginaire de la flore sauvage en Europe occidentale*, Arles, Actes Sud, 1998.

rassurante [1]. Le végétal nous est familier avant tout par son omniprésence. Nous partageons avec lui, partout et depuis toujours, presque tous nos milieux de vie. C'est pourquoi la prise de conscience de son importance, la question de savoir comment le comprendre et agir avec et à travers lui à différentes échelles apparaît comme l'une des nouvelles tâches de la philosophie, ou peut-être l'une des plus ancestrales.

Ainsi, est-il souhaitable de réinscrire la problématique du traitement des plantes dans sa dimension historique, quelle que soit la période envisagée. Tel est l'enjeu de la *première partie* de ce volume, regroupant des textes consacrés à l'*histoire philosophique de la botanique et au statut de la plante.* Jean-Marc Drouin, dans son *Herbier des philosophes* [2], a montré à quel point cette démarche révèle le potentiel philosophique de la botanique. La place accordée au végétal dans l'échelle des êtres médiévale, par exemple, révèle non seulement une part des déterminations communes à tous les êtres, mais aussi la culture, voire les préjugés dominants d'une époque. La première partie de ce volume s'ouvre avec une traduction originale des quatre premiers chapitres du livre I des *Recherches sur les plantes* de Théophraste (371-288 ACN), disciple d'Aristote et considéré comme le fondateur de la botanique. La question de savoir ce qu'est une plante y est d'abord posée au sens méthodologique établi par Aristote du *ti esti* ou, pour parler comme la tradition qui en découle, au sens de savoir ce qui constitue l'essence de la plante. Déclinée en fonction des connaissances naturalistes de

---

1. A. Corbin, *La douceur de l'ombre. L'arbre source d'émotions, de l'Antiquité à nos jours*, Paris, Flammarion, 2014.

2. J.-M. Drouin, *L'herbier des philosophes*, Paris, Seuil, 2008

l'époque, cette première question soulève celle de la situation des plantes parmi les autres êtres, c'est-à-dire de leur statut dans l'ordre naturel par rapport aux minéraux, animaux et humains. Surtout, l'approche empirique et systématique de Théophraste conduit à mettre en évidence les premiers problèmes spécifiques que rencontre l'étude des plantes. Par exemple, en termes de physiologie ou de morphologie : à quoi servent les feuilles, comment une plante se nourrit-elle, a-t-elle une sexualité, est-elle un individu ? Ces questions directrices, longtemps traitées par la philosophie naturelle, continuent d'orienter en filigrane certains enjeux des textes réunis dans les deux autres parties du volume.

À la Renaissance, la question des différences essentielles entre les plantes et les animaux se pose à nouveau, notamment grâce à la redécouverte des travaux de Théophraste. En témoignent les cinq premiers chapitres du livre I du *De Plantis Libri* (1583) d'Andrea Cesalpino (1519-1603), reproduits ici pour la première fois sous la forme d'une traduction originale et inédite [1]. À l'âge classique, l'approche anthropocentrée des problèmes domine, mais avec la volonté d'assurer une certaine continuité entre les règnes du vivant. Un court texte de Julien Offray de la Mettrie (1709-1751) intitulé *l'Homme-Plante* (1748) vient illustrer que la différence anthropologique elle-même peut être interrogée par le végétal. La Mettrie, dont on retient plus volontiers le cartésianisme radicalisé de son *Homme-Machine*, était aussi botaniste de formation. Il mobilise ici ses connaissances en la matière pour proposer une conception typiquement moderne de ce que serait une

---

1. À ce jour aucune traduction en français ni même en anglais n'avait été publiée de ce texte fondateur de la botanique moderne.

plante – et, en creux, un humain. Ce texte qui, comme son titre l'indique, fait preuve d'anthropomorphisme, est révélateur et instructif du statut médian réservé aux plantes au XVIII<sup>e</sup> siècle : riches en fonctions communes à tous les vivants, et tellement éloignées, en apparence, de ce qui fait l'humain. La partie historique se conclut avec la traduction d'un texte de l'historienne et botaniste Agnès Arber (1879-1960) consacré à la théorie du type végétal de Goethe. Arber montre comment cette théorie philosophique aux allures transformistes a pu servir de transition et d'assise à une série de botanistes qui cherchaient à entrer de plain-pied dans la biologie moderne et la théorie de l'évolution.

Jusqu'à la fin du XIX<sup>e</sup> siècle, la botanique s'est présentée comme science des vivants non-animaux, regroupant indifféremment l'étude des plantes et des algues, celle des champignons, des lichens, et même des coraux et des bactéries. Or ces êtres, au-delà ou plus traditionnellement « en deçà » de l'animal qu'ils ne sont pas, peuvent aussi être abordés d'une façon non hiérarchique et positive, c'est-à-dire selon leurs spécificités et modes de vie propres. Les modalités d'existence des végétaux diffèrent fondamentalement de celles de l'humain et des animaux, et pourtant elles permettent des fonctions similaires. À commencer par les fonctions biologiques comme la nutrition, la respiration, la croissance ou la reproduction. Que signifie dès lors avoir un *corps* pour une plante ? La manière dont les plantes obligent à repenser les *rapports tout-parties*, à toutes les époques et dans tous les domaines de la pensée, qu'elle soit naturaliste ou philosophique, constitue une grille de lecture aux déclinaisons multiples qui peut accompagner le lecteur au fil des textes de ce volume. Dans la pensée naturaliste traditionnelle, au moins depuis Théophraste, en passant par la botanique moderne et jusqu'à la morphologie goethéenne d'Agnes Arber, le *corps* de la plante bouleverse l'organisation animale du tout et de la partie. Aucune partie ne lui semble essentielle, elle est dépourvue d'organes vitaux, et constitue pourtant une totalité vivante. Totalité qui, paradoxalement, est divisible par marcottage, bouturage et autres modes de reproduction végétative se déployant au gré d'une croissance itérative et indéfinie. L'autonomie de l'organe et celle de l'organisme semblent se confondre. Quelle est, dès lors, l'unité qui constitue l'individualité d'un organisme végétal ? Comment, en conséquence, s'est défendue historiquement l'unité de l'âme comme principe hiérarchique de vie ? Sans cesse pensée sur le modèle simplificateur du monde inerte où par analogie avec les formes de vie animales, la plante n'a jamais vraiment eu sa propre place. Ce livre peut donc se lire comme l'histoire ou la généalogie d'une conquête conceptuelle de la plante dans la philosophie.

Quelle place le végétal occupe-t-il dans le développement de la biologie du XXᵉ siècle ? Sur quels principes et méthodes repose l'approche scientifique des végétaux ? Ces questions traversent la deuxième partie du volume, consacrée à l'*épistémologie* et à la *philosophie de la biologie végétale*. Loin d'épuiser la question philosophique du végétal, les sciences naturelles contemporaines apportent un regard privilégié pour en préciser certains traits. Du point de vue de la biologie de l'évolution, le végétal regroupe tous les organismes dits de la lignée verte [1]. Il s'agit bien entendu de toutes les plantes terrestres (des mousses en passant par les fougères jusqu'aux arbres en tout genre et plantes à fleurs), mais aussi des algues dont elles descendent

---

1. P. Raven, R. Evert, S. Eichorn, *Biologie végétale*, 3ᵉ éd., trad. fr. J. Bouharmont, Bruxelles, De Boeck, 2014.

phylogénétiquement. Les algues vertes, initialement marines et unicellulaires, se sont ensuite différenciées en algues multicellulaires (marines et d'eau douce) et en autres végétaux partis à la conquête des terres émergées. Du point de vue physiologique, tous ces organismes présentent la particularité, à la différence des animaux, d'être autotrophes, c'est-à-dire qu'ils produisent directement leur énergie et leur matière organique à partir de matières inorganiques (contrairement aux hétérotrophes, dont font partie tous les animaux, qui ne peuvent que recycler la matière organique déjà constituée). Par la photosynthèse, les végétaux peuvent ainsi se développer à partir de la lumière solaire et des composés minéraux à leur disposition dans l'air, le sol et l'eau. C'est pourquoi ils se trouvent à la base de la quasi-totalité des écosystèmes et sont d'une importance primordiale pour les grands cycles biogéochimiques qu'ils contribuent largement à réguler (atmosphère, cycle de l'eau, etc.).

La deuxième partie de ce volume commence par un saut dans le passé qui nous apprend que le décentrement général par rapport à l'animal proposé par plusieurs textes contemporains est en fait déjà en germe chez un auteur comme Léo Errera (1858-1905), botaniste et philosophe, auteur en 1900 d'un texte intitulé *Les plantes ont-elles une âme ?* En précurseur de la physiologie végétale, Errera répond positivement à la question grâce aux premiers éléments de l'étude des comportements des plantes qui attestent d'une certaine vie « psychique » au travers de processus qui pourraient évoquer la mémoire et le choix. Le texte d'Errera introduit plus précisément aux controverses sur la nature des comportements végétaux qui ont récemment repris de la vigueur autour de travaux de plusieurs physiologistes du végétal. Parmi eux, Anthony Trewavas (né en 1939) est l'auteur d'un ouvrage scientifique de référence sur le sujet, *Plant Behaviour and Intelligence* (2014). Le chapitre IX de ce livre, ici traduit, synthétise avec rigueur et simplicité les expériences sur les comportements végétaux. Cette synthèse pose le problème philosophique de l'assimilation de tels comportements à des opérations comme la mémoire, le choix, l'anticipation, la conscience ou l'intention. Dès 1911, le biologiste Raoul Francé avait publié en Allemagne, berceau de la physiologie végétale, un livre sur *Les sens de la plante* [1] faisant office tant d'état de l'art scientifique que de manifeste philosophique. Si les plantes sont douées de sensibilité, que signifierait plus fondamentalement avoir un *esprit* pour une plante ? Un être végétal doué de sensibilité, de mémoire, de faculté d'apprentissage serait-il gouverné par une âme ? Depuis quelques années, philosophes de l'esprit et des sciences cognitives s'interrogent de plus en plus sérieusement sur la cognition des plantes à l'heure où les découvertes expérimentales sur le comportement des plantes voisinent les avancées parallèles de l'intelligence artificielle. Est-il par exemple légitime de concevoir l'indépendance du corps et de l'esprit puisque des organismes sans cerveau semblent doués d'un psychisme ou d'une forme de cognition minimale [2] qui ne peut se manifester qu'à travers leur corps ? Déjà, des biologistes du début du siècle mentionnaient l'idée, reprise par la biologie végétale actuelle, que, pour

---

1. R. Francé, *Les sens de la plante*, trad. Fr. J. Baar, Paris, Adyar, 2013.

2. M. van Duijn, F. Keijzer, D. Franken, « Principles of minimal cognition : casting cognition as sensorimotor coordination », *International Society for Adaptive Behavior* 2 (14), 2006, p. 157–170.

une plante, se comporter revient avant tout à croître[1]. À travers la croissance des plantes, l'être et le « psychisme » de la plante semblent indissociablement liés à son action. La question des comportements des plantes brouille aussi la partition entre ce qui relèverait du tout de l'espèce biologiquement programmée et des organismes qui en seraient les parties autonomes. Pour les défenseurs de l'« intelligence » végétale, chaque plante possède une forme d'autonomie en tant qu'organisme capable de résoudre les problèmes de son environnement[2]. Pour ses détracteurs, les plantes ne font qu'exécuter des stratégies d'adaptation de leur espèce, sélectionnées au cours d'un long processus évolutif. Certes, la plante ne se représente vraisemblablement pas ses propres actions, mais cela implique-t-il un comportement aveugle ? Un esprit, une âme ou un système cognitif doivent-ils nécessairement dépendre d'états mentaux ou bien seulement de la mise en place de moyens efficaces dans l'accomplissement de fins ? Au regard des découvertes sur la mémoire et l'apprentissage d'une plante au cours de sa vie individuelle, pouvons-nous ramener entièrement le comportement végétal du côté des mécanismes de l'évolution des espèces ? Fatima Cvrčková, Helena Lipavská et Viktor Žárský, tous trois biologistes, apportent une contribution critique au débat sur l'intelligence des plantes dans un article traduit dans ce volume. Se positionnant par rapport aux travaux pionniers de Trewavas et aux arguments de ses opposants, les auteurs

1. E. S. Russell, *The study of behaviour*, Aberdeen, British Association for the Advancement of Science, 1934.
2. S. Mancuso, A. Viola, *Brilliant Green. The surprising History and Science of Plant Intelligence*, trad. J. Benham, Washington, Island Press, 2015.

proposent de procéder par étapes en réévaluant les cas de comportements végétaux nécessitant réellement de la mémoire. En effet, la mémoire est un prérequis de l'apprentissage et l'apprentissage en tant que faculté d'adaptation individuelle est souvent considéré comme un critère d'intelligence.

La section sur la philosophie de la biologie se clôt avec la traduction inédite de la première partie d'un article de 2012 de la philosophe de la biologie Ellen Clarke intitulé *L'individualité de la plante – une solution au dilemme du démographe*. Ce texte montre les problèmes causés par l'usage de la notion d'individu dans un contexte végétal, aussi bien pour la théorie de l'évolution que pour le concept d'organisme qui sont pourtant au cœur du paradigme biologique actuel. L'évolutionnisme n'a pas nécessairement rendu plus claire la dynamique ontologique du tout et de la partie qu'il convenait d'adopter dans les sciences végétales. Le corps de la plante continue à poser problème pour les évolutionnistes, soucieux de circonscrire l'individualité des organismes. À chaque individu biologique, sa valeur adaptative (*fitness*). D'elle dépendent sa survie et son succès reproducteur. Mais chaque partie de l'arbre, susceptible de survivre et de se reproduire indépendamment du tout dont elle est issue, est-elle un individu biologique à part entière ? Qu'en est-il des populations clonales aux génomes identiques ? Forment-elles un seul corps organique spatialement discontinu, un seul individu au regard de la théorie de l'évolution ?

La dernière partie de ce volume, consacrée à *l'ontologie et l'éthique contemporaine du végétal*, regroupe des textes du XXIe siècle écrits par des philosophes. Dans cette partie, il s'agit de se demander non plus tant comment la philosophie nous permet de comprendre les plantes, mais comment la compréhension des plantes transforme la philosophie. Si l'anthropocentrisme vacille avec l'émergence des sciences biologiques et surtout du darwinisme qui renvoie l'humain à la périphérie, un botaniste comme Francis Hallé démontre dans son *Éloge de la plante*[1] que les sciences contemporaines du vivant ne s'en construisent pas moins selon un biais zoocentriste, où les végétaux demeurent subalternes. L'anthropologisation de la pensée s'est subtilement étendue au monde animal, sans doute en partie à raison, et la différence anthropologique est ainsi implicitement devenue une différence zoologique, mais le cadre de pensée structurel de la hiérarchisation des êtres demeure. D'un côté, l'animal est rehaussé auprès de l'homme, de l'autre, le fossé avec le non-animal s'approfondit. L'attention aux plantes interroge une telle différenciation zoologique du vivant. Entre la limace rampante, l'huître fixée, l'unicellulaire « animal », l'algue flagellée et la plante, où trouver les raisons d'être d'une ontologie et d'une éthique pyramidale du vivant ? Au-delà même des distinctions dans le vivant, le mode d'existence autotrophe du végétal questionne jusqu'à la différence ontologique entre le monde minéral et le monde vivant, traditionnellement pensés en opposition. À travers la vie végétale, l'un et l'autre s'interpénètrent et se façonnent intrinsèquement. On ne peut, par exemple, comprendre la nature d'un sol ou le fonctionnement du cycle du carbone sans connaître l'histoire et le métabolisme des végétaux. Dans son article ici traduit *L'âme des plantes : le sens insaisissable de la vie végétale*, Michaël Marder explique comment la métaphysique occidentale (Aristote, Hegel, Nietzsche, etc.) s'est construite à l'aide de concepts

---

1. F. Hallé, *Éloge de la plante : pour une nouvelle biologie*, Paris, Seuil, 1999.

excluant la vie végétale et ses spécificités ontologiques propres, qu'il cherche dès lors à mettre en évidence. Pour Marder, c'est bien parce que le végétal contrarie toute explication ou conceptualisation rigide que, de sa réflexion, pourrait naître une déconstruction du paradigme métaphysique occidental. Le second extrait de cette dernière partie est tiré de *La vie des plantes, une métaphysique du mélange* (2016) d'Emanuele Coccia. Le passage repris insiste sur l'importance environnementale des plantes pour la vie sur Terre et propose une nouvelle philosophie de la nature basée sur la puissance de la photosynthèse et les possibles ouverts par la vie végétale. La découverte des complexités ontologiques et comportementales des plantes soulève ainsi la question éthique de nos propres comportements à l'égard du sort réservé aux végétaux. Est-il permis de détruire arbitrairement une plante ? La question n'est pas simple, d'autant plus qu'elle se heurte également aux partages traditionnels de la philosophie. Si la société occidentale contemporaine reconnaît désormais l'importance d'une éthique de l'environnement, elle demeure frileuse, peut-être en partie à juste titre, à l'idée d'accorder explicitement des droits aux plantes. Pourtant, comme nous l'avons mentionné, les plantes se trouvent à la base même des milieux et des écosystèmes qu'elles contribuent à façonner. Comment dès lors préserver efficacement le tout écosystèmique, si chacune des plantes à l'origine de ses processus fondamentaux tombe en dehors du champ de la morale et du droit ? Ce paradoxe serait l'un des éléments impensés à l'origine même du désastre écologique actuel. Désastre à remettre en perspective à la lumière du contraste qui oppose l'éthique occidentale traditionnelle et celles d'autres cultures dans leurs considérations pour les plantes. Quel rôle a joué et joue encore, dans la crise environnementale actuelle, la déconsidération des plantes au sein de la société occidentale, et quelles pourraient être les pistes pour les inclure davantage dans nos préoccupations écologiques et morales ? Sylvie Pouteau termine le volume en se demandant, dans un article de 2014 traduit, comment intégrer le végétal de façon spécifique à l'éthique occidentale sans le ramener à une sorte de « second » animal ni le confondre avec lui. Selon l'auteur, les pistes qui invitent à inclure le végétal dans l'éthique, tout comme les réticences à le faire, s'éclairent à la lumière d'une étude ontologique des plantes.

Toujours plus poussées et complexes, les découvertes écologiques des phénomènes impliquant les végétaux expliquent en partie la prise de conscience assez récente du public et du politique à leur égard et le développement d'éthiques de l'environnement soucieuses d'un équilibre intégrant à leur juste valeur les plantes à leur milieu. La multiplication des OGM végétaux, la crise de nos modes de production industriels et agricoles intensifs engendrant pollutions des sols et détérioration des écosystèmes, les menaces qui pèsent sur certains cycles géochimiques (cycle de l'eau, de l'azote, du carbone, du phosphore) invitent à sortir de l'illusion que les plantes seraient simplement des objets à la disposition d'autres êtres vivants plus complexes ou plus évolués. C'est du moins l'une des clefs de lecture importante pour la progression dans ce livre et pour la compréhension philosophique du végétal.

# HISTOIRE PHILOSOPHIQUE DE LA BOTANIQUE ET STATUT DE LA PLANTE

# INTRODUCTION

L'histoire des découvertes et réflexions botaniques en Occident doit beaucoup à Théophraste, né sur l'île de Lesbos vers -371 et mort à Athènes vers -288. Les historiens de la botanique considèrent généralement que l'étude scientifique des plantes commence avec ses *Recherches sur les plantes*[1], dont on trouvera ici une nouvelle traduction du début du premier livre. Formé à la philosophie par Aristote et rompu, comme lui, aux études de terrain, Théophraste développe une approche naturaliste des plantes qui n'exclut pas les considérations philosophiques. Aristote s'est surtout intéressé aux plantes dans le cadre de sa hiérarchisation des facultés de l'âme[2]. Si, pour lui, l'humain est à la fois rationnel, sensible, et doué de fonctions

---

1. Théophraste, *Recherches sur les plantes : À l'origine de la botanique*, trad. fr. S. Amigues, Paris, Belin, 2010. Théophraste est également connu pour un autre livre majeur, le *De causis plantarum*, un ouvrage de « physiologie » végétale qui cherche à expliquer le fonctionnement des phénomènes propres aux plantes. Théophraste, *Les causes des phénomènes végétaux*, 3 tomes, trad. fr. S. Amigues, Paris, Les Belles Lettres, 2012-2017.

2. Aristote, *Traité de l'âme*, trad. fr. I. Auriol, Paris, Pocket, 2009. Aristote aurait écrit un *De plantis* qui a été perdu et auquel a succédé un ouvrage apocryphe aujourd'hui attribué à Nicolas de Damas. Pseudo-Aristote, *Des plantes*, trad. fr. M. Federspiel, M. Cronier, Paris, Les Belles Lettres, 2018.

végétatives (se nourrir, croître, se reproduire, vieillir),
l'animal est dépourvu de rationalité, et la plante dénuée
de rationalité et de sensibilité. Cette caractérisation par la
négative des végétaux et leur supposée absence de sensibilité
par rapport à l'animal comme modèle de référence ont
profondément influencé la tradition de pensée philosophique
et naturaliste occidentale qui place les végétaux en bas de
l'échelle des êtres[1]. En contraste avec cette approche,
Théophraste observe les plantes dont il dresse l'inventaire
des caractéristiques et répertorie les usages et propriétés
pharmacologiques en interrogeant les autochtones. Il crée
des concepts propres, un champ d'investigation, une
classification et un enseignement particuliers de la botanique.
À ce titre, il incarne une première charnière de l'histoire
des sciences naturelles parce qu'il préfigure la science
expérimentale tout en étant résolument philosophe[2]. En
plus d'Aristote, Théophraste aurait en effet été influencé
par le pythagoricien supposé Ménestor de Sybaris, auteur
d'une étude perdue sur les végétaux, et plus généralement
par les physiologues grecs, principalement Anaxagore,
Empédocle et Démocrite. Théophraste s'inspire de leur
autorité dans la mesure où son questionnement sur les
phénomènes naturels et la botanique rejoint les thèses
philosophiques liées à l'ordonnancement général du monde.
Cependant, il reproche aux physiologues leurs pures
déductions théoriques auxquelles il préfère la méthodologie
empirique inspirée d'Aristote. Théophraste reprend
notamment de ce dernier l'importance de la distinction

1. A. Lovejoy, *The Great Chain of Being : A Study of the History of
an Idea* [1936], Cambridge, Harvard University Press, 1964.
2. G.E.R. Lloyd, *Les débuts de la science grecque de Thalès à
Aristote*, trad. fr. J. Brunschwig, Paris, Maspéro, 1974. *La science grecque
après Aristote*, trad. fr. J. Brunschwig, Paris, Maspéro, 1990.

entre ce qui relève de l'ordre naturel et est par essence, et
ce qui relève de l'accident. Tout comme Aristote, il use de
raisonnements logiques rigoureux et a parfois recours à
un contradicteur fictif[1]. Il emploie ainsi la diagnose
différentielle pour comparer les spécimens et pour dégager
les caractères déterminants d'une espèce. Sa réflexion sur
les critères classificatoires suit partiellement la méthode
appliquée aux animaux par Aristote, mais proscrit toute
vision de la diversité des plantes qui serait trop systématique
ou calquée sur celle des animaux. Théophraste est l'un des
premiers à étudier les plantes avant tout pour elles-mêmes,
bien que la comparaison avec l'animal s'avère quasi
inévitable dans un tel exercice. Ce zoomorphisme des
naturalistes a deux visages. D'un côté, il se justifie par le
besoin méthodologique d'expliquer le moins connu, le
végétal, à partir du mieux connu, l'animal; de l'autre côté,
il pose problème lorsque le modèle de l'animalité devient
l'étalon à l'aune duquel doit être ramenée toute connaissance
du vivant. Théophraste n'y échappe pas toujours. L'usage
et le choix du vocabulaire illustrent cette difficulté. En
observant et découvrant les organes et les phénomènes de
la vie végétale, il y a plus de deux mille ans, le fondateur
de la botanique a dû soit recycler soit forger toute une série
de mots aux occurrences parfois uniques.

Comprendre le statut et les problèmes que posent les
végétaux dans l'œuvre de Théophraste demande d'en
passer par certains thèmes de la philosophie d'Aristote,
traversée par la question de l'organisation des parties et
du tout. Aristote se fonde principalement sur les organismes
animaux dans lesquels les parties sont différenciées et au

---

1. S. Amigues, *Études de botanique antique*, Paris, De Boccard,
2001, p. 72-74.

service d'une fin supérieure. De là résulte une conception qui, souvent, domine les approches occidentales de la vie et de l'être. Aristote avait pourtant remarqué que, chez les plantes, les parties sont peu différenciées et semblent interchangeables, de sorte qu'on ne peut pas toujours affirmer avec certitude ce qui a le statut du tout, ou de la partie [1].

> Les plantes présentent une ressemblance avec les insectes. Une fois divisés, en effet, plantes et insectes continuent à vivre et, à partir d'un seul individu, il en naît deux ou plusieurs autres. Mais si les insectes parviennent à survivre, ils ne peuvent le faire longtemps, car ils n'ont pas d'organes et le principe interne de chaque partie sectionnée ne peut les produire. Dans la plante, le principe a cette possibilité car, dans toutes ses parties, elle possède en puissance racine et tige. C'est donc sous l'effet de ce principe que sans cesse se prolongent le rajeunissement et le vieillissement, et il n'y a qu'une différence minime entre ce type de longévité et le développement des boutures. On pourrait dire en effet que dans le bouturage, d'une certaine manière, la même chose se produit, car la bouture est une partie de la plante. Ainsi, ce phénomène, qui se produit après séparation dans le bouturage, se produit dans la plante en continuité. La cause de cela, c'est que le principe vital est contenu en puissance en chaque point [2].

Aristote ne semble pas avoir poussé davantage la réflexion sur les implications théoriques et philosophiques d'un tel constat, et Théophraste lui-même ne remet pas

---

1. Aristote, *Parties des Animaux*, trad. fr. P. Pellegrin, Paris, Flammarion, 2011, 656a ; 681a ; 682b.
2. Aristote, *Petits Traités d'histoire naturelle*, trad. fr. P.-M. Morel, Flammarion, 2000, p. 171.

fondamentalement en cause le cadre naturaliste de l'étude du tout et des parties, ni d'ailleurs le fonctionnement de l'âme et de ses facultés, tous centrés sur la vie animale, même lorsqu'il cherche à les appliquer aux plantes. Cependant, la démarche de Théophraste est de manière générale beaucoup moins anthropocentrée et finaliste que celle d'Aristote, au point de se demander si une tradition occidentale théophrastienne n'aurait pas donné des résultats bien différents de notre tradition aristotélicienne.

Quelles pistes les *Recherches sur les plantes* dessinent-elles? Théophraste commence par s'interroger sur les distinctions principales entre les plantes et les animaux. Outre leur absence « de caractère et d'activités », les plantes diffèrent aussi des animaux en raison de leur mode de génération, leurs affections, mais surtout l'organisation de leurs parties. La nature des différentes parties des plantes est ensuite décrite selon leur nombre, leur position et leurs qualités. Parmi ces parties, la tige et la racine occupent une place centrale. Les linéaments de la phyllotaxie sont également posés, au travers de l'analyse des modes de croissance variables d'une espèce à l'autre. Les plantes vivaces, comme les arbres, sont distinguées des plantes annuelles, comme certaines herbes ou certains légumes. L'agencement des parties n'est pas purement descriptif. Théophraste cherche à en rendre compte selon la logique des fonctions et leur relation aux éléments comme le chaud et l'humide. Il poursuit par une classification des plantes en quatre grands genres – arbres, arbrisseaux, sous-arbrisseaux et herbes – classification fondée sur la forme et les modes de croissances restée en vigueur jusqu'à la Renaissance incluse. Toutefois, Théophraste ne concevait sa classification que comme une construction générale

dans laquelle la place de nombreuses plantes aux contours
flous et aux modes de croissance altérés par l'agriculture
n'était pas figée. Par-là, il est sans doute l'un des premiers
philosophes à avoir perçu la variabilité et la plasticité des
formes végétales comme une propriété positive exigeant
une plus grande souplesse des modes de pensée, et non
comme un défaut de perfection, à la manière de la plupart
des philosophes ultérieurs [1]. Suzanne Amigues, relève toute
la subtilité et la prudence du travail de Théophraste, qualités
pourtant rarement associées à cette époque :

> Toute classification rigide est donc inadaptée au règne
> végétal, "car la plante est un organisme variable, divers,
> difficile à définir en termes généraux" (I, l, 10). D'où la
> recommandation de considérer les distinctions proposées
> "comme un simple schéma" (I, 3, 5), imparfait mais
> nécessaire. Il fallait en outre tenir compte de groupements
> consacrés par l'usage, quoique à peu près dépourvus de
> valeur scientifique [2].

De façon plus générale, c'est l'ensemble des propriétés
végétales que Théophraste suggère d'appréhender avec
souplesse plutôt que trop systématiquement à l'aide de
critères nécessaires et suffisants. Mais ceci n'implique
aucune forme de relativisme de la part du théoricien de la
botanique. Le système de division proposé vaut à la fois
par sa capacité à rassembler les végétaux dans une nature
commune et par sa valeur pratique. À ce niveau, l'habitat
des plantes fournit de précieux indices à leur étude, ce qui
atteste l'intérêt de Théophraste pour l'observation de terrain

---

1. Par exemple, G. W. F. Hegel, *Philosophie de la nature*, trad. fr.
B. Bourgeois, Paris, Vrin, 2004.
2. S. Amigues, *Études de botanique antique*, Paris, De Boccard,
2001, p. 5.

des plantes, en lien avec leur milieu et non pas simplement comme des objets théoriques abstraits, idéalisés et invariables[1].

Cependant, la botanique théorique de Théophraste, pourtant établie sur des observations précises et rigoureuses, est vite incomprise et disparaît avant le Ier siècle de notre ère. Ses écrits n'ont pas été conservés en Europe et n'ont été redécouverts qu'à la Renaissance, par l'intermédiaire de manuscrits conservés en Orient. En conséquence, durant tout le Moyen Âge, la pharmacologie et l'étude des simples ont éclipsé la botanique théorique qui progresse très peu et se retrouve totalement inféodée à la médecine[2].

Les traités zoologiques d'Aristote ont quant à eux continué à circuler, véhiculant leur autorité sur tout le Moyen Âge et une partie de la Modernité. Ceci explique entre autres la prévalence des modèles animaux (plus « parfaits » mieux organisés ou finalisés) pour comprendre le vivant. Comment dès lors s'étonner de l'oubli et de la déconsidération des végétaux dans la tradition occidentale moderne ? Les plantes auraient pratiquement été absentes durant plus de mille ans de l'histoire de la pensée. Toutefois au Moyen Âge, certains ouvrages de qualité comme le célèbre *codex Anicia Juliana*[3] ou comme les écrits d'Albert

1. Ceci a poussé certains à voir en Théophraste le père de l'écologie, même si cela est sans doute exagéré : J. D. Hughes, « Theophrastus as ecologist » *in* William W. Fortenbaugh, Robert W. Sharples (eds.), *Theophrastean studies*, New Brunswick, NJ, Transaction Books, 1988, p. 67-75.

2. J. Magnin-Gonze, *Histoire de la botanique*, Paris, Delachaux et Niestlé, 2009, p. 22.

3. Ce manuscrit attribué à Dioscoride vers 500 compile des illustrations d'après nature de plantes dont la qualité ne sera plus jamais égalée avant la période moderne.

le Grand [1] témoignent d'un intérêt certain pour le règne
végétal, mais qui reste dominé par la leçon aristotélicienne
sur les sciences et les commentaires des naturalistes Pline [2]
(23-79) et Dioscoride (vers 30-90) [3]. À la Renaissance, le
développement de l'observation et de la représentation
botanique, puis des classifications fidèles et de l'expérimentation, est lié à la redécouverte de Théophraste, à sa
traduction et à sa diffusion grâce à l'imprimerie. Nicolo
Leoniceno (1428-1524) est le premier d'une suite de
botanistes italiens à critiquer les incohérences de Pline par
l'observation de la nature [4]. Le développement de cours
oraux de botanique *in situ* à la Renaissance est la revanche
du verbe sur l'enseignement par la lecture de textes de la
tradition [5]. Ce dernier aspect, l'enseignement oral de la
botanique, est lui-même lié à l'émergence des chaires et
des jardins botaniques de Pise (1544), Padoue (1545) et
Bologne (1568) comme supports d'étude concrets (au-delà
des livres et de leurs copies). De là, se développent

1. Albert le Grand, *De vegetabilibus*. Voir I. Draelants, « Expérience
et autorités dans la philosophie naturelle d'Albert le Grand », dans
*Expertus sum. L'expérience par les sens dans la philosophie naturelle
médiévale*, T. Bénatouïl, I. Draelants (éd.), Florence, Sismel-Edizioni
del Galluzzo, 2011, p. 89-121. L. Moulinier, « Un échantillon de la
botanique d'Albert le Grand », *Médiévales : langue, textes, histoire*,
t. 16-17, 1989, p. 179-185. K. M. Reeds, « Albert on the natural philosophy
of plant life », dans *Albertus Magnus and the sciences*, J. A. Wheisheipl (éd.),
Toronto, Pontifical Institute of Mediaeval Studies, 1980, p. 341-354.

2. Pline, *Histoire naturelle*, trad. fr. S. Schmitt, Paris, Gallimard,
2013.

3. E. L. Greene, *Landmarks of Botanical History I*, Washington,
Smithsonian Institution, 1909 ; *Landmarks of Botanical History II*, Palo
Alto, Stanford University Press, 1983.

4. *Ibid*., p. 531-543.

5. L. Errera, *Receuil d'œuvres : Pédagogie, Biographies*, Bruxelles,
Lamertin, 1910, p. 3.

progressivement les premiers herbiers de plantes séchées, probablement créés par Luca Ghini (1490-1556), et les classifications scientifiques [1]. S'ensuit un redéploiement de la botanique partout en Europe.

Andrea Cesalpino (1519-1603), par son influence et ses innovations, peut être considéré comme une figure charnière entre les savoirs médiévaux sur les plantes et la botanique théorique moderne [2]. Philosophe et botaniste, élève de Ghini, Cesalpino occupa la chaire de botanique de l'université de Pise. Les cinq premiers chapitres de son *De Plantis Libri* (1583) sont ici proposés dans une traduction inédite en langue moderne. On doit à Cesalpino les fondations théoriques d'une science des plantes qui s'émancipe de la médecine et de la pharmacologie. Il ne se contente pas de décrire les espèces, mais propose des explications « physiologiques » qui visent à rendre compte de la nutrition, de la croissance et de la reproduction des plantes. Rompant avec les compilations médiévales de plantes organisées par ordre alphabétique ou selon des critères purement artificiels, il propose l'un des premiers systèmes de classification naturelle [3] fondé sur des principes explicites, à savoir le nombre, la position et la forme de différentes parties des plantes. Les préoccupations « physiologiques » de Cesalpino l'incitent à prendre en compte les organes liés aux fonctions de nutrition et de

1. Q. Hiernaux, « History and Philosophy of Early Modern Botany » *in* D. Jalobeanu, C. T. Wolff (eds.), *Encyclopedia of Early Modern Philosophy and the Sciences*, New York, Springer, 2020.

2. J. Magnin-Gonze, *Histoire de la botanique*, Paris, Delachaux et Niestlé, 2009, p. 76-81.

3. E. L. Greene, *Landmarcks II*, *op. cit.*, p. 808-811.

génération pour la classification[1]. La fleur, mais surtout le fruit et la graine y occupent une place prépondérante et leur étude est la clef des relations entre les genres. Il distingue l'espèce qu'il définit sur une base objective et expérimentale et non sur l'apparence : sa capacité de reproduction à l'identique. De façon générale, il s'inspire d'Aristote et de sa méthode rationnelle et de la botanique de Théophraste. Cesalpino est d'ailleurs aussi l'auteur de *Questions péripatéticiennes* (1569)[2]. Par son sens de l'observation et la précision de certaines de ses descriptions, il améliore la connaissance théorique des plantes bien que ses écrits ne soient pas illustrés. Il contribue avec d'autres auteurs de l'époque à l'élaboration d'un vocabulaire technique. Il est également connu en tant que médecin du pape Clément VIII. L'anecdote souligne que la botanique reste étroitement dépendante de la médecine jusqu'au XIXe siècle inclus. Cette assimilation stricte des plantes à la sphère des objets utilitaires explique la difficulté à leur consacrer une réfléxion théorique à part entière.

Le livre I du *De Plantis* reprend à la fois la comparaison aristotélicienne des plantes et des animaux du point de vue de l'âme et celle de Théophraste du point de vue de l'anatomie de leurs parties. Toutefois, Cesalpino va plus loin que Théophraste dans ses tentatives de lier les parties des plantes à des explications en termes de fonctions. L'extrait sélectionné porte sur la nutrition et la croissance des

---

1. H. Daudin, *De Linné à Lamarck : méthodes de la classification et idée de série en botanique et en zoologie (1740-1790)*, Paris, Éditions des archives contemporaines, 1983, p. 25-26.

2. A. Cesalpino, *Questions péripatéticiennes*, 1569, une traduction partielle a été réalisée par M. Dorolle, Paris, Alcan, 1929.

plantes [1], qui conduisent l'auteur à s'interroger sur la nature de leur âme : la totipotence des parties, la divisibilité des plantes, leur plasticité et leur faculté de bouturage impliquent-elles la divisibilité de leur âme ? Ici Cesalpino manifeste toute l'ambigüité de son positionnement, tiraillé entre la fidélité à la philosophie aristotélicienne et ses observations empiriques. Selon l'aristotélisme, l'âme correspond à l'acte d'un corps organisé (un être vivant) et est indivisible spatialement. L'âme ne peut pas non plus être tout entière dans chacune des parties. Elle doit donc être tout entière dans une partie privilégiée, comme le cœur chez les animaux, d'où ses puissances sont distribuées dans le reste du corps. Or ces principes sont incompatibles avec l'observation de la vie des plantes. En effet, Cesalpino observe que toutes les fonctions vitales de la plante (et donc de l'âme) semblent réparties dans *chacune* des parties de la plante, puisqu'une bouture d'une tige ou d'une racine permet de recréer une plante entière et autonome. Localiser l'âme de la plante dans un lieu privilégié comme le prescrit l'aristotélisme contredit donc l'observation. Cesalpino semble conscient de ce problème qu'il ne résout pas.

Les comparaisons avec les structures animales demeurent quant à elles des jalons pour l'observation et la théorisation de l'anatomie et de la physiologie des plantes. Ainsi Cesalpino refuse-t-il d'écarter l'hypothèse de la chaleur des plantes au seul motif qu'on ne peut la percevoir. Il ne s'agit pas là d'une forme de prudence méthodologique, mais plutôt d'un moyen d'affirmer la primauté rationnelle du principe de chaleur pour la vie. La chaleur étant produite par le cœur des animaux, ce cœur

1. La fin du livre I, non traduite, se consacre quant à elle logiquement à la génération.

pourrait exister sous une forme analogue chez les plantes. Mais la plupart du temps, la comparaison avec l'animal demeure plutôt privative. La plante, par principe dépourvue de sensation, est ramenée vers un registre explicatif mécanique. Malgré l'intérêt innovant de Cesalpino pour la physiologie des plantes, ses explications restent celles d'un homme du XVIe siècle qui, par exemple, ne saisit pas le rôle fondamental des feuilles pour la nutrition et le métabolisme des plantes et les réduit à des organes secondaires destinés à ombrager les fruits. Il observe toutefois des phyllotaxies diverses et évoque la différence entre croissance latérale et apicale selon les espèces. Plus que les formes de croissance végétale, c'est la nature de cette croissance qui retient l'attention de Cesalpino. La plasticité développementale des plantes, qualifiée de *germinatio*, se retrouve aussi bien dans la formation continue des bourgeons, des tiges, des fruits ou des rejets. Cesalpino identifie ainsi l'embryogenèse somatique des végétaux, qui ne passe pas par la reproduction sexuée, comme une caractéristique essentielle les différenciant des animaux. Le pouvoir de division reproductive du corps de la plante à travers les techniques de greffage et de bouturage, mais aussi à travers les phénomènes naturels de marcottage, de production de bulbilles et autres soboles révèle une puissance d'engendrement qui, chez l'animal, n'existe qu'au stade du fœtus et se limite à la gestation. Cesalpino réhabilite ainsi en creux les plantes grâce à leurs formidables capacités d'adaptation bien que cette capacité pose en même temps d'insolubles difficultés au regard de la théorie aristotélicienne de l'âme.

Tout autre sera l'approche du médecin, botaniste et philosophe Julien Offray de la Mettrie (1709-1751) dans son *Homme plante* (1748). Incarnant l'esprit moderne du mécanisme cartésien dans les sciences du vivant, la Mettrie conteste toute idée d'âme de la plante dans la mesure où il cherche à ramener l'ensemble de son fonctionnement à celui de la « physique expérimentale et de l'anatomie ». Derrière l'apparente contingence des comportements végétaux doit pouvoir se retrouver une mécanique simple, mais cachée. En même temps, à travers le texte de la Mettrie, c'est bien la hiérarchisation aristotélicienne du vivant qui est réaffirmée. Appliquée aux plantes, la perspective matérialiste ne fait en effet que confirmer leur position en bas de l'échelle des vivants. En ce sens, le matérialisme de la Mettrie radicalise les positions métaphysiques de ses prédécesseurs. Mais la plante sert aussi, ici, un projet « biopolitique » en tant que point de comparaison avec l'humain. Il s'agit pour la Mettrie de mettre l'accent sur la continuité des corps biologiques pour situer l'humain dans un ordre du monde plus matériel et augmenter ainsi la compréhension que nous avons de nous-mêmes. Le végétal est le modèle simple et inférieur de fonctions vitales qui, pour certaines, se retrouvent chez tous les êtres vivants. Expliquer le corps de la plante revient donc à expliquer aussi un peu du corps de l'humain. Puisqu'il n'y a nulle nécessité d'invoquer l'âme pour rendre compte de la vie végétative, et puisque l'humain s'inscrit dans une continuité matérielle avec la plante, n'est-on pas en droit d'abandonner complètement le concept d'âme dans les sciences naturelles ? La Mettrie ne l'affirme pas, car l'âme reste pour lui nécessaire en tant que principe d'animation, de mouvement et de désir, absents chez les plantes, mais pas chez les animaux et les humains. La frontière ontologique qui opposait, depuis Aristote, l'anima-lité à la végétalité demeure donc, même si l'insistance sur la continuité des corps la tempère. L'homme doué de sensation, de désir et de mouvement est avant tout un animal parmi d'autres, et le corps de l'animal, un corps comme celui des plantes.

Un autre trait frappant du texte de la Mettrie est son recours aux analogies. L'image de la machine est bien sûr présente pour rendre compte du fonctionnement de la plante, mais des comparaisons plus spéculatives avec le monde animal sont également possibles. Ainsi la notion de chaleur vitale, chère à Descartes[1], à Cesalpino, et à Aristote avant eux, est-elle réaffirmée même si la chaleur de la plante, imperceptible, est plus évoquée comme un principe métaphysique que comme une réalité physique. La notion de sexualité s'invite également dans les débats. Jusqu'à la toute fin du XVIIe siècle, l'idée même de sexes dans les plantes était jugée absurde voire impie[2]. Mais on aperçoit immédiatement l'intérêt qu'elle revêt pour le projet naturaliste d'unification et de continuité entre les règnes[3]. La Mettrie tient compte ici des récentes découvertes sur la sexualité des plantes, sans doute sous l'influence de son ancien professeur Hermann Boerhaave qui a largement contribué à leur diffusion. Démontrée expérimentalement pour la première fois par Camerarius en 1694, la sexualité des plantes sera notamment popularisée par Linné et Sébastien Vaillant. La Mettrie invoque ainsi l'anatomie du pollen pour soutenir la thèse préformationniste de la reproduction suivant laquelle se trouveraient, tant dans le

---

1. À ce sujet voir A. Bitbol-Hesperiès, *Le principe de vie chez Descartes*, Paris, Vrin, 1990.

2. J.-M. Drouin, *L'herbier des philosophes*, *op. cit.* Pour un aperçu vulgarisé, voir aussi F. Daugey, *Les plantes ont-elles un sexe? Histoire d'une découverte*, Paris, Ulmer, 2015.

3. F. Delaporte, *Le second règne de la nature* [1979], Paris, Éditions des archives contemporaines, 2011.

pollen que dans le sperme, des animalcules « contenant la plante humaine en miniature ». Non seulement les principes, mais également les mécanismes de la reproduction végétale et animale seraient semblables. Si la première partie du texte de la Mettrie insiste sur les analogies fonctionnelles et structurelles entre la plante et l'humain, la seconde se centre sur leurs différences. L'enracinement immobile, l'insensibilité, l'inintelligence, l'absence de désir et de peines des plantes sont en effet réaffirmés. Même leur sexualité doit être nuancée, car les plantes sont considérées comme autoreproductives. N'ayant pas de désirs, elles ne peuvent manifester aucun instinct de reproduction, jugé nécessaire à une véritable sexualité. L'autofécondation supposée des plantes pose ainsi des problèmes profonds à la botanique théorique du XVIIᵉ et XVIIIᵉ siècle [1].

En dépit de la radicalité de certaines de ses positions matérialistes et mécanistes propices au développement des sciences expérimentales, la Mettrie ne réorganise pas fondamentalement l'idée d'une hiérarchisation des règnes. Il en arrondit les angles, insiste sur la continuité des formes de vie et les figures intermédiaires qui les relient, mais ne remet pas en cause les caractéristiques jugées essentielles à chaque groupe. Cette démarche, qui lie par un enchaînement imperceptible le plus spirituel des philosophes au plus vil des végétaux, invite cependant l'humain à plus d'humilité.

1. *Ibid.* En effet, comment expliquer l'autoreproduction des plantes lorsque les sexes sont séparés soit dans des fleurs différentes sur un même pied, soit sur des pieds différents ? Au-delà de la mise en évidence des sexes chez les plantes, n'y aurait-il pas une véritable sexualité impliquant la fécondation ? Plusieurs hypothèses furent développées, que ce soit par les partisans de la sexualité végétale ou leurs opposants. Mais sans entrer dans le détail, les deux camps étaient en partie guidés par des arguments philosophiques d'autorité (pour ne pas dire idéologiques) quant au statut de la plante.

Ce n'est qu'en vertu des besoins naturels qui lui sont propres que l'humain possède plus d'esprit que la plante. L'anthropocentrisme passe ainsi du statut de nécessité divine à celui de contingence naturelle. Une telle attitude philosophique et épistémologique accompagne l'émergence de la pensée transformiste, puis évolutionniste, dont on sait que la Mettrie est par ailleurs l'un des précurseurs. Son *Système d'Épicure* (1750) propose en effet une théorie de la transformation des espèces certes très superficielle, mais qui prépare déjà, à l'aide d'une combinatoire infinie et d'un processus de sélection sans finalité ni Dieu, certains développements ultérieurs de la pensée biologique [1].

Dans ce contexte transformiste de la fin du XVIIIe siècle, le philosophe Goethe (1749-1832), inspiré entre autres par les travaux de Kaspar Friederich Wolff (1733-1794) qui avait observé la genèse des organes à partir des apex [2], propose une théorie de la *Métamorphose des plantes* [3] (1790). À partir de lois communes à la transformation des espèces [4], il y étudie la transformation des différents organes végétaux à travers les modifications de la structure foliaire. Cette idée n'est certes pas nouvelle, on en trouve la trace chez de nombreux botanistes au moins à partir de Cesalpino [5], mais c'est peut-être l'exploitation philosophique qu'en

1. J. Magnin-Gonze, *Histoire de la botanique*, *op. cit.*, p. 148.

2. S'opposant par là à l'idée de préformationnisme en vigueur à l'époque.

3. J.W. von Goethe, *Essai sur la Métamorphose des plantes* (1790), trad. fr. F. de Gingins-Bassaraz, Genève-Paris, Barbezat et Cie, (reprint) 1829.

4. E. Callot, *La philosophie biologique de Goethe*, Paris, Marcel Rivière et Cie, 1971.

5. E. L. Greene, *Landmarcks II*, *op. cit.*, p. 820. Voir aussi A. Arber, *The Natural philosophy of plant form*, Cambridge University Press, Cambridge, 1950 ; J. von Sachs, *Histoire de la botanique du XVIe siècle à 1860*, trad. fr. H. de Varigny, Paris, Reinwald & Cie, 1892.

propose Goethe qui démarque son texte. On devine ainsi comment les classifications naturelles élaborées à partir des affinités entre familles de plantes grâce aux ressemblances de caractères se lient au transformisme de Lamarck et mènent finalement à l'évolutionnisme de Darwin et Wallace qui signe la transition vers la botanique contemporaine et la classification phylogénétique. À ce titre, la biologie qui nait au XIXe siècle ne se limite pas à des innovations théoriques et expérimentales, elle implique une toute nouvelle philosophie du vivant. Les espèces animales et végétales ne sont pas le fruit d'une création. Botanique et zoologie peuvent désormais être appréhendées selon une même approche. Plantes et animaux partagent non seulement un plan d'organisation que la physiologie contribue à mettre au jour, mais aussi une origine et une histoire communes. Il est désormais clair que les plantes se reproduisent sexuellement, que leur sève circule, mais aussi qu'elles respirent, photosynthétisent et sont composées de cellules comme l'ensemble du vivant. Les différences essentielles et la hiérarchisation des règnes semblent dès lors renvoyées à une métaphysique que l'on ne saurait tirer de la biologie. Toutefois, cette dernière continue, pour longtemps encore, d'inspirer, et de se laisser inspirer par, des questions philosophiques variées.

Le parcours de l'émergence de la botanique transformiste vers la botanique évolutionniste au sein de la biologie est retracé par Agnes Arber (1879-1960). Chercheuse en botanique ainsi qu'en histoire et philosophie de sa discipline, Arber a notamment laissé une magnifique histoire des herbiers modernes [1] ainsi que *The natural philosophy of*

1. A. Arber, *Herbals : Their Origin and Evolution : A Chapter in the History of Botany*, 1470-1670 [1912], Cambridge, Cambridge University Press, 2010.

*plant forms* dont est tiré le texte traduit ci-dessous. Elle a été la première femme botaniste élue membre de la Royal Society et la première femme à recevoir la médaille d'or de la Société Linnéenne de Londres récompensant ses travaux en anatomie et morphologie végétale. Passionnée par l'œuvre de Goethe, Arber étudie le statut de sa plante-type (l'*Urpflanze*) et la façon dont les botanistes l'ont diversement interprétée. Les idées philosophiques goethéennes sur la morphologie des plantes ont en effet trouvé un écho favorable chez des botanistes de la fin du XIXᵉ et du début du XXᵉ siècle. L'*Urpflanze* de Goethe symbolise la plante à fleurs la plus typique, le modèle théorique le plus général dont les transformations et variations de caractères devrait en permettre la dérivation de n'importe quel organisme végétal. L'enjeu de l'*Urpflanze* est important, puisqu'il s'agit de comprendre et d'étudier les variations des individus par rapport à la norme, au type, de leur espèce. De même, le type idéal de chaque espèce peut se comprendre en référence aux variations par rapport à un type de niveau supérieur comme celui de la famille. Cette vision classificatoire s'accompagne chez Goethe de son pendant morphologique pour comprendre les variations des organes à partir d'un même organe-type : la feuille. Ces idées entrent aussi en résonance avec les vues du naturaliste Corréa da Serra (1750-1823) qui a lui-même influencé les conceptions morphologiques du botaniste A. P. de Candolle (1806-1893). Ces types, *Urpflanze* en tête, demeurent des idéaux théoriques pour Goethe. Toutefois des morphologistes comme Turpin (1775-1840) et Schleiden (1804-1881) y ont vu une matrice réelle d'engendrement des formes variées des plantes existantes. Plus concrètement encore, des botanistes post darwiniens, soucieux d'illustrer l'évolution des plantes à fleurs selon une origine et une direction unique pointant vers l'humain, ont transformé la plante-type en une plante-ancestrale. Ce faisant, ils ont confondu leur modèle morphologique idéal avec le statut et le rôle du fossile empirique. Par la suite, néanmoins, le modèle linéaire de la chaine des êtres hérité du XVIIIe siècle a cédé le pas à l'idée d'un buisson, voire d'un réticulum du vivant, alimentée par l'accumulation des fossiles et la compréhension croissante de la complexité évolutive. Plusieurs origines, plusieurs trajectoires contingentes s'entremêlent désormais. En bref, phylogénie et morphologie ne doivent pas être confondues, car elles ne sont pas nécessairement superposables, même si elles entretiennent des liens étroits. La linéarité, mais aussi le finalisme de l'évolution vers plus de perfection ou de complexité (associées à l'humain), sont progressivement déconstruits par la biologie contemporaine [1].

L'épisode de l'histoire des sciences retracé par Arber montre le rôle important joué par la botanique dans l'avènement de l'évolutionnisme et ses débats. Trop souvent, on ne retient des exemples de Darwin que les pinsons ou les pigeons, alors que l'essentiel de ses travaux est consacré aux plantes [2]. Les cultivateurs et les botanistes observaient depuis longtemps des phénomènes de variation et d'hybridation qui demeurent beaucoup plus fréquents chez les plantes, en raison de leur grande plasticité et de leur rapport de dépendance étroit à leur milieu. En relayant de tels phénomènes en partie inconnus dans le monde animal, les

---

1. S. J Gould, *L'éventail du vivant : le mythe du progrès*, Paris, Seuil, 2001.

2. G. Bernier, *Darwin un pionnier de la physiologie végétale. L'apport de son fils Francis*, Académie Royale de Belgique, Bruxelles, 2013.

botanistes ont permis, dès la première moitié du XIX<sup>e</sup> siècle, des décentrements biologiques qui ont placé l'étude des plantes dans une position théorique déterminante. Alors qu'ils se montrent pour la plupart très réceptifs à la théorie de l'évolution, le reste du monde intellectuel est choqué [1].

---

1. J. Magnin-Gonze, *Histoire de la botanique*, *op. cit.*, p. 210.

THÉOPHRASTE

# RECHERCHES SUR LES PLANTES *

## LIVRE I, 1

1. La nature des plantes et leurs différences doivent être saisies selon leurs parties, leurs affections[2], leur génération et leur vie : elles n'ont en effet ni caractère ni activités, contrairement aux animaux. De plus, les différences concernant leur génération, leurs affections et leur mode de vie sont plus faciles à observer et plus évidentes ; celles concernant leurs parties sont plus variées. En effet, pour commencer, la nature de ce qu'il faut appeler

---

* Théophraste, *Recherches sur les plantes*, I, 1. Traduit par Corentin Tresnie avec la collaboration de Quentin Hiernaux. Toutes les notes de bas de page de ce texte sont des notes de traduction. Autre traduction : Théophraste, *Recherches sur les plantes*, trad. fr. S. Amigues, Paris, Les Belles Lettres, 2003.

2. S. Amigues, *Recherche sur les plantes*, op. cit., t. 1, *ad. loc.*, renvoie à *Métaphysique* 1022b pour traduire *pathos* par « qualité », parce que Aristote y définit le pathos comme une qualité susceptible de varier. Dans le § 6, Théophraste semble d'ailleurs utiliser le terme en ce sens. Cependant, au § 5, il utilise le terme *poia*, qui a plus proprement le sens aristotélicien de « qualité ». Affection nous semble donc mieux rendre le caractère passif et variable de *pathè* tout en se distinguant de *poia*.

« partie » (ou « non-partie ») n'est pas suffisamment définie, mais présente une certaine aporie[1].

2. La partie, relevant de la nature particulière, semble demeurer toujours : soit dès le début, soit à partir du moment où elle s'est développée – tout comme chez les animaux, des parties se développent tardivement – à moins qu'elle ne périsse à cause d'une maladie, de la vieillesse ou d'une mutilation. En revanche, chez les plantes, certaines parties sont annuelles[2] : par exemple la fleur, la spumosité[3], la feuille, le fruit, et tout simplement tout ce qui se développe avant ou en même temps que les fruits. Par ailleurs, la pousse elle-même : les arbres connaissent en effet toujours une croissance annuelle, autant dans leurs extrémités supérieures que du côté de leurs racines.

Dès lors, si ces éléments sont considérés comme des parties, le nombre de leurs subdivisions[4] sera indéfini et jamais le même.

---

1. Dans la méthode aristotélicienne, l'aporie est l'impasse de départ qui stimule la réflexion philosophique et la justifie.

2. Littéralement : « certains éléments sont tels qu'ils n'ont leur *ousia* que pour un an », c'est-à-dire qu'ils n'ont la détermination essentielle qui est la leur que pendant une année.

3. *Bruon* signifie ordinairement la mousse, qui n'est évidemment pas une partie de la plante. Amigues traduit par « corps mousseux », *ad. loc.*, et y ajoute (p. 69) la note suivante : « *bruon* désigne un ensemble de corpuscules végétaux foisonnants, en général la mousse, ici un aggloméré de fleurs apétales dans lequel Théophraste n'a pas su reconnaître une inflorescence. C'est chez le laurier (III, 7, 3) un glomérule de fleurs mâles à nombreuses étamines ou même de fleurs femelles pourvues de staminodes, chez le frêne (III, 11, 4) un groupe de minuscules fleurs hermaphrodites réduites à un pistil et deux étamines ».

4. Nous suivons Amigues, qui renvoie à Aristote, *Histoire des Animaux*, 486a, où *morion* signifie « partie d'une partie (*meros*) ». Cependant, étant donnés les usages du même mot plus loin, il semble que Théophraste n'utilise pas le mot systématiquement en ce sens.

Mais si l'on considère que ce n'en sont pas, alors les éléments par lesquels les plantes deviennent et apparaissent complètes ne seront pas des parties. En effet, toutes ont l'air plus belles et plus accomplies (et le sont vraiment) lorsqu'elles poussent, grandissent et portent des fruits. Voilà donc en quelques mots les apories.

3. Il ne faut peut-être pas chercher une analogie parfaite, ni sous tous rapports, ni à propos de la génération. En effet, les produits, par exemple les fruits, doivent être considérés comme des parties, ce qui n'est pas le cas des fœtus animaux. D'un autre côté, le fait que ce que la plante a de plus beau apparaît au printemps ne l'éloigne pas des animaux, puisqu'eux aussi se portent très bien lors de la saison des amours. Par ailleurs, ils perdent beaucoup de parties chaque année : les cerfs leurs bois, les oiseaux (quand ils se cachent dans un trou) leurs plumes, les quadrupèdes leurs poils, de sorte que cette affection n'a rien d'étrange, et qu'elle est du reste semblable à la chute des feuilles. Mais la génération diffère, dans la mesure où chez les animaux, certaines choses sont congénitales, alors que d'autres sont aussitôt éliminées comme étrangères à la nature. Il semble pourtant exister un parallèle avec la croissance végétale : elle contribue à la complétude parce qu'elle intervient dans la génération [des fruits][1].

4. Mais de façon générale, comme nous l'avons dit, il ne faut pas admettre un parallèle total avec les animaux. Dès lors, [il faut admettre que] le nombre [de parties de la plante] est indéterminé : elle germe en tous sens partout où elle est vivante. En conséquence, il faut appréhender le problème non seulement en vue des éléments présents, mais aussi à la lumière de ceux qui arriveront plus tard ;

1. En effet, dans la section précédente, Théophraste écrivait que les plantes sont plus accomplies (*teleiotera*) quand elles portent des fruits.

pour ceux qu'il n'est pas du tout possible de comparer, il est superflu de s'acharner systématiquement, à moins d'abandonner l'objet propre de notre réflexion. L'enquête sur les plantes, pour le dire simplement, porte donc soit sur les subdivisions externes et sur la forme (*morphè*[1]) d'ensemble, soit sur les subdivisions internes, à la manière de ce que nous apprennent les dissections animales.

5. Nous devons considérer à la fois leurs qualités[2] qui sont les mêmes chez tous [plantes et animaux], et les qualités qui sont propres à chaque genre, mais aussi celles, parmi ces dernières, qui sont partagées ; je parle de choses comme la feuille, la racine et l'écorce. Il ne faut vraiment pas oublier cela si l'on veut réfléchir par analogie, comme pour les animaux, en faisant clairement des liens à partir de ce qui est le plus ressemblant et le plus complet. Pour simplifier, il faut comparer les plantes et les animaux terme à terme, en tant que l'on peut comparer ce qui est analogue. Que ces choses soient donc ainsi définies.

6. Les différences entre des parties, pour le prendre un peu schématiquement, admettent trois possibilités : soit ces parties sont présentes chez certaines plantes et pas chez d'autres, par exemple les feuilles et le fruit, soit elles ne sont ni égales ni semblables, soit, troisième possibilité, elles y sont, mais pas de la même manière. Dans ces cas

---

1. *Morphè* a en grec le sens général d'aspect, de figure, d'apparence… mais dans le vocabulaire technique aristotélicien il désigne la forme, c'est-à-dire la structure immanente de la matière par opposition à (mais toujours en connexion avec) celle-ci. Il est sans doute utile de garder ce sens à l'esprit, ici et plus loin.

2. Ou « herbes », ce qui explique peut-être la traduction d'Amigues par « éléments », mais en vocabulaire aristotélicien, « *poion* » (pl. *poia*), désigne la qualité (au sens de la catégorie du « comment c'est »).

de figure [1], la dissemblance se définit par l'aspect (*schèma*), la couleur, la densité, le relâchement, la rugosité, la douceur et les autres attributs (*pathèsis*), ainsi que toutes les différences relatives aux sucs. Quant à l'inégalité, elle se définit par l'excès et le défaut selon la quantité ou la grandeur. Et, pour le dire schématiquement, toutes les choses dont on a parlé se définissent selon l'excès et le défaut : le plus et le moins sont en effet excès et défaut.

7. Et il y a un autre type de différence : selon la position. Je parle par exemple du fait que certaines plantes ont leurs fruits au-dessus des feuilles, d'autres en dessous, et en ce qui concerne les arbres, les uns les ont à la cime, les autres sur les côtés, et quelques-uns même sur le tronc, comme le sycomore égyptien [2] ; il y a bien sûr aussi ceux qui portent leur fruit sous la terre, comme l'*arakhidna* [3] et ce qu'en Égypte on appelle *ouïngon* [4], et il y a aussi certaines plantes qui ont un pédoncule, tandis que d'autres non. La situation est similaire dans le cas des fleurs : les unes sont autour du fruit lui-même, les autres ailleurs. De façon générale, fleurs, feuilles et pousses doivent être appréhendées en tenant compte de leur position.

---

1. L'explication qui suit développe la seconde possibilité (explication de la dissimilitude et de l'inégalité), et peut à la limite s'appliquer à la première, mais la troisième possibilité, qui concerne en fait la position des parties, sera traitée dans la section suivante.

2. Voir la note 16 de la traduction d'Amigues pour cette identification.

3. Il s'agit probablement d'une espèce de gesse, voir S. Amigues, *Recherche sur les plantes, op. cit.* p. 61, n. 29.

4. Pour une discussion de ce terme, voir I. M. Grimaldi, S. Muthukumaran, G. Tozzi, A. Nastasi, N. Boivin, P. J. Matthews, T. van Andel, « Literary evidence for taro in the ancient Mediterranean : A chronology of names and uses in a multilingual world », *PLOS ONE* 13(6), p. 10-11.

8. Certaines plantes diffèrent aussi par leur structure : les unes poussent au hasard, tandis que les rameaux du sapin poussent chacun du côté opposé à l'autre. En d'autres plantes, les nœuds, étagés à intervalles égaux, se développent en nombre égal [sur chaque plan], comme dans le cas des arbres à trois nœuds[1]. Dès lors, il faut appréhender les différences entre les plantes à partir de la façon dont la forme (*morphè*) totale de chacune se manifeste.

9. Et c'est une fois ces parties dénombrées qu'il faut s'appliquer à parler de chacune.

Les parties principales, qui sont les plus grandes et sont communes à la plupart des plantes, sont la racine, la tige, la branche et le rameau ; on pourrait diviser les plantes en ces parties de la même façon qu'on divise les animaux en membres, car chacune est dissemblable et toutes, ensemble, constituent la totalité. Une racine est ce par quoi la nourriture est obtenue, tandis qu'une tige est ce vers quoi elle est apportée. J'appelle tige ce qui se développe au-dessus de la terre dans une seule direction ; c'est ce qu'il y a de plus commun aussi bien chez les plantes annuelles que chez les vivaces, et qui chez les arbres est appelé tronc. J'appelle branches ce qui se détache de celui-ci, et certains les appellent des nœuds. J'appelle rameau ce qui pousse à partir des branches en une seule fois, en particulier la pousse annuelle. Et ces parties sont surtout propres aux arbres.

10. La tige, comme il a été dit, est plus commune, mais toutes les plantes n'en ont pas, par exemple certaines herbacées. D'autres en ont une qui ne dure pas toujours, mais est annuelle, même quand leurs racines sont vivaces. De façon générale, le végétal est variable, équivoque et

1. Il s'agit vraisemblablement de verticilles, voir I, 8, 3.

difficile à décrire sur un mode universel : par exemple, on ne peut prendre aucun élément commun qui serait présent chez tous les végétaux, comme la bouche et l'estomac chez les animaux.

11. Certains [de ces éléments se comprennent] par analogie, d'autres d'une autre façon. En effet, tous les végétaux n'ont pas une racine, une tige, une branche, un rameau, une feuille, une fleur, un fruit, ni d'ailleurs une écorce, une moelle, des fibres ou des vaisseaux, par exemple, le champignon et la truffe. Mais l'essence de la plante réside dans ces éléments et ceux qui y sont apparentés ! Cependant, comme il a été dit, ils se manifestent pleinement chez les arbres, et c'est à leur sujet que la division en parties est plus appropriée : il est justifié d'opérer la comparaison avec les autres plantes à partir des arbres.

12. Et les arbres mettent aussi en évidence globalement les autres caractéristiques (*morphè*) de chacune des autres [sortes de plantes]. En effet, celles-ci diffèrent par l'abondance ou le petit nombre de ces caractéristiques, leur densité ou leur relâchement, par la ramification en une seule direction ou en plusieurs, et par d'autres traits semblables. Chacune des choses mentionnées est non homéomère. Je parle d'homéomère quand une partie quelconque de la racine ou du tronc est composée des mêmes éléments, or ce qui a été tiré du tronc n'est pas appelé « tronc », mais « subdivision » (*morion*), comme c'est le cas pour les membres chez les animaux. Bien que composé des mêmes éléments, quelque chose de la jambe ou du bras n'a pas le même nom, comme dans le cas de la chair ou de l'os, voire n'a pas de nom du tout ; d'ailleurs, rien de tiré d'aucun des autres organes uniformes n'en a : les parties de tout ce qui est tel (uniforme) sont sans nom. Celles des organes composés, comme un pied, une main ou une tête, ont en

revanche un nom, par exemple « doigt », « nez » et « œil ».
Il en va dans l'ensemble ainsi pour les parties principales.

## I, 2

1. Les parties principales sont composées d'autres
éléments, d'écorce, de bois, de médulle [1] – en ce qui
concerne les plantes qui ont une médulle – tous homéomères.
Il y a aussi des éléments encore plus fondamentaux que
ces derniers et dont ils sont les principes mêmes (sauf si
on préfère les appeler « puissances des éléments »), comme
l'élément liquide, la fibre, le vaisseau ou la chair, communs
à toutes les plantes. L'être et la nature tout entière sont
en eux.

Il y a d'autres parties, en quelque sorte annuelles. Celles
relatives à la fructification, comme la feuille, la fleur, le
pédicule (il s'agit de ce par quoi la fleur et le fruit sont
attachés à la plante), et encore la spumosité, pour les plantes
où il y en a, et surtout la graine qui est dans le fruit : le
fruit est l'ensemble formé par la graine et le péricarpe. En
plus de ces parties, quelques-unes sont propres à certaines
plantes, par exemple la galle du chêne et la vrille de la
vigne.

2. Il est aussi possible de faire ces distinctions au sujet
des arbres. Mais pour les plantes annuelles, il est évident
que toutes les parties sont annuelles : leur nature dure
jusqu'à la fructification. Tant pour celles qui sont annuelles
que pour les bisannuelles, comme le céleri et d'autres
plantes, ou pour celles qui vivent plus longtemps, la tige
se calquera sur cette durée : c'est en effet lorsqu'elles

---

1. *Mètra* (qui signifie la matrice animale ou la moelle végétale) est
traduit par médulle, car il emploie plus loin *muelos*, qui désigne la moelle
osseuse.

s'apprêtent à porter la graine que les plantes produisent leur tige, comme si les tiges existaient en vue de la graine. Divisons en conséquence les plantes de cette façon. Il faut s'appliquer à expliquer en quoi consiste[1] chacune des parties mentionnées jusqu'à présent, en les décrivant en général.

3. L'élément liquide est facile à voir, lui que d'aucuns (comme Ménéstor) appellent partout simplement « sève », mais que d'autres gardent sans nom dans certains cas, dans un contexte particulier ils l'appellent « sève », et dans d'autres, « larme ». Fibres et vaisseaux n'ont en eux-mêmes pas de nom, ils ne sont ainsi désignés que par similitude avec les subdivisions équivalentes chez les animaux. Et peut-être en diffèrent-ils par ailleurs ; c'est le cas du genre végétal en général, qui est variable, comme il a été dit. Mais puisqu'il faut mener l'enquête sur les choses inconnues à partir des mieux connues, et que sont mieux connues les plus grandes, qui se révèlent à la sensation, il est évident qu'elles doivent nous guider pour traiter de ces questions.

4. Nous pourrons relier les autres parties à ces parties mieux connues, dans la mesure où, et selon la manière dont, elles présentent une similitude. Une fois les parties comprises, il faudra appréhender les différences qui les accompagnent. De la sorte apparaîtra en même temps leur essence, ainsi que l'ensemble des distinctions qu'ont les genres entre eux. On a traité dans les grandes lignes des plus importantes, j'entends la racine, la tige et les autres.

---

1. Ici est employée la formule « ce que c'est » (*ti esti*), qui est l'expression technique socratique, platonicienne et aristotélicienne consacrée pour approcher l'*ousia* de quelque chose. Répondre à la question du « ce que c'est » d'une chose (une fois son existence admise) est la tâche fondamentale de la science selon Aristote, *Seconds Analytiques : Organon 4*, trad. fr. J. Tricot, Paris, Vrin, 1995, II, 1-2, 89b.

Leurs capacités (*dunameis*) ainsi que ce que la plante accomplit grâce à elles seront décrits plus tard. Il faut pour le moment s'appliquer à dire de quoi sont composées tant ces parties que les autres, en commençant par ce qui est premier. Et ce qui est premier, c'est l'humide et le chaud : toute plante a une certaine humidité et une certaine chaleur enracinées en elle, comme pour l'animal, quand il n'y en a plus assez viennent la vieillesse et l'affaiblissement, et quand elles disparaissent tout à fait, la mort et le dessèchement.

5. Dans la plupart des cas, l'humidité est sans nom [précis], dans quelques-uns, elle est nommée, comme il a été dit. La même chose se produit dans le cas des animaux : seule l'humidité de ceux qui ont du sang est nommée. Dès lors, la division dans ce cas se fait par privation : les uns sont dits « dépourvus de sang », les autres « pourvus de sang ». L'humide est donc bien une partie à part entière, de même que la chaleur qui lui est liée. D'autres composants intérieurs sont sans nom, mais sont comparés avec les subdivisions des animaux en raison de leur ressemblance avec elles. Les plantes ont en effet comme des fibres : c'est là une matière continue, sécable et allongée, sans ramification ni pousse, et parcourue de vaisseaux.

6. Ceux-ci sont du reste semblables à la fibre, mais sont plus grands et plus larges, ramifiés et humides. Il y a encore le bois et la chair : certaines plantes ont du bois, les autres de la chair. Le bois est sécable, tandis que la chair se divise de partout, à la façon de la terre et de tout ce qui est issu de la terre ; elle est à mi-chemin entre la fibre et le vaisseau, et sa nature se manifeste dans la peau des fruits. Et on parle à juste titre d'écorce et de médulle, mais il faut aussi les définir dans notre propos. L'écorce est la partie la plus extérieure (*eschaton*) et séparable du corps qu'elle recouvre. La médulle est au milieu du bois, troisième à partir de

l'écorce [1], comme la moelle dans les os. Les uns l'appellent
« cœur », d'autres « partie intérieure », tandis que certains
appellent « cœur », et d'autres « moelle », ce qui est dans
la médulle.

7. Tel est donc à peu près le nombre des subdivisions
de la plante. Et les dernières sont composées des précédentes : le bois est fait de fibre et de sève, et parfois de
chair, car elle devient bois en se durcissant, soit à la façon
des palmiers et des férules, soit comme pour le reste de ce
qui devient bois, par exemple les racines des radis. La
médulle est composée de sève et de chair, certaines écorces
(comme celle du chêne, du peuplier et du poirier) sont
composées de toutes les trois [fibre, sève et chair], mais
celle de la vigne est composée de sève et de fibre, et celle
du chêne-liège de chair et de sève. À leur tour, les parties
principales, citées les premières et comparées à des
membres, sont constituées de ces composants, selon des
combinaisons et agencements variés. Toutes les subdivisions
comprises, pour ainsi dire, il faut s'appliquer à restituer
les différences entre elles, puis les essences des arbres et
plantes pris comme des touts.

## I, 3

1. Puisqu'il se trouve que l'étude de choses divisées
par espèces [2] est plus claire, il est bon de diviser ce qui s'y
prête. Les premières et les plus importantes, et qui comprennent presque toutes les plantes, ou la plupart d'entre elles,
sont : arbre, arbrisseau, sous-arbrisseau, herbe. Un arbre
est ce qui est pourvu d'un seul tronc qui vient de la racine,

1. On a donc d'abord l'écorce, puis la chair ou le bois, et dans ce
dernier cas, de la moelle se trouve en son sein.
2. *Kata eidè*. Comme la phrase suivante le montre, cela désigne ici
aussi bien des espèces que des genres.

de plusieurs rameaux, de nœuds, et n'est pas facile à
arracher, par exemple l'olivier, le figuier ou la vigne. Un
arbrisseau est ce qui est pourvu de plusieurs troncs venant
de la racine et de plusieurs rameaux, par exemple la ronce
ou le paliure. Un sous-arbrisseau est ce qui est pourvu de
plusieurs rameaux qui viennent de la racine, par exemple
les choux ou la rue. Une herbe est ce qui pourvu de feuilles,
s'élève sans tronc à partir de la racine, et dont la tige porte
la graine, par exemple le blé et les légumes.

2. Mais il faut prendre les définitions mentionnées
comme valant à peu près, et ne les admettre qu'ainsi :
certaines plantes peuvent sembler s'altérer, d'autres, en
raison de la culture, devenir différentes et abandonner leur
nature, comme la mauve cultivée en hauteur, qui devient
arbre. Cela ne prend en effet pas beaucoup de temps, mais
en six ou sept mois, elle est devenue semblable à une
javeline par sa longueur et son épaisseur, c'est pourquoi
on s'en sert pour en faire des cannes ; et le rendement est
d'autant plus grand que le temps passe. Le cas des bettes
est similaire : elles prennent aussi de la grandeur, et c'est
encore plus le cas des gattiliers, du paliure et du lierre, au
point que, par assimilation, ils deviennent des arbres, alors
qu'ils sont des arbrisseaux.

3. Le myrte non élagué se fait arbrisseau, de même que
le noisetier [1]. Il paraît que ce dernier porte des fruits meilleurs
et plus nombreux si on lui laisse beaucoup de brins, comme
si sa nature était celle d'un arbrisseau. On peut aussi penser
que ni le pommier ni le grenadier ni le poirier ne sont
pourvus d'un seul tronc, ni en général aucun arbre qui
projette des rejets à partir des racines, mais que c'est en

---

1. Littéralement, le « noyer d'Héraclée/Héraclès » ; voir Amigues
*ad. loc.* pour l'identification au noisetier.

raison de la culture, qui élimine les autres pousses, qu'ils sont tels (c'est-à-dire pourvus d'un seul tronc). On laisse même à certains plusieurs troncs, à cause de leur finesse, par exemple le grenadier ou le pommier ; de même pour les oliviers et les figuiers.

4. Sans doute dira-t-on que l'on pourrait aussi diviser de façon générale certaines plantes selon leur grandeur et leur petitesse, d'autres selon leur force et leur faiblesse, c'est-à-dire leur longévité. Certains des sous-arbrisseaux et des légumes poussent avec un seul tronc et une sorte de nature d'arbre, comme le chou et la rue, d'où le fait que certains appellent de telles plantes des « légumes-arbres ». En outre, tous les légumes ou la plupart, quand on n'y touche pas, développent comme des branches et prennent en tout point la figure d'un arbre, si ce n'est qu'ils ont une longévité inférieure.

5. En conséquence, comme nous le disions, il ne faut pas se montrer trop pointilleux sur la définition, mais plutôt en appréhender les contours comme valant en général, et la situation est semblable pour les distinctions, comme celle entre domestique et sauvage, avec et sans fruit, avec et sans fleur, à feuilles persistantes ou bien caduques. Le fait qu'une plante soit sauvage ou domestique semble en effet dépendre de la culture : Hippon dit que tout est sauvage ou domestique selon qu'on s'en occupe ou non. Et les plantes portent ou non des fruits et des fleurs en fonction des lieux et de l'air qui les entoure ; de la même manière portent-elles des feuilles caduques ou persistantes. En effet, on dit que du côté d'Éléphantine ni les vignes ni les figuiers ne perdent leurs feuilles.

6. Mais quoi qu'il en soit, de telles divisions doivent être faites. En effet, tant chez les arbres que chez les arbrisseaux, chez les sous-arbrisseaux ou les herbes, quelque

chose de commun relève de la nature ; en outre, lorsqu'on parle des causes qui les concernent, il faut évidemment parler de toutes les plantes ensemble, sans les définir une par une, car il va de soi que ces causes sont communes à toutes. Mais en même temps, il semble exister une certaine différence de nature, justement du côté des plantes sauvages et des domestiques, puisque certaines ne peuvent vivre si on les cultive, ni n'acceptent du tout de soin, mais dégénèrent, par exemple le sapin, le pin noir ou le houx, et simplement tous ceux qui aiment les lieux froids et enneigés ; de même, parmi les sous-arbrisseaux et les herbes, par exemple le câprier ou le lupin. On les appelle donc à juste titre « sauvages » ou « domestiques » en référence à ces cas, et en général à ce qui est le plus domestiqué : l'être humain est en effet le seul être domestiqué [1], ou le plus domestiqué.

## I, 4

1. Les différences tant entre les totalités qu'entre les subdivisions sont déjà visibles dans les formes (*morphas*) des plantes ; je parle par exemple de grandeur et de petitesse, de dureté et de mollesse, de douceur et de rugosité, pour l'écorce, les feuilles, ou le reste, et simplement de ce qui est bien formé ou difforme, ainsi que de la qualité bonne ou mauvaise des fruits. Les plantes sauvages semblent en effet en porter davantage, comme le poirier sauvage ou l'oléastre, mais les domestiques en porter de plus beaux, aux jus plus doux et plus agréables, formant dans l'ensemble, pour ainsi dire, un meilleur mélange.

---

1. *Hèmeros* signifie en fait aussi bien « domestique » (ou « domestiqué ») que « civilisé », d'où le rapprochement.

2. Ce sont, comme il a été dit, des différences naturelles, c'est à plus forte raison le cas entre les plantes sans fruits et celles qui en portent, celles aux feuilles caduques ou persistantes, et autres différences similaires. Mais dans tous les cas, il faut toutes les appréhender en tenant compte des lieux, et il n'est d'ailleurs pas possible de faire autrement. De telles différences peuvent sembler accomplir une certaine division en genres, par exemple entre aquatiques et terrestres, comme chez les animaux. Il y a en effet certaines plantes qui ne peuvent vivre sans être dans l'eau, elles se divisent selon les genres de plans d'eau, de sorte que certaines poussent dans des marais, d'autres dans des lacs, d'autres dans des fleuves, d'autres dans la mer elle-même : les plus petites dans celle près de chez nous, les plus grandes dans la mer Rouge. Certaines sont pour ainsi dire humides et palustres, comme le saule et le platane, d'autres ne sont pas capables de vivre dans l'eau ni dans de tels lieux, mais cherchent les endroits secs ; il y en a aussi, parmi les plus petites, qui préfèrent les plages.

3. Néanmoins, si l'on veut parler avec exactitude, on peut se rendre compte que certaines plantes sont communes à ces milieux, et comme amphibies, par exemple le tamaris, le saule, l'aulne, tandis que d'autres, tout en étant par nature parmi celles reconnues terrestres, vivent à l'occasion dans la mer, par exemple le palmier, la scille ou l'asphodèle. Mais examiner de la sorte tous les cas de ce genre, comme valant en général, ce n'est pas examiner proprement : leur nature ne porte pas du tout, dans de tels cas, de nécessité à ce qu'il en aille ainsi.

C'est donc ainsi qu'il faut appréhender les divisions, et en général l'enquête sur les plantes. Et toutes ces plantes, ainsi que les autres, différeront, comme il a été dit, tant par les formes de leurs touts que par les différences de leurs subdivisions, ou par ce qu'elles ont ou n'ont pas, en grande ou en petite quantité, ou par quelque chose de semblable, ou par les caractéristiques distinguées précédemment.

4. Il est peut-être également approprié de tenir compte des lieux dans lesquels chaque plante naît par nature ou non : c'est en effet une grande différence, et pas la moins propre aux plantes, puisqu'elles sont liées à la terre, et n'en sont pas libérées comme les animaux.

ANDREA CESALPINO

## *DE PLANTIS LIBRI XVI* *

### LIVRE I

*Chapitre premier*

Alors que la nature des plantes a reçu le même genre d'âme [que les animaux] (grâce auquel elles se nourrissent, croissent et se reproduisent) et leur sont semblables, elles manquent cependant de la puissance de sentir et de celle de se mouvoir, en lesquelles consiste la nature des animaux. Les plantes sont donc à juste titre en défaut par rapport aux animaux : elles sont beaucoup moins bien pourvues en facultés qu'eux.

En effet, chez les animaux, la sensation est rendue possible par beaucoup de parties, variées quant à leur aspect et leur nombre. Parmi elles, plusieurs peuvent aussi contribuer au mouvement. À cet effet, la matière [2] des os est presque toujours délimitée par des articulations, et la

---

* A. Cesalpino, *De plantis libri XVI*, Florence, Georgium Marescottum, 1583, chap. I-V, p. 1-11. Traduit par Corentin Tresnie et Quentin Hiernaux. Toutes les notes de bas de pages sont des notes des traducteurs.

2. *Substantia*, mais pas au sens technique d'essence dont il sera question plus loin.

chair répartie dans les muscles par les nerfs [1] qui parcourent toutes les parties [du corps]. En outre, si nous regardons les viscères, qui sont les outils de la nutrition de l'âme (c'est-à-dire qu'elles sont au service de la faculté nutritive de l'âme), nous n'observons qu'une légère ressemblance avec les parties des plantes, tandis qu'en beaucoup d'endroits, nous observons une grande dissemblance.

Cependant, la nature des veines (*vena*), qui amènent la nourriture depuis le ventre pour la distribuer partout dans le corps, semble partiellement correspondre aux racines des plantes. En effet, elles se plantent de façon semblable dans la terre comme dans un ventre et en tirent de la nourriture. En revanche, les espèces animales ont besoin d'un genre raffiné d'aliments : leurs entrailles (à partir de leurs « racines » [2]) servent à leur rendre disponibles beaucoup de ces aliments et à les traiter, tandis que beaucoup d'autres [entrailles] servent de conduits pour que les excréments soient séparés des aliments. Or, rien de tout cela ne vaut pour les plantes.

En conséquence, les corps des plantes semblent demeurer solidement en leur substance simple et se rapprocher au plus haut point de la nature de leurs semblables, mais s'éloigner de la disposition industrieuse des organes.

Mais puisque l'opération de l'âme nourricière est la génération à l'identique (ce qu'elle fait soit à partir de la nourriture en vue de la conservation des individus, soit à partir de la semence (*semen*) en vue de la pérennité des

---

1. *Nervus* peut désigner toute forme de nerf, corde, tendon, articulation...

2. Ici et plus loin, les guillemets sont ajoutés pour indiquer que Cesalpino utilise le terme en un sens analogique : il parle ici des veines, qui sont comme des racines sans en être tout à fait.

espèces), les plantes doivent nécessairement être pourvues de deux parties principales pour être complètes. L'une, grâce à laquelle elles obtiennent leur nourriture, est appelée racine ; l'autre, grâce à laquelle elles portent tant le fruit que la progéniture (*foetus*) afin de propager l'espèce, est appelée tige chez les petites plantes, mais tronc dans le genre des arbres.

La première partie, bien que supérieure car plus importante, est cachée dans la terre. En effet beaucoup de plantes vivent seulement avec leur racine, après que leur tige s'est desséchée, une fois la semence (*semen*) produite, par exemple le Cyclamen (*Cyclaminus)*, l'Aristoloche (*Aristolochia)*, et plusieurs espèces parmi les Acanacées (*Acanaceum*) et les Férulacées (*Ferulaceum*). La seconde, bien qu'elle s'élève au-dessus du sol, est en fait inférieure : c'est par cette partie que les excréments, s'il y en a, sont évacués [1]. Voilà comment on considère une partie comme supérieure ou inférieure chez les animaux.

En fait, si nous examinons leur mode de nutrition, nous considérerons autrement chaque partie comme supérieure ou inférieure. En effet, tant chez les animaux que chez les plantes, la nourriture est transportée de bas en haut (ce qui nourrit est en effet léger), puisque ce que la chaleur porte l'est de bas en haut : il était donc nécessaire que les racines soient implantées dans la partie inférieure et que la tige s'élève droit vers le haut. Et chez les animaux, les veines (*vena*) « s'enracinent » dans la partie inférieure du ventre, tandis que le « tronc » s'élance, de bas en haut, vers le cœur et la tête.

Il faut se demander s'il doit exister dans les plantes quelque partie dans laquelle se trouve le principe de l'âme,

1. À l'époque, on pensait que le nectar des fleurs ou les sucs dégagés naturellement au niveau des tiges étaient des excréments.

comme le cœur chez les animaux ; il est en tout cas (*igitur*) permis de conjecturer qu'il serait convenable (*oportere*) qu'existe une telle partie. Bien que l'âme soit l'acte d'un corps organisé [1], elle ne peut y être partout tout entière, ni tout entière dans plusieurs parties singulières, mais bien tout entière dans une certaine partie directrice, d'où la vie est communiquée jusqu'aux autres parties qui en dépendent, comme nous l'avons montré de façon universelle dans les *Questions péripatéticiennes* [2].

En ce qui concerne le cas particulier des plantes, on peut le montrer de la façon suivante. Si l'opération de la racine est bien d'extraire la nourriture de la terre, et celle de la tige de porter la semence (*semen*), elles ne doivent jamais échanger leur rôle, de sorte que la racine porterait la semence (*semen*) et que la pousse (*germen*) plongerait dans la terre. Dès lors, soit il y aura deux âmes distinctes par l'espèce et séparées par le lieu, de sorte que l'une sera dans la racine, l'autre dans la pousse ; soit une seule âme distribuera sa faculté propre à chacune des deux parties.

Un argument contredit l'idée de deux âmes différentes par l'espèce et séparées par le lieu dans une seule plante, puisque nous voyons souvent une racine coupée émettre une pousse, et un rameau coupé enfoncer une racine dans la terre : comme si une âme, indivisible par l'espèce se manifestait dans les deux parties. Ceci semblerait indiquer que l'âme réside tout entière dans chacune des parties, et tout entière dans toute la plante, si ne s'y opposait le fait que dans beaucoup de plantes, nous voyons que les facultés sont totalement distribuées entre les parties. Par exemple la pousse, là où elle est de quelque façon transpercée,

1. Aristote, *De l'Âme*, trad. fr. J. Tricot, Paris, Vrin, 1995, 412 a 27.
2. A. Cesalpino, *Questions péripatéticiennes*, V, 7 (voir aussi V, 3). Une traduction partielle a été réalisée par M. Dorolle, Paris, Alcan, 1929.

n'émet jamais de racine, et dans le cas du Pin (*Pinus*) et du Sapin (*Abies*), elle périt si elle est sectionnée. Dans ces mêmes espèces, les racines arrachées périssent également ; elles constituent une sorte de principe de vie, à partir duquel la vie est distribuée à chacune des parties, pour autant qu'elles y restent attachées.

Pourtant, il serait en réalité difficile de localiser dans les plantes une telle partie, dans laquelle se trouverait le principe de l'âme. En effet, si nous examinons les plantes qui vivent longtemps avec seulement leur racine, après avoir perdu leur tige avec la semence (*semen*), le principe semble se trouver dans la racine ; si au contraire nous nous intéressions à celles qui se propagent à partir du rameau ou du scion (*surculus*), par exemple l'Olivier (*Olea*), la Vigne (*Vitis*) ou le Grenadier (*Punica),* le principe se retrouverait dans la pousse : la racine en émerge, si les plantes en portent.

Examinons les différences au sein des parties, que ce soit dans la racine ou dans la pousse. Dans toute racine, nous observons deux parties, à savoir l'écorce et le corps qu'elle contient : dans certaines, il est dur et ligneux, dans d'autres, tendre et charnu. La tige, en revanche, est constituée de trois genres de parties, à savoir l'écorce, la moelle [1] interne et le corps intermédiaire entre l'écorce et la moelle, qui dans les arbres est appelé « bois ».

Si, en toutes choses, la nature a coutume d'être enfouie dans les parties intérieures, le principe vital, comme les viscères chez les animaux, en harmonie avec la raison, sera non pas simplement dans l'écorce, mais enfoui plus profondément, c'est-à-dire dans la moelle interne, laquelle

---

1. Contrairement à Théophraste, Cesalpino utilise le même mot pour désigner la moelle des plantes et celle des animaux : *medulla*.

est présente surtout dans la tige, mais guère dans la racine. Nous pouvons le présumer à partir du nom que les anciens lui donnaient : ils appelaient en effet cette partie de la plante le « cœur » (*cor*) – d'autres l'appelaient « cervelle » [1] (*cerebrum*), d'autres « matrice » (*matrix*) – comme si le principe de la reproduction (*faetificatio*) en provenait. Puisqu'il s'agit de la partie centrale, il convient au plus haut point qu'elle distribue la vie aux parties extérieures.

En résumé, deux parties se distinguent clairement dans les plantes, à savoir la racine et tout ce qui s'élève de bas en haut. Le lieu qui relie la racine à la pousse [le collet] semble un endroit très approprié pour le cœur des plantes. Une certaine substance apparaît à cet endroit, sortant tantôt de la pousse, tantôt de la racine, plus douce et charnue que celles-ci (d'où le fait qu'on l'appelle usuellement « cervelle »), dans de nombreux cas comestible tant qu'elle n'a pas vieilli : elle devient avec le temps dure et ligneuse, de même que les autres parties. Or, le nom de « cervelle » semble le plus élégamment convenir à cette partie. En effet, chez les animaux, la moelle cérébrale se trouve dans la tête, et de là, la moelle de l'échine provient et se répand sur toute sa longueur. De même, chez les plantes, la « cervelle » se trouve dans la racine [2] comme en une sorte de tête, et répand la moelle tout au long de la tige, en quelque sorte comme le long d'une épine dorsale, afin de distribuer le liquide vital (*humor vitalis*) aux rameaux et aux scions les plus éloignés.

1. C'est ainsi que l'on traduit usuellement *cerebrum* depuis la traduction de l'*Histoire Naturelle* de Pline l'Ancien (par exemple XIII, 8-9) par É. Littré, Paris, Firmin-Didot, 1877.

2. Cela n'est pas nécessairement contradictoire avec l'affirmation d'une rareté de la moelle (et donc de la « cervelle ») dans la racine : elle vient bien de la racine (ou plutôt du collet) pour se répartir dans toute la plante, mais se trouve donc proportionnellement moins dans la racine.

*Chapitre 2*

Examinons à présent comment (*qua ratione*) les plantes se nourrissent et obtiennent leur nourriture. Chez les animaux, nous voyons que la nourriture est transportée par les veines jusqu'au cœur comme vers un atelier qui produit la chaleur intérieure. Une fois que la nourriture y a été complètement traitée, elle est distribuée par les artères dans l'ensemble du corps sous l'action du souffle, lui-même produit dans le cœur par cette même nourriture. Mais chez les plantes, nous n'observons ni veines ni autres canaux visibles, et nous ne percevons aucune chaleur. On peut donc se demander comment les arbres croissent jusqu'à une si grande taille, alors qu'ils semblent contenir une chaleur bien moindre que les animaux.

Peut-être une plus grande chaleur a-t-elle été octroyée aux animaux en raison de la sensation et du mouvement qui les habitent ? Il serait donc normal qu'ils grandissent moins, puisqu'ils consomment beaucoup d'aliments pour répondre aux besoins des opérations des sens et de la motricité. En effet, beaucoup de ces aliments sont transformés en souffle : ceci explique que les animaux aient de larges veines, afin qu'elles puissent contenir une abondante nourriture.

Quant aux plantes, comme elles ne souffrent que la seule opération de la nutrition, elles peuvent, avec une chaleur interne moindre, à la fois grandir davantage et produire plus de fruits. Mais bien que leur chaleur soit impossible à percevoir, il ne faut pas pour autant en nier l'existence : nous considérons comme froid ce qui est moins chaud que le contact avec notre peau. Par ailleurs, il est permis de doter les plantes de veines, selon l'argument qu'elles répandent un lait [1], comme dans le genre des

---

1. Il s'agit d'un latex au sens botanique contemporain.

Euphorbes (*Tithymalus*) et des Figuiers (*Ficus*). En effet, si on les entaille, le liquide (*humor*) coule en abondance, comme le sang de la chair percée des animaux (cela se produit particulièrement dans le cas de la vigne). Toutefois, elles sont tout à fait inobservables en raison de leur finesse tout au long de leur parcours. En revanche, des sortes de fissures, [qui se divisent] comme des nerfs, apparaissent dans toutes les tiges et racines, dans le sens de la longueur, et on les appelle d'ailleurs « nerfs », par exemple chez le Sapin (*Abies*). Parfois, elles sont plus épaisses et s'étendent jusqu'aux rameaux, on les appelle [aussi] « veines » et elles sont très apparentes dans de nombreuses feuilles. Il faut les considérer comme un chemin pour la nourriture, et les faire correspondre aux veines des animaux.

Cependant, les plantes n'ont pas un unique tronc d'où viendraient les « veines », comme la veine cave chez les animaux, mais à sa place une multiplicité de veines fines, qui montent de la racine au cœur et du cœur à la tige. En effet, la nourriture n'est pas contenue dans quelque chose de comparable au ventre, nécessaire chez les animaux pour générer le souffle : [chez eux], le souffle n'agit aussi puissamment que parce que beaucoup de liquide frémit en même temps en un même contenant. Mais [chez les plantes,] il suffit que le liquide soit transformé par l'action de la moelle du cœur, comme le fait chez les animaux la moelle du cerveau ou la chair du foie. Et de fait, chez les plantes, ce ne sont pas quelques grosses veines qui s'étendent, mais un grand nombre, et plutôt fines.

La nourriture est obtenue à travers elles, non pas par quelque mouvement des fibres qui attirerait ce qui est approprié et expulserait ce qui ne le serait pas : ces fonctions n'opèrent pas en l'absence d'une sensation de la nourriture, raison pour laquelle les animaux ont été dotés du goût et du toucher [1].

Puisque les plantes n'ont aucune sensation, elles ne sélectionnent pas leur genre de nourriture, mais tirent leur liquide, mêlé à la terre, par un autre procédé (*ratio*) [2], difficile à comprendre. En effet, nous ne pouvons pas dire que c'est au moyen (*ratio*) d'une similitude, à la façon dont l'aimant attire le fer, car dans le cas de l'aimant, le plus grand attire le plus petit. Si cela valait aussi chez les plantes, pourquoi le liquide (*humor*) de la terre, qui est plus puissant, n'attire-t-il pas celui des plantes ? Ce n'est pas non plus en raison (*ratio*) du vide, puisque la terre ne contient pas seulement du liquide, mais aussi de l'air. Or, l'air est attiré par le vide avec plus de force et moins d'entrave que ne l'est le liquide, comme dans le cas des gourdes qu'on approche de la terre [3] : [dans cette hypothèse,] les plantes se rempliraient alors davantage d'air que de liquide.

1. Aristote, dans le traité *De l'Âme*, *op. cit.*, oppose les plantes, qui n'ont que la nutrition (*to threptikon*), aux animaux, qui ont aussi la sensation (*to aisthètikon*). Celle-ci est la condition pour qu'il y ait plaisir et peine, et donc appétition (*to oretikon*) comme poursuite du plaisant et fuite du pénible. Les animaux ont au minimum le toucher, qui inclut en lui le goût ; il est le sens du sec, de l'humide, du chaud et du froid, et donc de la nourriture. Voir 414a32-b10.

2. Par une autre « raison », au sens ancien, donc une autre logique, un autre procédé, une autre façon de fonctionner. C'est bien cette *ratio* que Cesalpino cherche tout au long de ce raisonnement.

3. C'est-à-dire dans les gourdes (vides) que l'on approche de la terre, et qui devraient se remplir d'eau si le vide attirait l'eau. Or ce n'est pas le cas : si la gourde attire quelque chose, c'est l'air ; dès lors, si l'intérieur des plantes était vide, il attirerait l'air plutôt que le liquide de la terre.

Serait-on en présence de ces choses sèches qui, par nature, attirent l'humide ? C'est le cas du lin, des éponges et de la poussière. Mais d'autres le repoussent, comme les plumes de certains oiseaux ou les frondes (*herba*) de la fougère *Adiantum* : même si on les trempe dans l'eau, cela ne les mouille pas, car l'eau ne s'y fixe pas. [Parmi ces choses, ] les premières absorbent beaucoup, parce qu'elles s'accordent davantage avec l'eau qu'avec l'air. Il faut donc considérer que les parties des plantes dont l'âme nourricière (*altrix*) se sert pour obtenir la nourriture consistent en une nature comparable.

En conséquence, les racines ne parcourent pas la plante en un trajet continu comme le font les veines, mais consistent, à l'instar des nerfs, en une masse (*substantia*) enchevêtrée. Ainsi, leur nature absorbante mène le liquide de façon continue jusqu'à ce qui produit la chaleur interne, à la façon de ce qu'on peut observer dans les lumières des lampes, qui utilisent une mèche par laquelle l'huile est amenée de façon continue jusqu'à la flamme.

Or, c'est la chaleur [1] interne qui rend possible ce mouvement, en purifiant le liquide qui s'est écoulé vers la pousse et le fruit. Chaque goutte ne peut que suivre immédiatement celle qui s'est écoulée auparavant dans les mêmes tiges, à la façon dont on sépare un liquide de ses impuretés en y trempant une mèche, de telle sorte qu'une partie du liquide est dirigée hors du récipient. Au fur et à mesure que le liquide est filtré le long de la mèche suspendue,

---

1. *Caliditas* (qui est un néologisme tardif), au lieu du classique *calor* qu'il avait employé jusqu'à présent. Cesalpino fait-il une distinction entre la chaleur proprement dite et la « calidité » ? Si c'est le cas, il s'agit peut-être d'une façon nouvelle de désigner le principe de chaleur lui-même. Cela permettrait de sortir de la circularité que son argument semble introduire.

le reste monte à sa suite en continu hors du récipient, jusqu'à en ressortir tout à fait clair [1]. De même, les racines des plantes boivent en continu le liquide depuis la terre, en le rendant plus pur, jusqu'à ce que le liquide se retrouve au bon endroit et que la chaleur le répartisse. En effet, la lourdeur du filtrat risquerait de l'entraîner à nouveau vers le bas, alors qu'il s'élève s'il est assez léger : c'est pour cela que la chaleur le mène vers le haut.

Pour cette raison, beaucoup de plantes grandissent et fructifient davantage au printemps et en été : l'obtention de la nourriture est stimulée par la chaleur extérieure. En hiver, la flamme est chétive et manque d'une nourriture même modeste. Elle reste donc cachée hors d'atteinte, au contraire de ce que permet la nature des animaux, qui sont plus chauds : leur chaleur interne est plus vigoureuse en hiver qu'en été.

Dès lors, l'inhibition ou la diminution de la récolte du liquide empêche ou amoindrit l'obtention de la nourriture. Cela s'explique, comme dit brièvement, soit parce que la plante manque de chaleur interne (comme pour la congélation provoquée par le froid) et récolte plus facilement sa pitance quand il fait chaud, soit parce que le liquide, de son côté, peut ou non arriver. Dans un cas comme dans l'autre, la chaleur interne est étouffée aux endroits, desséchés, où le liquide n'a pas été distribué ; à ces endroits non desservis, le liquide n'est pas parvenu en raison, par exemple (*vel*), d'un vice de l'organe (*instrumentum*) par lequel opère l'obtention. En effet, si cet organe soit devient plus dur (ce qui est inévitable notamment en cas de

---

1. Il s'agit là d'une filtration par capillarité : l'eau remonte le long de la mèche absorbante en laissant derrière elle le plus gros de ses impuretés.

vieillesse), soit contracte d'autres affections (*morbus*), il devient inapte à la transmission du liquide, de sorte qu'immanquablement la plante s'affaiblit ou périt.

Voilà donc quelle est la voie (*quo ingenio*) que la nature emprunte chez les plantes pour l'obtention de la nourriture.

### Chapitre 3

Disons de quelle façon opère le développement (*germinatio*)[1] et quelle en est la cause : les autres étapes (*partes*) en seront ainsi plus évidentes. Le bourgeonnement semble propre aux plantes, et nous n'observons le même phénomène chez aucun des animaux : toutes leurs parties sont constituées avant qu'ils ne voient le jour. Les plantes, par contre, génèrent de nouvelles parties tant qu'elles vivent, on appelle cela le bourgeonnement (*germinatio*).

Certes, chez les animaux, la croissance (*generatio*) des poils, des dents et des cornes a l'air de s'y apparenter, puisqu'ils poussent plus tard. Mais en vérité, ces parties ne correspondent à aucune faculté dans l'âme, elles s'occupent seulement de fonctions pratiques, et c'est donc à bon droit qu'elles ne font pas partie de l'essence (*substantia*) des animaux. Or, les pousses (*germen*) des plantes présentent déjà les puissances vitales de l'âme ainsi que ses plus belles opérations[2].

Il n'y a que dans l'utérus, chez les animaux vivipares, que l'on observe un véritable bourgeonnement. Le fœtus,

1. Le terme *germinatio* n'a aucun correspondant exact dans la terminologie contemporaine. Il désigne tantôt ce que nous décririons comme un bourgeonnement, tantôt le développement de la plante, et parfois aussi sa croissance : E. L. Greene, *Landmarcks* II, *op. cit*, p. 825-831.

2. Cesalpino reviendra sur ces opérations essentielles dans le chapitre 13 : il s'agit des fonctions de nutrition et de croissance d'une part et de reproduction d'autre part.

en effet, qui « pousse » [1] comme une sorte de pousse (*germen*) à sa manière, vit grâce à la nourriture qui lui est procurée, de la même façon que la pousse. Il en diffère cependant en ce que, chez les animaux, le principe [de développement] est amené de l'extérieur, c'est-à-dire de la semence du mâle, bien que la nourriture provienne de l'utérus. Au contraire chez les plantes, tant la matière que le principe proviennent de l'intérieur [2]. Certes, chez les ovipares, des œufs grandissent, mais ceux qui sortent dépourvus de la semence du mâle sont inféconds. En effet, sans le contact du mâle, ils n'ont pas l'âme sensitive, par laquelle se définit l'animal. Le végétal n'a quant à lui pas du tout besoin de ce principe, comme s'il revenait à lui seul d'émettre la pousse à partir de lui-même.

À partir de là, nous pouvons encore ajouter ceci : le développement est dédié à la croissance du fruit. En effet, si, chez les animaux, la conception n'a pas lieu sans une sorte de bourgeonnement (cela semble une nécessité pour qu'elle s'accomplisse), à savoir ce que produit la semence (*semen*), alors les semences des plantes sont comme les fœtus des animaux. Le bourgeonnement se manifeste seulement dans l'utérus chez les animaux, tandis que chez les plantes, il s'observe aussi dans la racine, le cœur et toutes les autres parties qui contribuent à porter le fruit. Les animaux sont plus grands dès la conception, et restent à l'abri dans l'utérus jusqu'à l'accouchement, parce que

1. Il y a ici un jeu sur le verbe *adnascere*, qui signifie aussi bien « naître en ayant été désiré » que « pousser » (pour les dents ou les plantes).

2. En effet, avant R. J. Camerarius (1665-1721), l'idée dominante est que les plantes ne se reproduisent pas sexuellement (à la différence des animaux) : R. J. Camerarius, *Ad Thessalum D. Mich. Bernardum Valentini professorem Giessensem excelentissimum, De sexu plantarum epistola*, Tübingen, Romincius, 1694.

le fœtus a besoin d'être réchauffé par une chaleur appropriée. Au contraire, les fruits des plantes ont besoin de la chaleur du soleil pour se parfaire : il ne faut donc pas qu'ils restent toujours enfermés, mais ils doivent se libérer quand l'occasion se présente et émerger à la lumière. Le bourgeonnement lui-même fonctionne ainsi : la pousse et le fruit éclosent ensemble comme d'un utérus, et sortent progressivement à l'air libre. Une fois toutes [les parties] développées et produites à la lumière, cette totalité, qui porte le fruit, ressemble à un utérus retourné, auquel plusieurs fœtus seraient suspendus.

La partie d'où émerge la pousse s'appelle « œil » (*oculus*). Ceux qui s'appliquent à greffer (*inferre*) des arbres ont coutume de le prélever. En effet, l'arbre gonfle de telle sorte que l'écorce peut facilement être séparée du scion (*surculus*) à cause de la sève (*humor*) qui se trouve dessous, et l'écorce se détache autour de l'œil. Alors, on [les] sépare et on les greffe sur une autre plante, les yeux s'adaptant avec précision à la situation de celle-ci : cela s'appelle l'écussonnage (*inoculatio*) [1]. La pousse de l'œil inséré se développe ainsi, conformément à la nature, après que le principe de la pousse ait enflé, mais avant que cette dernière se soit déployée [2]. On appelle cette partie le bourgeon (*gemma*), et la pousse se déploie en même temps que les feuilles débourrent : plus la pousse grandit, plus les feuilles s'étendent autour d'elle ; elles se déploient à la façon de mains qui se superposent les unes sur les autres, liées seulement par le pédicule. C'est en quelque sorte pour cette raison que la plante a des feuilles : pour protéger

1. C'est-à-dire la greffe « en écusson » d'un œil ou bourgeon plutôt que d'un scion.

2. C'est-à-dire après que la sève soit montée au printemps pour former les bourgeons, mais avant qu'ils aient éclot et se soient développés.

la pousse fragile, ainsi que le fruit, puisqu'il l'accompagne. Après leur déploiement, elles semblent remplir une autre fonction, à savoir produire de l'ombre, afin que les fruits ne brûlent pas à cause d'un excès de soleil avant qu'il n'y ait de nouvelles pousses. La pousse comme le fruit ont besoin de rayons modérés, c'est pourquoi les feuilles leur en fournissent par leur position et leur forme, en en laissant passer une partie et en en retenant l'autre.

Pour cette raison, les feuilles tombent en automne : la plupart des fruits sont mûrs et les pousses ont durci. Et si certains [arbres] conservent longtemps leurs fruits, ils garderont longtemps aussi leurs feuilles, c'est pourquoi certains les conservent jusqu'au bourgeonnement suivant et au-delà, comme le Pin (*Pinus*), l'Arbousier (*Arbutus*) et le Laurier (*Laurus*). Mais dans les régions chaudes, où les chaleurs sont constantes, aucun arbre ne perd ses feuilles ! Il y a une bonne raison à cela : là-bas, les plantes ont en permanence besoin de l'action des feuilles pour les ombrager. Puisque les feuilles sont faites pour protéger, à juste titre s'élèvent-elles si haut depuis l'écorce, comme une sorte d'appendice de celle-ci, car l'écorce aussi est faite pour servir de couverture.

Certes, l'écorce consiste en un double corps : à l'intérieur une partie plus dure et plus solide qu'on appelle chez les arbres *liber* ; à l'extérieur une partie plus molle et légère chez les jeunes pousses, mais que la sécheresse [de l'air] rend âpre chez les vieilles et qui souvent, dans le genre des arbres, se fend. Toutefois, la feuille s'accorde en général plutôt avec l'essence (*substantia*) de l'écorce externe. De là lui viennent sa légèreté et sa souplesse, ainsi que sa caducité facilitée par la sécheresse, conformément à la nature en automne, ou précocement (*praeter naturam*) en été. Pour les plantes dont la feuille est persistante, il faut penser qu'elles ont conservé dans leur feuille davantage de l'essence de l'écorce externe, et leurs feuilles sont d'ailleurs plus dures et plus épaisses, tant chez les arbres que chez les herbacées. Les veines, tant celles qui parcourent le milieu du dos [1] [de la feuille] que celles sur les côtés, proviennent de l'écorce intérieure : elle seule est veineuse.

Mais puisque les feuilles s'accordent avec l'écorce, un argument veut que nous voyions dans les feuilles la preuve que toute l'écorce se prolonge en elles, de sorte que rien ne reste de la pousse sinon la feuille qui la couvre, comme c'est le cas dans le Roseau (*Harundo*), le Blé (*Triticum*) et la Férule (*Ferula*). Cependant, dans ces espèces, c'est le pédicule de la feuille plus que la feuille elle-même qui entoure la tige, car il est d'une consistance (*substantia*) plus coriace que la feuille.

On peut donc voir, à partir de ce qui a été dit, pour quelle raison les feuilles sont données aux plantes en développement, et quelle est leur origine.

L'essence (*substantia*) de la pousse est reliée (*ducit*) à un principe plus intérieur. Elle n'existe en effet pas sans la moelle ni sans le corps qui entoure celle-ci. Si l'on s'applique à dénuder de son écorce une branche (*virga*), on élimine alors les feuilles avec l'écorce (puisqu'elles en sont seulement des appendices), mais on ne supprime pas les pousses, car elles sont en continuité avec l'essence du corps intérieur. Et pour cause : puisque la pousse est dédiée à la fructification, et que la puissance prolifique est contenue tant dans la moelle que dans le cœur, il convient qu'elle irrigue à la fois les pousses dans leur totalité, le bois (ou

---

1. Le terme *dorsum* désigne le dos d'une monture ou d'une bête de somme, là où on pose la charge.

tout autre corps analogue) qui entoure la moelle, ainsi que l'écorce la plus extérieure.

Certaines plantes à la tige creuse, comme le Jonc (*Calamus*), semblent d'ailleurs vivre sans moelle. Les troncs de certains arbres survivent tout en étant creux, comme le Saule (*Salix*) ou l'Olivier (*Olea*). La nature de la moelle n'est-elle chez eux pas séparée du corps périphérique, c'est-à-dire du bois ? N'en irait-il pas de même chez toutes les espèces ? Il convient que les veines qui apportent la nourriture soient en contact avec la moelle. Or, elles sont portées à travers toute la substance (*substantia*) du tronc. Donc, toute la moelle qui n'est pas en contact avec les veines disparaît quand croît la tige ou le tronc, laissant un endroit creux [1]. D'ailleurs, on ne peut trouver de vides ni dans les jeunes pousses, ni dans la racine, ni dans les rameaux.

On pourrait se demander si la puissance prolifique ne se trouverait pas dans l'écorce plutôt que dans la moelle, car la greffe se pratique dans l'écorce seulement. Elle bourgeonne selon la nature de l'écorce, et non selon la nature du bois situé dessous. De plus, beaucoup d'arbres meurent complètement si on entaille seulement l'écorce sur tout leur pourtour, alors qu'ils ne meurent pas si leur moelle est creusée.

Pour cette raison, nous disons que l'écorce greffée bourgeonne, car la pousse émerge à l'extérieur du bois situé dessous (*subjectum lignum*), auquel l'écorce s'accole

---

1. Cesalpino veut dire que la concavité de certains troncs s'explique parce que ce sont les veines qui portent la nourriture, et que dès lors seule la moelle qui les entoure peut ou doit rester en vie ; si les veines épousent la forme de l'écorce et s'espacent ainsi assez, la moelle intérieure n'est plus en contact avec elles et disparaît.

par affinité. Mais si l'œil de l'écorce ne s'accorde pas à l'œil du bois, il ne bourgeonne pas. Par contre, les feuilles et les fruits sont produits à partir de la nature de l'écorce, car ils opèrent partout leur croissance à partir de l'écorce. Au contraire, les semences (*semina*) à l'intérieur [des fruits] ne sont pas constituées à partir de la nature de l'écorce, mais du bois situé en dessous. En effet, si elles sont semées, elles naissent, non à la façon de la nature de l'écorce implantée, mais plutôt comme le bois : elles opèrent leur croissance à partir de la moelle et non de l'écorce. À l'inverse, ce qui, dans la plupart des cas, fait mourir l'arbre une fois entaillé sur tout son pourtour dépend bien de l'écorce. En effet, le bourgeonnement ne se fait pas sans écorce (comme nous l'avons expliqué plus haut), et ce qui reste au-dessus de l'endroit coupé meurt, car il est séparé de sa nourriture, apportée depuis le bas. Toutefois, si quelque chose peut être nourri à partir du bois situé sous l'écorce, alors il survit, comme dans le cas du Chêne-liège (*Suber*) ainsi que des autres espèces dont l'écorce adhère solidement au bois.

## Chapitre 4

Le premier développement des plantes a lieu à partir de la racine, car ce qui naît en premier – soit à partir de la semence, soit par putréfaction [1] – est la racine. Mais puisque se trouve à son sommet la partie qui correspond au cœur des animaux, le principe de la pousse y est relié, tantôt par une tige unique, tantôt par plusieurs. En effet, dans certaines plantes, le cœur est indivis, d'où le fait qu'une seule tige pousse, comme chez la plupart des arbres. Dans les autres, une sorte de division se produit, ce qui explique la croissance

---

1. C'est-à-dire par génération spontanée.

de plusieurs [cœurs] à partir d'une même racine, comme chez le Blé (*Triticum*).

En revanche, un seul et même cœur n'est jamais à l'origine de plusieurs tiges. Il peut néanmoins arriver aux plantes qui ont perdu leur précédente tige d'en générer une autre, comme dans le genre des Férulacées. D'ailleurs, cette autre tige ne se développe jamais au même endroit, mais à côté [de la précédente]. Puisqu'un même cœur n'est lié qu'à une seule tige, il semblerait qu'un même cœur ne soit aussi lié qu'à une seule racine ; or si c'était le cas, il n'y aurait aucune plante qui porte plusieurs tiges [1]. Par ailleurs, une même racine ne produit, elle aussi, au début, qu'une seule pousse, mais une fois que sa taille a assez augmenté pour qu'elle soit visible, elle se divise chez certaines plantes en plusieurs principes, soit en même temps (comme pour le Blé) soit successivement, de sorte qu'une fois que l'une est morte, une autre naît (comme pour la Férule).

En effet, la nature de beaucoup de plantes est telle qu'elles vivent divisées, car il est possible que leur principe soit unique par son acte, mais multiple par sa puissance. Rien ne s'y oppose, soit que la division de la plante soit accomplie par nous, soit que le principe se soit divisé tout seul. En effet, certaines racines, une fois divisées, peuvent se subdiviser en petites parties et se développer, comme chez les Graminées (*Gramines*) ou le Raifort (*Raphanus*

---

1. L'argument assez difficile à suivre est le suivant : la racine est à l'origine du cœur (le collet) et de son éventuelle division. Le cœur est à l'origine de la croissance d'une seule tige. Donc si une plante a plusieurs tiges, il lui faut plusieurs cœurs qui résultent eux-mêmes de la multiplication de la racine. Une même plante qui possède plusieurs tiges est donc nécessairement liée à plusieurs racines par l'intermédiaire de ses différents cœurs.

*Montanus*). Là, le cœur est en puissance, et [ces parties] peuvent être propagées par la racine : alors une multitude de pousses naît naturellement, soit toutes ensemble autour d'une même racine (comme le Fenouil (*Foeniculum*)), soit sous forme de jeunes caïeux (*radiculum*) trouvant leur origine dans les principes singuliers que sont les pousses (comme pour le Souchet (*Ciperus*), l'*Iris* et presque toutes les géniculées). La nature même des racines provoque la division dans les articulations des nœuds (*geniculi*)[1], pour ainsi dire d'elle-même (*quasi sponte*).

Parmi ces plantes, les unes forment une nouvelle racine et une nouvelle pousse, tandis que les autres meurent, épuisées par la vieillesse, comme cela arrive au *Satyrium*[2] et au Glaïeul (*Gladiolus*)[3]. Par contre, dans l'Ail (*Allium*) et les autres plantes à bulbe, la nature divise encore de nouveaux caïeux au moyen des principes des pousses dans leur totalité. D'ailleurs, les principes des pousses d'ail sont appelés gousses. Ils sont tous originaires d'une même racine, de laquelle proviennent l'une après l'autre, en l'épuisant, les caïeux individuels. Cela s'appelle le mode de propagation par sobole (*per sobolem*). Ce mode de développement provient de la racine. La tige (chez les herbacées) ou le tronc (chez les ligneuses) tire son origine de ce développement.

---

1. Cesalpino n'a pas un usage univoque de ce mot qu'il utilise pour décrire des réalités diverses à différents endroits du texte.

2. S'il s'agit bien de l'orchidée qui porte ce nom et pousse en Afrique et en Asie seulement, cela constitue un exemple probablement peu familier au lecteur européen du XVIe siècle.

3. La plante que nous appelons aujourd'hui glaïeul (du genre *Gladiolus*) est pourtant une plante à bulbe contrairement à ce que le texte laisse entendre.

Mais puisque toute pousse est faite pour porter le fruit, ce qu'elle fait depuis la racine, soit elle porte le fruit directement (comme chez les Bulbacées, chez les genres des Céréales (*Frumentum*) ainsi que chez le Palmier (*Palma*), soit par l'intermédiaire d'autres pousses, que ce soit une ou plusieurs : un second développement de la tige produit alors les branches (*ramus*), un troisième, dans les branches, produit les rameaux (*ramusculus*), et ainsi de suite. Chez les arbres, ces derniers développements s'appellent « scions » (*surculus*), et sont utilisés pour les greffes (*ad inserundum*). Chez les herbacées, les plantes qui perdent leur tige passent à un troisième développement acaule. Pour revenir aux arbres, seule la ramification de troisième ordre produit des fruits : dans la vigne (*Vitis*), par exemple, si elle est plantée à partir du rameau et non à partir de la semence, une nouvelle pousse est produite chaque année, même si toutes ces ramifications ne se développent pas la même année, à l'inverse de chez les herbacées. D'ailleurs, l'épanouissement de la pousse ne se fait pas intégralement depuis la tige, mais en grande partie depuis les stipules (*alum*) des feuilles, c'est-à-dire là où le pédicule de la feuille est attaché à la tige. À cet endroit, l'œil coïncide avec la future pousse, il lui est adjoint pour la protéger comme le ferait sa feuille, comme une sorte de creux laissé dans l'écorce, d'où il émerge. C'est d'ailleurs dans cette partie de la plante qu'agit une sorte de second cœur, qui y apparaît sous l'action (*principium*) de la moelle intérieure.

Pour cette raison [1], une sorte de nœud apparaît sur la tige, et s'il entoure toute la tige, on l'appelle gaine foliaire (*geniculus*), comme dans le Blé et le Jonc (*Calamus*). Des

1. C'est-à-dire pour protéger ce nouveau cœur.

fibres (*nervus*)[1] y sont associées et comme intriquées, tantôt avec la partie coriace (*robur*), dans les plantes dont la tige est creuse (comme le Blé), tantôt [avec l'intérieur] pour produire une nouvelle pousse, chez les plantes où le développement a lieu dans la tige.

Alors, une série de pousses apparaît, elles sont comme des feuilles. Elles naissent tantôt une par nœud ou gaine foliaire, alternativement sur chaque côté, une à droite et l'autre à gauche à chaque fois, comme sur le Roseau ([H]*arundo*), tantôt plusieurs par nœuds, avec moins d'ordre. Dans ce dernier cas, on observe soit une paire par nœud, soit davantage de feuilles ou pousses. Les feuilles qui se présentent par paires sont disposées en alternance, on les voit soit l'une devant et l'autre derrière, soit l'une à droite et l'autre à gauche. Par conséquent, le carré représente bien la position des feuilles et des pousses en de nombreuses tiges, comme dans le Marrube (*Marrubium*).

Le bourgeonnement de ces tiges se produit latéralement ; c'est d'ailleurs ainsi que se disposent les feuilles qui poussent à partir des bourgeons des stipules desquelles proviennent les pousses. C'est pour cela qu'on les appelle des ailes[2] : elles se déploient de chaque côté à la manière d'ailes.

Mais le bourgeonnement de certaines plantes ne vient pas entièrement des feuilles, mais a lieu dans la sorte de scission tout en haut de la tige[3], comme dans le genre des Tithymales (*Tithymalus*), du Lin (*Linum*), du Grémil

---

1. En latin comme en grec, le terme désigne tant un nerf animal qu'une fibre végétale.
2. En latin, « stipule » se dit *alum*, qui signifie aussi « aile ».
3. Cesalpino décrit probablement ici la croissance apicale.

(*Lithospermon*) et, parmi les arbres, du Sapin (*Abies*) et du Pin (*Pinus*). Dans toutes ces plantes, les feuilles recouvrent de toutes parts et densément les tiges, de sorte que le développement (*exortus*) de la pousse n'est possible que tout en haut. C'est pourquoi on y observe des branches placées harmonieusement selon un certain nombre d'intervalles déterminés, harmonie qui n'apparaît pas dans les autres plantes, car les articulations des tiges (*geniculus*) ou bien étendent leurs nœuds selon des intervalles déterminés, mais ne produisent pas de pousses partout, ou bien [n'en produisent] pas d'égales.

Les processus de développement sont ainsi disposés de façon ordonnée depuis la racine jusqu'aux dernières ramifications (*surculus*) qui portent le fruit.

### Chapitre 5

Puisqu'en réalité le principe des plantes, qu'on appelle « cœur », ne siège pas, comme chez les animaux, en un certain lieu à part, mais se trouve pour ainsi dire distribué dans toutes les parties, il en résulte que la plupart d'entre elles non seulement survivent divisées, comme le font certains animaux sécables (*insecta*), mais se propagent aussi par division, ce qui n'est le cas d'aucun animal. Là où se trouve la nature du cœur, réside aussi le principe de la pousse et de la racine, en puissance avant la division, et en acte une fois qu'elle a eu lieu. Ceci explique que certaines racines coupées émettent des pousses et inversement que certaines tiges coupées, si on les plante dans la terre, produisent des racines [par lesquelles] elles s'alimentent. Toutefois, cette tendance ne se manifeste pas de la même manière chez toutes les espèces : certaines se reproduisent même mieux quand leur racine est divisée, comme le Tournesol[1] (*Helenium*) ou le Raifort (*Raphanus montanus*).

Certains [arbres] requièrent d'être plantés par le tronc ou par les plus grandes branches, comme l'Olivier (*Olea*), d'autres par les scions (*surculus*), comme le Grenadier (*Punica*) et la plupart des sous-arbrisseaux. Davantage de racines naissent à partir des branches plus vieilles, mais davantage de pousses à partir des plus jeunes. C'est pourquoi ceux qui en plantent laissent un morceau de la branche attaché au scion, comme dans les marcottes (*malleolus*) des Vignes.

Tandis que beaucoup de plantes sont endommagées quand elles sont divisées, certaines s'affaiblissent faute de division. En effet, s'il arrive aux branches d'atteindre le sol, les racines [créées] lors du contact se dispersent dans la terre, et font bourgeonner une nouvelle souche : on appelle cela des plants vifs (*viviradix*), comme dans la Vigne et presque toutes les espèces qui naissent à partir d'une branche ou d'un scion (*surculus*). Cela se produit le plus souvent chez certaines herbacées, dont les tiges rampent sur le sol, comme chez le lierre terrestre (*Hedera terrestris*), une certaine renoncule (*quidam Ranuculus*), le *Pentafillus* et l'*Humiribus*. Dans ces espèces, la nature semble mettre en place deux genres de tiges : l'une qui s'élève pour porter le fruit, l'autre qui rampe pour produire la sobole au niveau de chaque articulation (*geniculus*).

---

1. Sur l'identification de *l'Helenium* au tournesol et son importance au XVIe siècle, voir notamment J. Peacock, *The Look of van Dyck : The Self-Portrait with a Sunflower and the Vision of the Painter*, Londres, Routledge, 2016, p. 125-133. Remarquons cependant que le tournesol (*Helianthus annuus*) étant une plante annuelle, il est curieux d'en faire un exemple de plante qui se reproduit mieux par division racinaire : peut-être ne s'agit-il pas ici de notre tournesol. Sur cette question, voir en particulier le chapitre 39 du livre XII, où Cesalpino traite de l'*Helenium*.

Certaines font de même sous terre, comme l'Herbe (*Gramen*) ou le Souchet (*Ciperus*) : eux aussi émettent et des racines et des pousses au niveau de chaque articulation (*geniculus*).

Nous avons remarqué ceci de particulier dans la petite Dentaire (*Dentaria minor*)[1] : alors qu'elle érige une tige droite, elle porte, au niveau de chacune des stipules (*alum*) de ses feuilles, de petites racines géniculées[2]. Lorsqu'elles tombent, une nouvelle plante naît dans la terre, bien qu'elle-même [la Dentaire] porte ses siliques (*siliqua*), dans lesquelles sont contenues les semences, tout en haut de ses tiges, comme si elle avait mis dans sa tige à la fois la semence et la sobole. Bien qu'il existe d'autres plantes dont les tiges élèvent des racines au-dessus du sol, ce n'est cependant pas pour donner naissance à la sobole, mais elles les portent par désir (*aviditas*) de nourriture, comme le Lierre (*Hedera*), qui dans son étreinte suce les arbres ou les murs par ses nombreuses radicelles, et la Mélique (*Melica*), ou le genre des arbres sempervirents, dont les longues radicules se propagent depuis la tige, jusqu'à toucher le sol[3].

On observe aussi quelque chose de particulier dans l'Ail (*Allium*) et le Poireau (*Porrum*)[4] : alors que leurs soboles se retrouvent près des racines, c'est pourtant au

---

1. Il s'agit vraisemblablement de *Cardamine bulbifera*, L. Crantz dans la nomenclature actuelle. On l'appelle en français cardamine à bulbille ou dentaire à bulbille.

2. *Radicula geniculata*, il s'agit probablement des bulbilles.

3. Cesalpino ne parle donc probablement pas des conifères, mais plutôt des plantes comme les *Ficus* qui produisent effectivement des racines aériennes. Il traite vraisemblablement ici de plantes tropicales (sempervirentes) comme les figuiers étrangleurs ou les palétuviers.

4. Ce que Cesalpino décrit dans la suite correspond au poireau perpétuel et à l'ail perpétuel ou ail rocambole.

sommet des tiges qu'ils produisent la semence. D'ailleurs, quand on les sème, ce ne sont pas les pointes (*caput*) des racines qui servent de semences, mais plutôt ce que nous observons au sommet des feuilles et qui ressemble à une sobole dans une sorte de bulbe, que l'on appelle bulbille (*moles*).

La sobole diffère de la semence (*semen*) comme le fœtus vivant de l'œuf : la semence est comme un œuf dans lequel se trouve un principe de vie, mais pas une vie en elle-même, tandis que la sobole vit à titre premier ; certes auprès du parent, comme une pousse de ce dernier, avant d'être capable de tirer par elle-même son liquide de la terre, avec ses propres racines. Auparavant, la sobole, quand sa taille la rend visible, est soit une racine incomplète, soit une pousse, soit les deux. Le principe de celles-ci produit [aussi], à l'intérieur de l'écorce, la semence [1]. En conséquence, les plantes sont incapables de nourrir une progéniture trop nombreuse, tandis qu'elles peuvent sans problème porter de nombreuses semences, comme le peuvent aussi, chez les animaux, tant les Vivipares que les Ovipares. En revanche, la génération de la sobole est plus simple, puisqu'elle consiste en un affranchissement, alors que la constitution de la semence requiert plusieurs étapes (*partes*).

Maintenant que nous avons expliqué l'origine et la constitution des racines et des pousses, passons donc aux propriétés des semences.

---

1. Cette phrase est difficile. Puisque les soboles sont opposées aux semences, il doit s'agir de la semence de la pousse et de la racine. Mais la semence produite se retrouve bien sûr à l'extérieur, bien que le principe dont il est question agisse depuis l'intérieur.

JULIEN OFFRAY DE LA METTRIE

# L'HOMME PLANTE[*]

## PRÉFACE

L'homme est ici métamorphosé en plante, mais ne croyez pas que ce soit une fiction dans le goût de celle d'Ovide. La seule analogie du règne végétal et du règne animal m'a fait découvrir dans l'un, les principales parties qui se trouvent dans l'autre. Si mon imagination joue ici quelquefois, c'est, pour ainsi dire, sur la table de la vérité ; mon champ de bataille est celui de la nature, dont il n'a tenu qu'à moi d'être assez peu singulier, pour en dissimuler les variétés.

## CHAPITRE PREMIER

Nous commençons à entrevoir l'uniformité de la nature : ces rayons de lumière encore faibles sont dus à l'étude de l'histoire naturelle ; mais jusqu'à quel point va cette uniformité ?

Prenons garde d'outrer la nature, elle n'est pas si uniforme, qu'elle ne s'écarte souvent de ses lois les plus

* Julien Offray de la Mettrie, *L'homme plante*, Potsdam, C. F. Voss, 1748.

favorites : tâchons de ne voir ce qui est, sans nous flatter de tout voir : tout est piège ou écueil, pour un esprit vain et peu circonspect.

Pour juger de l'analogie qui se trouve entre les deux principaux règnes, il faut comparer les parties des plantes avec celles de l'homme, et ce que je dis de l'homme, l'appliquer aux animaux.

Il y a dans notre espèce, comme dans les végétaux, une racine principale et des racines capillaires. Le réservoir des lombes et le canal thoracique, forment l'une, et les veines lactées font les autres. Mêmes usages, mêmes fonctions partout. Par ces racines, la nourriture est portée dans toute l'étendue du corps organisé.

L'homme n'est donc point un arbre renversé, dont le cerveau serait la racine, puisqu'elle résulte du seul concours des vaisseaux abdominaux qui sont les premiers formés ; du moins le sont-ils avant les téguments qui les couvrent, et forment l'écorce de l'homme. Dans le germe de la plante, une des premières choses qu'on aperçoit, c'est sa petite racine, ensuite sa tige ; l'une descend, l'autre monte.

Les poumons sont nos feuilles. Elles suppléent à ce viscère dans les végétaux, comme il remplace chez nous les feuilles qui nous manquent. Si ces poumons des plantes ont des branches, c'est pour multiplier leur étendue, et qu'en conséquence il y entre plus d'air : ce qui fait que les végétaux, et surtout les arbres, en respirent en quelque sorte plus à l'aise. Qu'avions-nous besoin de feuilles et de rameaux ? La quantité de nos vaisseaux et de nos vésicules pulmonaires, est si bien proportionnée à la masse de notre corps, à l'étroite circonférence qu'elle occupe, qu'elle nous suffit. C'est un grand plaisir d'observer ces vaisseaux et la circulation qui s'y fait principalement dans les amphibies.

Mais quoi de plus ressemblant que ceux qui ont été découverts et décrits par les Harvées [1] de la botanique ! Ruisch, Boerhaave, etc. ont trouvé dans l'homme la même nombreuse suite de vaisseaux que Malpighi, Leuwenhoek, van Royen, dans les plantes ? Le cœur bat-il dans tous les animaux ? Enfle-t-il leurs veines de ces ruisseaux de sang, qui portent dans toute la machine le sentiment et la vie ? La chaleur, cet autre cœur de la nature, ce feu de la Terre et du Soleil, qui semble avoir passé dans l'imagination des poètes qui l'ont peint ; ce feu, dis-je, fait également circuler les sucs dans les tuyaux des plantes, qui transpirent comme nous. Quelle autre cause en effet pourrait faire tout germer, croître, fleurir et multiplier dans l'Univers ?

L'air paraît produire dans les végétaux les mêmes effets qu'on attribue avec raison dans l'homme, à cette subtile liqueur des nerfs, dont l'existence est prouvée par mille expériences.

C'est cet élément, qui par son irritation et son ressort fait quelquefois élever les plantes au-dessus de la surface des eaux, s'ouvrir et se fermer, comme on ouvre et ferme la main : phénomène dont la considération a peut-être donné lieu à l'opinion de ceux qui ont fait entrer l'éther dans les esprits animaux, auxquels il serait mêlé dans les nerfs.

Si les fleurs ont leurs feuilles, ou *pétales*, nous pouvons regarder nos bras et nos jambes comme de pareilles parties. Le *nectarium*, qui est le réservoir du miel dans certaines fleurs telles que la tulipe, la rose, etc. est celui du lait dans la plante femelle de notre espèce, lorsque le mâle le fait venir. Il est double, et a son siège à la base latérale de

---

1. NDE : l'auteur fait vraisemblablement allusion à William Harvey (1578-1657) qui a démontré la circulation sanguine des animaux.

chaque pétale, immédiatement sur un muscle considérable, le grand pectoral.

On peut regarder la matrice vierge, ou plutôt non grosse, ou, si l'on veut, l'ovaire, comme un germe qui n'est point encore fécondé. Le *stylus* de la femme est le vagin ; la vulve, le mont de Vénus avec l'odeur qu'exhalent les glandes de ces parties, répondent au *Stigma* : et ces choses, la matrice, le vagin et la vulve forment le *pistil* ; nom que les botanistes modernes donnent à toutes les parties femelles des plantes.

Je compare le *péricarpe* à la matrice dans l'état de grossesse, parce qu'elle sert à envelopper le fœtus. Nous avons notre graine comme les plantes, et elle est quelquefois fort abondante.

Le *nectarium* sert à distinguer les sexes dans notre espèce, quand on veut se contenter du premier coup d'œil, mais les recherches les plus faciles ne sont pas les plus sûres ; il faut joindre le *pistil* au *nectarium*, pour avoir l'essence de la femme ; car le premier peut bien se trouver sans le second, mais jamais le second sans le premier, si ce n'est dans des hommes d'un embonpoint considérable, et dont les mamelles imitent d'ailleurs celles de la femme, jusqu'à donner du lait, comme Morgagni[1] et tant d'autres en rapportent l'observation. Toute femme imperforée, si on peut appeler femme, un être qui n'a aucun sexe, telle que celle dont je fais plus d'une fois mention, n'a point de gorge ; c'est le bourgeon de la vigne, surtout cultivée.

Je ne parle point du *calice*, ou plutôt du *corole*, parce qu'il est étranger chez nous, comme je le dirai.

---

1. NDE : Jean-Baptiste Morgagni (1682-1771), célèbre médecin italien du XVIIIe siècle, fondateur de l'anatomopathologie.

C'en est assez, car je ne veux point aller sur les brisées de Corneille Agrippa [1]. J'ai décrit botaniquement la plus belle plante de notre espèce, je veux dire la femme ; si elle est sage, quoique métamorphosée en fleur, elle n'en sera pas plus facile à cueillir.

Pour nous autres hommes, sur lesquels un coup d'œil suffit, fils de Priape, animaux spermatiques, notre étamine est comme roulée en tube cylindrique, c'est la verge, et le sperme est notre *poudre* fécondante. Semblables à ces plantes, qui n'ont qu'un mâle, nous sommes des *Monandria* : les femmes sont des *Monogynia*, parce qu'elles n'ont qu'un vagin. Enfin le genre humain, dont le mâle est séparé de la femelle, augmentera la classe des *Dieciae* : je me sers des mots dérivés du grec, et imaginés par Linné.

J'ai cru devoir exposer d'abord l'analogie qui règne entre la plante et l'homme déjà formés, parce qu'elle est plus sensible et plus facile à saisir. En voici une plus subtile, et que je vais puiser dans la génération des deux règnes.

Les plantes sont mâles et femelles, et se secouent comme l'homme, dans le congrès. Mais en quoi consiste cette importante action qui renouvèle toute la nature ? Les globules infiniment petits, qui sortent des grains de cette poussière, dont sont couvertes les étamines des fleurs, sont enveloppés dans la coque de ces grains, à peu près comme certains œufs, selon Needham [2] et la vérité. Il me semble que nos gouttes de semence ne répondent pas mal à ces grains, et nos vermisseaux à leurs globules. Les animalcules de l'homme sont véritablement enfermés dans deux liqueurs, dont la plus commune, qui est le suc des prostates, enveloppe

---

1. NDE : Corneille Agrippa (1486-1535), médecin et savant versé dans la magie, l'astrologie et l'alchimie dont La Mettrie ne veut pas suivre les traces.

2. NDE : John Tuberville Needham (1713-1781), défenseur de la génération spontanée dans ses *New microscopical discoveries* (1745).

la plus précieuse, qui est la semence proprement dire ; et à l'exemple de chaque globule de poudre végétale, ils contiennent vraisemblablement la plante humaine en miniature. Je ne sais pourquoi Needham s'est avisé de nier ce qu'il est si facile de voir. Comment un physicien scrupuleux, un de ces prétendus sectateurs de la seule expérience, sur des observations faites dans une espèce, ose-t-il conclure que les mêmes phénomènes doivent se rencontrer dans une autre, qu'il n'a cependant point observée, de son propre aveu ? De telles conclusions tirées pour l'honneur d'une hypothèse, dont on ne hait que le nom, fâché que la chose n'ait pas lieu, de telles conclusions, dis-je, en font peu à leur auteur. Un homme du mérite de Needham avait encore moins besoin d'exténuer celui de M. Geoffroy[1], qui, autant que j'en puis juger par son mémoire sur la structure et les principaux usages des fleurs, a plus que conjecturé que les plantes étaient fécondées par la poussière de leurs étamines. Ceci soit dit en passant.

Le liquide de la plante dissout mieux qu'aucun autre, la matière qui doit la féconder ; de sorte qu'il n'y a que la partie la plus subtile de cette matière qui aille frapper le but.

Le plus subtil de la semence de l'homme ne porte-t-il pas de même son ver, ou son petit poisson, jusque dans l'ovaire de la femme ?

Needham[2] compare l'action des globules fécondants à celle d'un éolipile[3] violemment échauffé. Elle paraît

1. NDE : Claude-Joseph Geoffroy (1685-1752), botaniste, auteur d'un mémoire publié par l'Académie royale des sciences (1711) dans lequel il défend la sexualité des plantes.

2. *Nouvelles découvertes faites avec le microscope*, Leyde, 1747, in-12. 4.

3. NDE : éolipyle : sphère de métal creuse dont le liquide porté à ébullition s'échappe en jet continu par un ou deux tubes recourbés (CNRTL).

aussi semblable à une espèce de petite billevesée, tant dans la nature même, ou dans l'observation, que dans la figure que ce jeune et illustre naturaliste anglais nous a donnée de l'éjaculation des plantes.

Si le suc propre à chaque végétal produit cette action d'une manière incompréhensible, en agissant sur les grains de poussière, comme l'eau simple fait d'ailleurs, comprenons-nous mieux comment l'imagination d'un homme qui dort, produit des pollutions, en agissant sur les muscles érecteurs et éjaculateurs, qui, même seuls et sans le secours de l'imagination, occasionnent quelquefois les mêmes accidents ? À moins que les phénomènes qui s'offrent de part et d'autre, ne vinssent d'une même cause, je veux dire d'un principe d'irritation, qui après avoir tendu les ressorts, les ferait se débander. Ainsi l'eau pure, et principalement le liquide de la plante, n'agirait pas autrement sur les grains de poussière, que le sang et les esprits sur les muscles et réservoirs de la semence.

L'éjaculation des plantes ne dure qu'une seconde ou deux ; la nôtre dure-t-elle beaucoup plus ? Je ne le crois pas : quoique la continence offre ici des variétés qui dépendent du plus ou moins de sperme amassé dans les vésicules séminales. Comme elle se fait dans l'expiration, il fallait qu'elle fût courte : des plaisirs trop longs eussent été notre tombeau. Faute d'air ou d'inspiration, chaque animal n'eût donné la vie qu'aux dépens de la sienne propre, et fût véritablement mort de plaisir.

Mêmes ovaires, mêmes œufs et même faculté fécondante. La plus petite goutte de sperme, contenant un grand nombre de vermisseaux, peut, comme on l'a vu, porter la vie dans un grand nombre d'œufs.

Même stérilité encore, même impuissance des deux côtés : s'il y a peu de grains qui frappent le but, et soient vraiment féconds, peu d'animalcules percent l'œuf féminin.

Mais dès qu'une fois il s'y est implanté, il y est nourri, comme le globule de poudre, et l'un et l'autre forment avec le temps l'être de son espèce, un homme et une plante.

Les œufs, ou les graines de la plante, mal à propos appelés *germes*, ne deviennent jamais fœtus, s'ils ne sont fécondés par la poussière dont il s'agit; de même une femme ne fait point d'enfant, à moins que l'homme ne lui lance, pour ainsi dire, l'abrégé de lui-même au fond des entrailles.

Faut-il que cette poussière ait acquis un certain degré de maturité pour être féconde? La semence de l'homme n'est pas plus propre à la génération dans le jeune âge, peut-être parce que notre petit ver serait encore alors dans le jeune âge, peut-être parce que notre petit ver serait encore alors dans un état de nymphe, comme le traducteur de Needham l'a conjecturé. La même chose arrive, lorsqu'on est extrêmement épuisé, sans doute parce que les animalcules mal nourris meurent, ou du moins sont trop faibles. On sème en vain de telles graines, soit animales, soit végétales; elles sont stériles et ne produisent rien. La sagesse est la mère de la fécondité. L'amnios, le chorion[1], le cordon ombilical, la matrice, etc. se trouvent dans les deux règnes. Le fœtus humain sort-il enfin par ses propres efforts de la prison maternelle? Celui des plantes, ou, pour le dire néologiquement, la plante *embrionnée*, tombe au moindre mouvement, dès qu'elle est mûre : c'est l'accouchement végétal.

Si l'homme n'est pas une production végétale, comme l'*Arbre de Diane*[2], et les autres, c'est du moins un insecte

1. NDE : l'amnios est la membrane la plus interne qui enveloppe le fœtus (la poche des eaux) et le chorion la plus externe (le placenta).

2. NDE : l'*Arbre de Diane* est un type de végétation métallique dendritique produit par réaction chimique.

qui pousse ses racines dans la matrice, comme le germe
fécondé des plantes dans la leur. Il n'y aurait cependant
rien de surprenant dans cette idée, puisque Needham
observe que les polypes, les bernacles et autres animaux
se multiplient par végétation. Ne taille-t-on pas encore,
pour ainsi dire, un homme comme un arbre ? Un auteur
universellement savant l'a dit avant moi. Cette forêt de
beaux hommes qui couvre la Prusse, est due aux soins et
aux recherches du feu roi. La générosité réussit encore
mieux sur l'esprit ; elle en est l'aiguillon, elle seule peut
le tailler, pour ainsi dire, en arbres des jardins de Marly,
et qui plus est, en arbres qui, de stériles qu'ils eussent été,
porteront les plus beaux fruits. Est-il donc surprenant que
les beaux-arts prennent aujourd'hui la Prusse pour leur
pays natal ? Et l'esprit n'avait-il pas droit de s'attendre
aux avantages les plus flatteurs, de la part d'un prince qui
en a tant ?

Il y a encore parmi les plantes des noirs, des mulâtres,
des tâches où l'imagination n'a point de part, si ce n'est
peut-être dans celles de M. Colonne [1]. Il y a des panaches
singuliers, des montres, des loupes, des goitres, des queues
de singes et d'oiseaux ; et enfin, ce qui forme la plus grande
et la plus merveilleuse analogie, c'est que les fœtus des
plantes se nourrissent, comme M. Monro [2] l'a prouvé,
suivant un mélange du mécanisme des ovipares et
des vivipares. C'en est assez sur l'analogie des deux
règnes.

---

1. NDE : La Mettrie fait vraisemblablement référence à Francesco
Colonna (1433-1527), auteur du *Songe de Poliphile*, un roman illustré
très onirique.

2. NDE : vraisemblablement Alexander Monro (1697-1767), médecin
et anatomiste.

## CHAPITRE SECOND

Je passe à la seconde partie de cet ouvrage, ou à la différence des deux règnes.

La plante est enracinée dans la terre qui la nourrit, elle n'a aucun besoin, elle se féconde elle-même, elle n'a point la faculté de se mouvoir ; enfin on l'a regardée comme un animal immobile, qui cependant manque d'intelligence, et même de sentiment.

Quoique l'animal soit une plante mobile, on peut le considérer comme un être d'une espèce bien différente : car non seulement il a la puissance de se mouvoir, et le mouvement lui coûte si peu, qu'il influe sur la *saineté*[1] des organes dont il dépend ; mais il sent, il pense, il peut satisfaire cette foule de besoins dont il est assiégé.

Les raisons de ces variétés se trouvent dans ces variétés mêmes, avec les lois que je vais dire.

Plus un corps organisé a de besoins, plus la nature lui a donné de moyens pour les satisfaire. Ces moyens sont les divers degrés de cette sagacité, connue sous le nom d'instinct dans les animaux, et d'âme dans l'Homme.

Moins un corps organisé a de nécessités, moins il est difficile à nourrir et à élever, plus son partage d'intelligence est mince.

Les êtres sans besoins, sont aussi sans esprit : dernière loi qui s'ensuit des deux autres.

L'enfant collé au téton de sa nourrice qu'il tète sans cesse, donne une juste idée de la plante. Nourrisson de la terre, elle n'en quitte le sein qu'à la mort. Tant que la vie dure, la plante est identifiée avec la terre ; leurs viscères se confondent, et ne se séparent que par force. De là point

---

1. NDE : la santé des organes.

d'embarras, point d'inquiétude pour avoir de quoi vivre ; par conséquent point de besoins de ce côté.

Les plantes font encore l'amour sans peine ; car ou elles portent en soi le double instrument de la génération, et sont les seuls hermaphrodites qui puissent s'engrosser eux-mêmes ; ou si dans chaque fleur les sexes sont séparés, il suffit que les fleurs ne soient pas trop éloignées les unes des autres, pour qu'elles puissent se mêler ensemble. Quelquefois même le congrès se fait, quoique de loin, et même de fort loin. Le palmier de Pontanus n'est pas le seul exemple d'arbres fécondés à une grande distance. On sait depuis longtemps que ce sont les vents, ces messagers de l'amour végétal, qui portent aux plantes femelles le sperme des mâles. Ce n'est point en plein vent que les nôtres courent ordinairement de pareils risques.

La terre n'est pas seulement la nourrice des plantes, elle en est en quelque sorte l'ouvrière ; non contente de les allaiter, elle les habille. Des mêmes sucs qui les nourrissent, elle sait filer des habits qui les enveloppent. C'est le *corole*, dont j'ai parlé, et qui est orné des plus belles couleurs. L'homme, et surtout la femme, ont le leur en habits, et en divers ornements, durant le jour ; car la nuit ce sont des fleurs presque sans enveloppe.

Quelle différence des plantes de notre espèce, à celles qui couvrent la surface de la Terre ! Rivales des astres, elles forment le brillant émail des prairies : mais elles n'ont ni peines, ni plaisirs. Que tout est bien composé ! Elles meurent comme elles vivent, sans le sentir. Il n'était pas juste que qui vit sans plaisir, mourût avec peine.

Non seulement les plantes n'ont point d'âme, mais cette substance leur était inutile. N'ayant aucune des nécessités de la vie animale, aucune sorte d'inquiétude, nuls soins, nuls pas à faire, nuls désirs, toute ombre d'intelligence leur eût été aussi superflue, que la lumière à un aveugle. Au défaut de preuves philosophiques, cette raison jointe à nos sens, dépose donc contre l'âme des végétaux.

L'instinct a été encore plus légitimement refusé à tous les corps fixement attachés aux rochers, aux vaisseaux, ou qui se forment dans les entrailles de la Terre.

Peut-être la formation des minéraux se fait-elle suivant les lois de l'attraction ; en sorte que le fer n'attire jamais l'or, ni l'or le fer, que toutes les parties hétérogènes se repoussent, et que les seules homogènes s'unissent, ou font un corps entre elles. Mais sans rien décider dans une obscurité commune à toutes les générations, parce que j'ignore comment se fabriquent les fossiles, faudra-t-il invoquer, ou plutôt supposer une âme, pour expliquer la formation de ces corps ? Il serait beau, (surtout après en avoir dépouillé des êtres organisés, où se trouvent autant de vaisseaux que dans l'homme) il serait donc beau, dis-je, d'en vouloir revêtir des corps d'une structure simple, grossière et compacte !

Imaginations, chimères antiques, que toutes ces âmes prodiguées à tous les règnes ! Et sottises aux Modernes qui ont essayé de les rallumer d'un souffle subtil ! Laissons leurs noms et leurs mânes en paix ; le Galien des Allemands, Sennert [1], serait trop maltraité.

Je regarde tout ce qu'ils ont dit comme des jeux philosophiques et des bagatelles qui n'ont de mérite que la difficulté, *difficiles nugæ* [2]. Faut-il avoir recours à une âme pour expliquer la croissance des plantes, infiniment plus prompte que celle des pierres ? Et dans la végétation

1. NDE : Daniel Sennert (1572-1637), médecin qui professait en Allemagne, également philosophe.
2. NDE : en français : « des niaiseries sérieuses » ou « des bagatelles laborieuses ».

de tous les corps, depuis le mou jusqu'au plus dur, tout ne dépend-il pas des sucs nourriciers plus ou moins terrestres, et appliqués avec divers degrés de force à des masses plus ou moins dures ? Par-là en effet je vois qu'un rocher doit moins croître en cent ans, qu'une plante en huit jours.

Au reste, il faut pardonner aux Anciens leurs âmes générales et particulières. Ils n'étaient point versés dans la structure et l'organisation des corps, faute de physique expérimentale et d'anatomie. Tout devait être aussi incompréhensible pour eux, que pour ces enfants, ou ces sauvages, qui voyant pour la première fois une montre, dont ils ne connaissent pas les ressorts, la croient animée, ou douée d'une âme comme eux, tandis qu'il suffit de jeter les yeux sur l'artifice de cette machine, artifice simple, qui suppose véritablement, non une âme qui lui appartienne en propre, mais celle d'un ouvrier intelligent, sans lequel jamais le hasard n'eût marqué les heures et le cours du soleil.

Nous beaucoup plus éclairés par la physique, qui nous montre qu'il n'y a point d'autre âme du monde que Dieu et le mouvement ; d'autre âme des plantes, que la chaleur ; plus éclairés par l'anatomie, dont le scalpel s'est aussi heureusement exercé sur elles, que sur nous et les animaux ; enfin plus instruits par les observations microscopiques qui nous ont découvert la génération des plantes, nos yeux ne peuvent s'ouvrir au grand jour de tant de découvertes, sans voir, malgré la grande analogie exposée ci-devant, que l'homme et la plante diffèrent peut-être encore plus entre eux, qu'ils ne se ressemblent. En effet, l'homme est celui de tous les êtres connus jusqu'à présent, qui a le plus d'âme, comme il était nécessaire que cela fût ; et la plante celui de tous aussi, si ce n'est les minéraux, qui en a et en devait avoir le moins. La belle âme après tout, qui ne s'occupant d'aucun objet, d'aucun désir, sans passion, sans vice, sans vertu, surtout sans besoin, ne serait pas même chargée du soin de pourvoir à la nourriture de son corps.

Après les végétaux et les minéraux, corps sans âme, viennent les êtres qui commencent à s'animer, tels sont le polype, et toutes les plantes animales inconnues jusqu'à ce jour, et que d'autres heureux Trembleys [1] découvriront avec le temps.

Plus les corps dont je parle tiendront de la nature végétale, moins ils auront d'instinct, moins leurs opérations supposeront de discernement.

Plus ils participeront de l'animalité, ou feront des fonctions semblables aux nôtres, plus ils seront généreusement pourvus de ce don précieux. Ces êtres mitoyens ou mixtes, que j'appelle ainsi, parce qu'ils sont enfants des deux règnes, auront en un mot d'autant plus d'intelligence, qu'ils seront obligés de se donner de plus grands mouvements pour trouver leur subsistance.

Le dernier, ou le plus vil des animaux, succède ici à la plus spirituelle des plantes animales ; j'entends celui qui de tous les véritables êtres de cette espèce, se donne le moins de mouvement, ou de peine, pour trouver ses aliments et sa femelle, mais toujours un peu plus que la première plante animale. Cet animal aura plus d'instinct qu'elle, quand ce surplus de mouvement ne serait que de l'épaisseur d'un cheveu. Il en est de même de tous les autres, à proportion des inquiétudes qui les tourmentent : car sans cette intelligence relative aux besoins, celui-ci ne pourrait allonger le cou, celui-là ramper, l'autre baisser ou lever la

---

1. NDE : Abraham Trembley (1710-1784), naturaliste célèbre pour ses observations et expériences minutieuses sur l'hydre d'eau douce (« le polype »), les protozoaires et les coraux, perçus comme des chaînons entre le règne animal et végétal.

tête, voler, nager, marcher, et cela visiblement exprès pour trouver sa nourriture. Ainsi, faute d'aptitude à réparer les pertes que font sans cesse les bêtes qui transpirent le moins, chaque individu ne pourrait continuer de vivre : il périrait à mesure qu'il serait produit, et par conséquent les corps le seraient vainement, si Dieu ne leur eût donné à tous, pour ainsi dire, cette portion de lui-même, que Virgile exalte si magnifiquement dans les abeilles.

### CHAPITRE TROISIÈME

Rien de plus charmant que cette contemplation, elle a pour objet cette échelle imperceptiblement graduée, qu'on voit la nature exactement passer par tous ses degrés, sans jamais sauter en quelque sorte un seul échelon dans toutes ses productions diverses. Quel tableau nous offre le spectacle de l'Univers ! Tout est parfaitement assorti, rien n'y tranche ; si l'on passe du blanc au noir, c'est par une infinité de nuances, ou de degrés, qui rendent ce passage infiniment agréable.

L'homme et la plante forment le blanc et le noir ; les quadrupèdes, les oiseaux, les poissons, les insectes, les amphibies, nous montrent les couleurs intermédiaires qui adoucissent ce frappant contraste. Sans ces couleurs, sans les opérations animales, toutes différentes entre elles, que je veux désigner sous ce nom ; l'homme, ce superbe animal, fait de boue comme les autres, eût cru être un dieu sur la terre, et n'eût adoré que lui.

Il n'y a point d'animal si chétif et si vil en apparence, dont la vue ne diminue l'amour-propre d'un philosophe. Si le hasard nous a placés au haut de l'échelle, songeons qu'un rien de plus ou de moins dans le cerveau, où est l'âme de tous les hommes (excepté des Leibniziens) peut sur le champ nous précipiter au bas, et ne méprisons point des êtres qui ont la même origine que nous. Ils ne sont à la vérité qu'au second rang, mais ils y sont plus stables et plus fermes.

Descendons de l'homme le plus spirituel, au plus vil des végétaux, et même des fossiles : remontons du dernier de ces corps au premier des génies, embrassant ainsi tout le cercle des règnes, nous admirerons partout cette uniforme variété de la nature. L'esprit finit-il ici ? Là on le voit prêt à s'éteindre, c'est un feu qui manque d'aliments : ailleurs il se rallume, il brille chez nous, il est le guide des animaux.

Il y aurait à placer ici un curieux morceau d'histoire naturelle, pour démontrer que l'intelligence a été donnée à tous les animaux en raison de leurs besoins : mais à quoi bon tant d'exemples et de faits ? Ils nous surchargeraient sans augmenter nos lumières, et ces faits d'ailleurs se trouvent dans les livres de ces observateurs infatigables, que j'ose appeler le plus souvent les manœuvres des philosophes.

S'amuse qui voudra à nous ennuyer de toutes les merveilles de la nature : que l'un passe sa vie à observer les insectes ; l'autre à compter les petits osselets de la membrane de l'ouïe de certains poissons ; à mesurer même, si l'on veut, à quelle distance peut sauter une puce, pour passer sous silence tant d'autres misérables objets ; pour moi qui ne suis curieux que de philosophie, qui ne suis fâché que de ne pouvoir en étendre les bornes, la nature active sera toujours mon seul point de vue. J'aime à la voir au loin, en grand comme en général, et non en particulier, ou en petits détails, qui quoique nécessaires jusqu'à un certain point dans toutes les sciences, communément sont la marque du peu de génie de ceux qui s'y livrent. C'est par cette seule manière d'envisager les choses, qu'on peut s'assurer que l'homme non seulement n'est point entièrement une plante, mais n'est pas même un animal comme un autre. Faut-il en répéter la raison ? C'est qu'ayant infiniment plus de besoins, il fallait qu'il eût infiniment plus d'esprit.

Qui eût cru qu'une si triste cause eût produit de si grands effets ? Qui eût cru qu'un aussi fâcheux assujettissement à toutes ces importunes nécessités de la vie, qui nous rappellent à chaque instant la misère de notre origine et de notre condition, qui eût cru, dis-je, qu'un tel principe eût été la source de notre bonheur, et de notre dignité ; disons plus, de la volupté même de l'esprit, si supérieure à celle du corps ? Certainement si nos besoins, comme on n'en peut douter, sont une suite nécessaire de la structure de nos organes, il n'est pas moins évident que notre âme dépend immédiatement de nos besoins, qu'elle est si alerte à satisfaire et à prévenir, que rien ne va devant eux. Il faut que la volonté même leur obéisse. On peut donc dire que notre âme prend de la force et de la sagacité, à proportion de leur multitude : semblable à un général d'armée qui se montre d'autant plus habile et d'autant plus vaillant, qu'il a plus d'ennemis à combattre.

Je sais que le singe ressemble à l'homme par bien d'autres choses que les dents : l'anatomie comparée en fait foi : quoiqu'elles aient suffi à Linné pour mettre l'homme au rang des quadrupèdes (à la tête à la vérité). Mais quelle que soit la docilité de cet animal, le plus spirituel d'entre eux, l'homme montre beaucoup plus de facilité à s'instruire. On a raison de vanter l'excellence des opérations des animaux, elles méritaient d'être rapprochées de celles de l'homme ; Descartes leur avait fait tort, et il avait ses raisons pour cela ; mais quoiqu'on en dise, et quelques prodiges qu'on en raconte, ils ne portent point d'atteinte à la prééminence de notre âme ; elle est bien certainement de la même pâte et de la même fabrique ; mais non, ni à beaucoup près, de la même qualité. C'est par cette qualité si supérieure de l'âme humaine, par ce surplus de lumières, qui résulte visiblement de l'organisation, que l'homme est le roi des animaux, qu'il est le seul propre à la société, dont son industrie a inventé les langues, et sa sagesse les lois et les mœurs.

Il me reste à prévenir une objection qu'on pourrait me faire. Si votre principe, me dira-t-on, était généralement vrai, si les besoins des corps étaient la mesure de leur esprit, pourquoi jusqu'à un certain âge, où l'homme a plus de besoins que jamais, parce qu'il croît d'autant plus, qu'il est plus près de son origine, pourquoi a-t-il alors si peu d'instinct, que sans mille soins continuels, il périrait infailliblement, tandis que les animaux à peine éclos, montrent tant de sagacité, eux qui, dans l'hypothèse, et même dans la variété, ont si peu de besoins.

On fera peu de cas de cet argument, si l'on considère que les animaux venant au monde ont déjà passé dans la matrice un long temps de leur courte vie, et de là vient qu'ils sont si formés, qu'un agneau d'un jour, par exemple, court dans les prairies, et broute l'herbe, comme père et mère.

L'état de l'homme fœtus est proportionnellement moins long ; il ne passe dans la matrice qu'un vingt-cinquième possible de sa longue vie ; or n'étant pas assez formé, il ne peut penser, il faut que les organes aient eu le temps de se durcir, d'acquérir cette force qui doit produire la lumière de l'instinct, par la même raison qu'il ne sort point d'étincelle d'un caillou, s'il n'est dur. L'homme né de parents plus nus ; plus nu, plus délicat lui-même que l'animal, il ne peut avoir si vite son intelligence : tardive dans l'un, il est juste qu'elle soit précoce dans l'autre ; il n'y perd rien pour attendre, la nature l'en dédommage avec usure, en lui donnant des organes plus mobiles et plus déliés.

Pour former un discernement, tel que le nôtre, il fallait donc plus de temps que la nature n'en emploie à la fabrique de celui des animaux ; il fallait passer par l'enfance, pour arriver à la raison, il fallait avoir les désagréments et les peines de l'animalité, pour en retirer les avantages qui caractérisent l'homme.

L'instinct des bêtes donné à l'homme naissant n'eût point suffi à toutes les infirmités qui assiègent son berceau. Toutes leurs ruses succomberaient ici. Donnez réciproquement à l'enfant le seul instinct des animaux qui en ont le plus, il ne pourra seulement pas lier son cordon ombilical, encore moins chercher le téton de sa nourrice. Donnez aux animaux nos premières incommodités, ils y périront tous.

J'ai envisagé l'âme, comme faisant partie de l'histoire naturelle des corps animés, mais je n'ai garde de donner la différence graduée de l'une à l'autre, pour aussi nouvelle que les raisons de cette gradation. Car combien de philosophes et de théologiens même, ont donné une âme aux animaux ? De sorte que l'âme de l'homme, selon un de ces derniers, est à l'âme des bêtes, ce que celle des anges est à celle de l'homme, et apparemment toujours en remontant, celle de Dieu à celle des anges.

AGNES ARBER

# LA PHILOSOPHIE NATURELLE
# DE LA FORME VÉGÉTALE[*]

## CHAPITRE V : LE CONCEPT DE L'ORGANISATION TYPE [1]

La conception globale de la structure de la plante de Goethe, que nous avons examinée dans le chapitre précédent, est habitée par l'idée du type. Il [Goethe] proposa, comme fondement intellectuel de la morphologie végétale, l'idée de plante prototype (*Urpflanze*), un concept (*Begriff*) commun selon lequel toutes les formes de plantes pouvaient être unifiées. Bien que le concept de type était implicite dans son essai de 1790, l'accent y était mis sur les organes, plutôt que sur la plante entière et il ne se référa pas à l'*Urpflanze* avant 1817. Dans son autobiographie botanique il écrivit que ce concept planait autour de lui sous des formes sensibles, tout en reconnaissant qu'il était réellement suprasensible[2] ; ailleurs il l'appella « *eine symbolische*

---

[*] A. Arber, *The natural philosophy of plant form*, Cambridge University Press, Cambridge, 1950, chap. v, p. 59-69. Traduit par Sophie Gerber.

[1]. Avec la permission de l'éditeur de *Biological Reviews*, des parties de A. Arber, « The interpretation of the flower : a study of some aspects of morphological thought », *Biol. Rev.* 12, 1937, p. 157-184, ont été incluses dans ce chapitre et ailleurs (p. 2, 47, 59, 124, 144, 151).

[2]. W. Troll, *Goethes Morphologische Schriften*, Jena, Diederichs, 1926, p. 202.

*Pflanze* »[1]. Si nous traduisons *Urpflanze* par « plante primitive » ou « plante première », nous y lisons une signification évolutive qui aurait été étrangère à l'esprit de Goethe. L'*Urpflanzen* était pour lui un concept à partir duquel les concepts de formes des plantes existantes pouvaient être mentalement dérivés ; cela n'avait pas d'implications phylogénétiques et ne suggérait aucune notion d'origine ancestrale.

Des idées proches de celles de Goethe furent proposées indépendamment par son contemporain Joseph-François Corréa da Serra (1750-1823), un botaniste au nom injustement oublié. Corréa da Serra était portugais de naissance. Il bénéficia d'une bonne scolarité, étudia l'italien dans sa jeunesse et séjourna à Rome. Rappelé au Portugal, il fut déterminant dans la création de l'Académie des Sciences de Lisbonne. En 1786, il fut malheureusement dénoncé par l'inquisition, et trouva refuge en France. Plus tard, il put retourner dans son pays, mais d'autres problèmes s'ensuivirent, et il fut contraint de fuir en Angleterre, chaleureusement accueilli par Sir Joseph Banks et la Royal Society. Rappelons que c'est lui qui attira l'attention de Banks sur Robert Brown, et initia ainsi son amitié et sa collaboration avec Banks qui devint un pilier de l'activité de Brown. À la fin de sa vie, Corréa voyagea et donna des cours en Amérique. Son expérience des cultures humaines et des pays était donc large et variée. D'Almeida[2], qui fut son biographe de référence, souligna que l'existence de

---

1. J. W. von Goethe, *Glickliches Ereignis*, cité par W. Troll, *Goethes Morphologische Schriften, op. cit.*, p. 267.

2. F. d'Almeida, « Notice sur la vie et les travaux de M. Corréa de Serra », *Mémoires du Muséum d'histoire naturelle* 11, 1824, p. 215-229 ; voir aussi A. P. de Candolle, *Mémoires et souvenirs*, Genève, J. Cherbuliez, 1862, p. 162-164.

Corréa da Serra était « trop orageuse »*[1] pour permettre un travail à grande échelle ; en effet, sa carrière tumultueuse était peut-être responsable de l'apparente « paresse insouciante »*, dont Candolle l'accusa[2]. Ses quelques publications furent cependant celles d'une personnalité originale, à la source d'idées lumineuses. Bien que ses conceptions théoriques furent exposées pour la plupart au travers d'articles taxonomiques courts et descriptifs, elles étaient visionnaires et exprimées avec un vif sens littéraire, révélant pourquoi ses conversations et leurs « mots »* enchantèrent Paris. L'un de ceux qui survécut concernait la description de la végétation bizarre de *New Holland* (Australie) comme une « Flore au bal masqué »*. Il était du style à lancer des indices et des suggestions, que des esprits plus plats eurent pu développer en détail. Il inspira les travaux d'A.P. de Candolle, ce qui représente son influence majeure sur le courant de la pensée morphologique. L'idée principale qu'A.P. de Candolle lui emprunta était celle d'un plan sous-tendant chaque groupe – un plan « suivi avec ténacité, mais varié avec richesse »*[3] et renforcé par une « flexibilité obstinée »[4]. Cette idée trouva un écho dans la *Théorie Élémentaire de la Botanique* de Candolle, qui n'était pas seulement un manuel, mais une tentative d'exposer dans leur généralité les principes logiques qui devraient servir de base pour l'étude des êtres

1. NDLT : les passages ou mots suivis d'un astérisque sont en français dans le texte original.

2. A. P. de Candolle, *Mémoires et souvenirs*, *op. cit.*, p. 414.

3. J. F. Corréa da Serra, « Observations carpologiques », *Annales du Musée d'histoire naturelle* 8, 1806, p. 62.

4. J. F. Corréa da Serra, « On the fructification of the submersed Algae », *Philosophical transactions of the royal society of London*, 1796, p. 494.

organisés. Dans ce travail, Candolle en arriva à centrer ses interprétations morphologiques sur le concept de « types primitifs et réguliers »* à partir desquels il considérait toutes les formes irrégulières existantes comme des modifications[1]. Plus tard, il raffina cette idée, affirmant que « chaque famille de plantes, comme chaque classe de cristaux, peut être représentée par un état régulier, tantôt visible par les yeux, tantôt concevable par l'intelligence ; c'est ce que j'appelle son *type* »*[2]. Malgré le fait que ni Goethe, ni Corréa da Serra, ni Candolle ne semblèrent l'avoir réalisé, les racines de cette conception peuvent remonter jusqu'à Aristote, qui soulignait que, quel que soit le groupe d'animaux, « les parties sont identiques mis à part dans leur différence d'expression des excès ou des défauts »[3]. La formule d'Aristote « excès ou défauts » supposait un écart par rapport à une forme type, conçue intellectuellement, qui est la norme ou le standard. Sa suggestion, visionnaire en l'état, resta inexploitée chez les auteurs ultérieurs, et c'est grâce aux textes indépendants de Goethe et de Candolle que le concept de type joua un rôle dans la morphologie du XIXe siècle et un rôle encore plus important dans la renaissance moderne de cette branche de la botanique, à travers les écrits de Wilhelm Troll et de ses élèves.

En parcourant la théorie des types, telle que Goethe l'a exposée, nous voyons qu'il a traité plusieurs questions en parallèle, qui, pour la clarté du propos, doivent être

1. A. P. de Candolle, *Théorie élémentaire de la botanique*, Paris, Déterville, 1813, p. 144.

2. A. P. de Candolle, *Organographie végétale*, Paris, Déterville, 1827, vol. 1, p. 241.

3. Aristote, *Historia animalium* 1.1. 486a, transl. by W. d'Arcy Thompson *in* J. A. Smith, W. D. Ross (eds.), *The Work of Aristotle translated into English*, Oxford, Clarendon Press, 1910, vol. IV.

différenciées. À l'intérieur de la plante, il supposait l'existence d'un seul type pour les différents appendices latéraux de la tige (par ex., feuilles du feuillage, et parties de fleurs) et d'autres types d'ordres supérieurs pour différentes sortes de pousses (par ex., pousses feuillées et fleurs ; ou inflorescences développées et capitules). Pour ce qui est de la plante dans son ensemble, il faisait allusion à un concept de type pour chaque famille de plantes – une idée que Candolle développa pleinement, grâce à ses grandes connaissances taxonomiques. Enfin, Goethe supposait l'existence d'un archétype pour toutes les plantes à fleurs – l'*Urpflanze*.

Lorsque nous essayons de considérer la plante archétypique, nous sommes immédiatement confrontés à la principale difficulté liée à l'emploi du concept de type, à savoir que l'esprit a une forte propension à le transférer depuis le plan des abstractions, d'où il vient, à celui de la pensée des sens (*sensuous thinking*) : aux plans visibles et tangibles. Goethe considérait certainement sa plante archétypique comme une conception suprasensible, mais il ne réalisa peut-être pas à quel point il était facile de se tromper en y pensant de façon picturale, tout en croyant l'approcher de manière abstraite. Cette difficulté fut mise en évidence à l'occasion d'une discussion botanique historique qu'il eut avec Schiller [1]. Goethe nous relate qu'il présenta à Schiller sa théorie de la métamorphose des plantes de manière vivante, et, par quelques traits de plume qui lui sont caractéristiques, il matérialisa devant lui la plante symbolique ; mais Schiller secoua la tête, et dit : « Ce n'est pas une expérience (*keine Erfahrung*) ; c'est

---

1. J. W. von Goethe, *Glickliches Ereignis*, cité par W. Troll, *Goethes Morphologische Schriften*, *op. cit.*, p. 267.

une idée ». L'insinuation de Schiller selon laquelle il
confondait la pensée abstraite et la perception des sens
n'était peut-être pas justifiée pour Goethe, puisqu'il sentait,
fût-ce à demi-consciemment, que sa démarche relevait
d'un mode de pensée contemplatif dans lequel ces deux
activités devaient être synthétisées et transcendées [1].
Cependant, la critique, même si elle ne concernait pas
Goethe, était largement justifiée pour certains hommes de
moindre qualité qui l'avaient suivi. Turpin, par exemple,
tenta en 1804 un portrait élaboré de l'archétype de la plante
à fleurs ; à cette date, il n'avait pas lu *La Métamorphose*
de Goethe, mais, dans un livre publié plus de trente ans
plus tard [2], il présenta son tableau comme une illustration
appropriée des idées de Goethe. Il s'agit d'une gravure,
dont la grande taille permet de représenter le « Végétal
type, idéal, appendiculé »*, d'une hauteur de plus de 19
pouces [48 cm] ; et cet espace est nécessaire, car toutes
sortes de détails incompatibles s'y entassent. L'unité de la
plante n'est préservée que par l'existence d'un axe principal.
Cet axe porte toute une série de cotylédons de formes
diverses, auxquels succède un assortiment déconcertant
de feuilles de toutes sortes – simples et composées, donnant
des vrilles, portant des bulbilles et s'enracinant – associées
à une collection de branches axillaires, incluant des formes
inhabituelles comme un cladode fertile. Une gradation des
membres, des pièces foliaires aux étamines, est représentée
en lien avec une fleur terminale. Cette fleur, ainsi qu'une
autre sur une branche latérale, offrent obligeamment des
exemples de formes de gynécée différents, et montrent

1. Voir p. 208-211.
2. P. J. F. Turpin, *Esquisse d'organographie végétale pour servir à
prouver la métamorphose des plantes de Goethe*, Paris-Genève,
A. Cherbuliez-Maison de Commerce, 1837, pl. 3.

aussi des anthères individuelles déhiscentes suite à des mécanismes distincts. L'ensemble est un cauchemar du botaniste, dans lequel des caractères qui ne pourraient pas coexister sont forcés à la juxtaposition la plus grossière (voir figure 1, *infra*, p. 112).

Bien après que Turpin eût construit son tableau, Schleiden publia une autre représentation de l'*Urpflanze*[1] (voir figure 2, *infra*, p. 113). Elle avait le mérite d'être plus simple que celle de Turpin, mais démentait la conception que Goethe avait des appendices floraux, et l'on pourrait penser qu'elle aurait été presque aussi pénible pour lui que l'œuvre de Turpin. Ces images particulières étaient si évidemment absurdes qu'elles en devinrent inoffensives, mais la même tendance à rendre l'archétype visible et tangible prit, à une date ultérieure, une forme plus subtile et donc plus insidieuse.

Dans la période qui commença avec la publication de *L'Origine des espèces*, le monde scientifique était convaincu, à la fois que l'évolution avait bien eu lieu, mais aussi que la sélection naturelle des variations fortuites fournissait une explication fondamentale à la compréhension du processus[2]. Jusque-là, les formes végétales étaient considérées comme dignes d'être étudiées en elles-mêmes et pour elles-mêmes, et quand des relations entre ces formes étaient reconnues, cette relation était considérée comme logique plutôt que temporelle. Avec la réorientation darwinienne de la biologie, l'attention de la plupart des

1. M. J. Schleiden, *Die Pflanze und ihr Leben*, Leipzig, Engelmann, 1848, pl. 4, et p. 83.
2. Voir G. C. Robson, et O. W. Richards, *The variation of animals in nature*, London-New York, Longmans-Green do Co., 1936, pour une réévaluation critique, mais prudente et sympathique, de l'hypothèse de sélection.

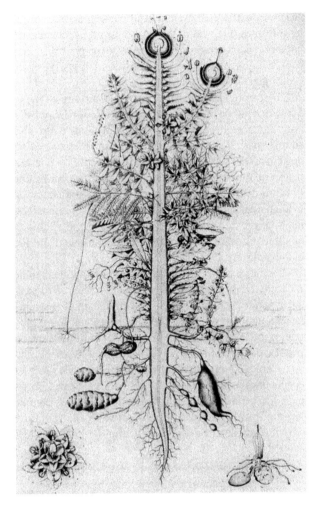

Figure 1 : P. J. F. Turpin, *Esquisse d'organographie végétale... pour servir à prouver... la métamorphose des plantes de Goethe*, Paris-Genève, A. Cherbuliez-Maison de Commerce, 1837, pl. 3 et 4.

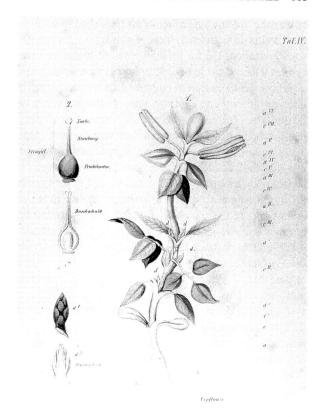

Figure 2 : M. J. Schleiden, *Die Pflanze und ihr Leben*, Leipzig, Verlag von Wilhelm Engelmann, 1848, pl. 4.

botanistes se détourna de la pure morphologie au profit de l'utilisation de données de forme appuyant des conjectures sur l'évolution. Ce fut particulièrement le cas avec les plantes à fleurs, car le type de preuve le plus direct, celui de la trace géologique, était rarement disponible. Le concept de type devint une victime immédiate des schémas évolutifs [1]. L'école darwinienne s'empara de la plante à fleurs archétypique de Goethe et de la notion, qu'il partageait avec Candolle, d'un archétype mineur pour chaque famille ; elle détacha ces idées de leur contexte du monde de la pensée ; elle les installa dans le monde de l'expérience et présupposa la réalité de leur existence historique. La conception de Goethe de l'*Urpflanze*, qui avait pour lui une qualité intemporelle, fut donc transférée à une période spécifique du passé en tant que Plante Ancestrale ; et elle fut représentée comme quelque chose qui eut été visible et tangible, si l'humanité eut été là pour la voir et la manipuler. Dans l'atmosphère intellectuelle de la fin du XIX$^e$ siècle, la démarche de transposition forcée des idées de Goethe dans un cadre évolutif parut parfaitement naturelle. Pour de nombreux praticiens de cette époque, le détournement de la biologie vers les canaux historiques était un soulagement bienvenu, car il transformait la botanique théorique en une chose matérielle, qui se prêtait à une réflexion illustrée, sans exiger d'activité mentale difficile, de type métaphysique. Ainsi, par un tour de passe-passe qui sembla passer presque inaperçu, la Plante Ancestrale fut substituée à la Plante Archétypale, et les

---

1. D'après A. Meyer, *Ideen und Ideale der Biologischen Erkenntnis*, Leipzig, Barth, 1934, p. 128-130, en zoologie, la transformation d'une typologie en phylogénétique peut être observée dans le travail de C. Gegenbaur ; *cf.* la première édition (1859, pré-Darwinienne) de son *Grundzüge der Vergleichenden Anatomie*, par rapport à la seconde édition (1870).

caractères qui avaient été attribués, avec raison, à la conception mentale de l'archétype, furent, sans autre justification, supposés avoir été retrouvés chez un ancêtre historique à l'existence avérée. Il faut cependant rendre justice à T. H. Huxley [1], qui, profondément marqué par les idées darwiniennes, eut l'honnêteté d'admettre que l'existence de relations morphologiques entre espèces n'était effectivement pas incompatible avec la doctrine de la Création Spéciale exposée dans la Genèse. Une telle reconnaissance conceptuelle de l'indépendance de la morphologie et de la phylogénie – de la logique et de la généalogie, pour reprendre les termes récents d'un auteur français [2] – resta, cependant, rare. La nature abstraite de la plante archétypique fut escamotée par la plupart des biologistes et, si une série pouvait être construite par l'esprit, entre un type de plante et un autre, on jugeait légitime de donner une existence dans le temps et l'espace aux intermédiaires mentaux. Un organisme pouvait être considéré comme le *descendant* d'un autre, si l'on pouvait montrer, ou même simplement supposer, qu'il était *postérieur* dans le temps – la même erreur qui, en argumentation, identifie le *proper hoc* au *post hoc* [3]. Cette confusion facilitait la construction des phylogénies, un sujet qui fascina et obséda longtemps la pensée morphologique. La fabrication de ces pedigrees était largement simplifiée par l'hypothèse que le progrès de l'évolution sur toutes les branches principales allait nécessairement du simple au complexe, de sorte que les

1. T. H. Huxley, « The gentians : notes and queries », *The Journal of the Linnean Society of London 24*, 1888, p. 112.

2. M. Hocquette, *Les « fantaisies botaniques » de Goethe*, Lille, Demailly, 1946, p. 121.

3. NDLT : *proper hoc, post hoc :* prendre, par erreur, pour la cause ce qui n'est qu'un antécédent.

séries étudiées furent regardées, sans hésitation, selon cette direction irréversible ; en effet, dans le monde animal, l'évolution vers l'Homme, vu comme un point culminant, était considérée comme trop évidente pour exiger une quelconque preuve. Il est curieux que cette hypothèse ait été formulée avec autant de légèreté, car il semble que, pour Platon, l'hypothèse contraire paraissait la plus évidente. Selon le mythe de la création du Timée, les oiseaux, les animaux terrestres, les poissons, les crustacés, etc. ne représentaient pas des séries remontant progressivement vers le type humain, mais à l'inverse, des dégradations à partir de ce type [1]. Les animaux terrestres, par exemple, étaient représentés comme provenant d'humains qui, n'ayant aucune utilité pour la philosophie, virent leurs membres antérieurs et leur tête rabaissés vers la terre [2]. Cela montre que l'idée d'une progression des êtres vivants depuis une simplicité relative vers une complexité relative n'a pas toujours été envisagée comme un principe incontournable ; c'était cependant une évidence pour les biologistes du XIXᵉ siècle et elle renforça leur foi dans la compilation des systèmes de généalogie botanique. L'existence factuelle de ces ascendances ne permettait pas à un quelconque doute de s'immiscer, et les seules divergences d'opinions sérieuses surgirent de la question de savoir si l'ontogenèse, la tératologie, la comparaison de formes adultes, ou d'autres sujets d'étude fournissaient

1. Notons que le mot archétype (*àrchétupos*) n'est pas utilisé par Platon, mais son origine remonte à Philon d'Alexandrie (40 apr. J.-C.) ; voir H. A. Wolfson, *Foundations of Religious Philosophy in Judaism, Christianity and Islam*, Cambridge, Harvard University Press, 1947, vol. 1, p. 238.

2. F. M. Cornford, *Plato's cosmology : the Timaeus of Plato*, trad. angl., F. M. Cornford, London, Kegan Paul-Trench Trubner, 1937, p. 358.

des indices plus fiables pour reconstituer des pedigrees. En d'autres termes, l'existence d'un arbre phylogénétique était jugée « acquise » ; et il ne restait plus qu'à discuter quelles preuves particulières révélaient le mieux ses ramifications. Peu à peu, cependant, la vision darwinienne évidente – si facile à comprendre et donc fatalement si facile à accepter – perdit de son emprise, et les morphologistes commencèrent à se demander non seulement quelles preuves pouvaient être utilisées, mais si le problème de la phylogénétique même était réel ou imaginaire. Il était clairement possible de distinguer des séries structurelles parmi les êtres vivants, mais ces séries étaient-elles temporelles ou simplement logiques ? Pour les plantes à fleurs, les schémas phylogénétiques reposaient sur l'hypothèse qu'il existait un véritable « arbre » historique, à partir d'une seule souche d'origine, sans raison que le parcours des branches jusqu'aux rameaux ultimes demeure invisible ; mais il fallut finalement envisager la possibilité que cet arbre n'ait jamais pu exister, et que des séries morphologiques s'avèrent simplement des constructions mentales sans validité historique. Ce scepticisme général advint lentement et avec beaucoup d'hésitation. La première étape fut de supposer l'existence de deux ou plusieurs souches originelles, au lieu d'une seule, mais peu à peu la polyphylèse [1] s'immisça à beaucoup plus large échelle,

1. Pour des références anciennes sur la polyphylèse voir L. J. Čelakovský, « Teratologische Beiträge zur morphologischen Deutung des Staubgefässes », *Pring. Jahrb. Wiss. Bot* 11, 1878, note en bas de page, p. 154, Voir aussi T. H. Huxley, « The gentians : notes and queries », art. cit., p. 129-128. Pour une description du travail zoologique de H. Przibram, dans lequel l'idée de polyphylesis a atteint une expression extrême, voir W. T. Calman, « The taxonomic outlook in zoology », *Report of the British Association for the Advancement of Science*, 1930, p. 89-90.

jusqu'à ce qu'apparaisse, comme une métaphore appropriée, d'abord l'image d'un buisson [1], et enfin celle d'une gerbe, plutôt que celle d'un arbre. De toute façon, l'analogie de l'arbre ne pouvait pas être poussée très loin, car les arbres phylogénétiques ont la particularité d'être sans racines [2]. Enfin, comme les travaux taxonomiques et morphologiques révélèrent au fur et à mesure de leurs avancées une complexité croissante, ces images élémentaires d'arbre et de gerbe furent remplacées par celle d'un réticulum emmêlé en plus de deux dimensions. L'idée n'était pas tout à fait nouvelle ; elle peut être considérée comme le résultat d'une opinion exprimée en 1810 par Robert Brown, qui écrivait que la Nature elle-même reliait des groupes d'organismes selon un réseau plutôt que selon une chaine [3]. Cette vision du problème n'a aucun rapport évident avec la théorie orthodoxe de la descendance avec modification, et sa complexité s'apparente à une recherche hésitante de feu-follet, une tentative de déduire les caractères à partir de souches ancestrales synthétiques. L'image du réticulum impliquait donc une perte de foi dans la phylogenèse, mais cette perte dissipa des obstacles, et une liberté fut ainsi retrouvée, faisant renaître la morphologie comparative, étudiée pour elle-même, et non soumise à une quelconque théorie de l'évolution. Ce changement de perspective ne

1. L'analogie du « buisson » fut suggérée par Sachs il y a longtemps (*cf.* E. G. Pringsheim, *Julius Sachs. Der Begründer der neueren Pflanzenphysiologie*, Jena, Gustav Fischer, 1932, p. 146) ; Elle a été mise en avant récemment par d'autres auteurs, par ex. L. Vialleton, *L'origine des êtres vivants. L'illusion transformiste*, Paris, Plon, 1929, p. 373.

2. B. Hayata, « Über das "Dynamische System" der Pflanzen », *Berichte der Deutschen Botanischen Gesellschaft* 49, 1931, p. 332.

3. R. Brown, *Prodromus Florae Novae Hollandiae*, vol. I. *Praemonenda* : « *ipsa natura enim, corpora organica reticulatim potius quam catinatim connectens* », London, *Richard Taylor & Son*, 1810.

diminua pas l'intérêt de la typologie, en effet l'école de morphologie allemande moderne fut encline à adopter comme devise le « retour à Goethe ». Le changement exigea cependant une réévaluation de notre schéma de pensée ; nous dûmes décider quelle signification exacte nous attribuions au concept de « type »[1] avec cette réorientation.

À cet égard, le point de vue de certains auteurs prédarwiniens s'avère instructif. En 1768, bien avant que la croyance en l'évolution ne fît partie du credo du biologiste, Robinet[2] publia un livre dans lequel il prônait l'idée que tous les êtres – allant de la pierre à la forme la plus excellente de l'être, qui est « la forme humaine »* – sont « conçus et formés »* selon un « modèle » ou un « exemple original » qu'il appelait le « prototype ». Il préfigurait ainsi, dans un certain sens, le concept de type des auteurs ultérieurs. Il illustra son point de vue en soulignant qu'une habitation troglodyte, une hutte sauvage, une bergerie, une maison ordinaire et un palais pouvaient tous être considérés comme les variations graduelles d'un même plan architectural. Aucune des formes les plus humbles ne prétendait être l'Escurial ou le Louvre, mais elles évoquaient toutes le même « dessein primitif »* comme dans le cas du palais le plus magnifique, puisque toute habitation était le produit

1. La relation entre morphologie évolutionniste et typologique est discutée par Thomas H. Hamshaw avec le point de vue d'un phylogénéticien. T. H. Hamshaw, « The history of plant form », *The advancement of science* 4, 1947.

2. J. B. R. Robinet, *Considérations philosophiques de la gradation naturelle des formes de l'être*, Paris, Charles Saillant, 1768 ou J. B. R. Robinet, *Vue philosophique de la gradation naturelle des formes de l'être*, Amsterdam, E. van Harrevelt, 1768 ; pour l'étude de l'idée de Robinet sur le type, voir A. O. Lovejoy, *The great chain of being*, Cambridge, Harvard University Press, 1936, en particulier p. 278-280.

d'une seule et même idée fondamentale, plus ou moins développée. Le désir intense de Robinet d'identifier les maillons intermédiaires de la chaine des êtres le conduisit à des croyances extravagantes ; il se référa très sérieusement, par exemple, à un homme-sirène qui eut été pêché au large de la côte du Suffolk en 1187. Cependant, cette crédulité regrettable coexistait dans son esprit avec une capacité de discernement réelle. Il utilisait le mot « évolution »* pour décrire les relations qui existaient entre les différents types d'habitats humains, mais ce terme ne signifiait pas pour lui un mouvement historique, progressant dans le temps, comme le phylogénéticien le conçoit. Il eut, au contraire, le mérite de considérer la forme *en elle-même* – non pas subordonnée au temps, mais *sub specie aeternitatis*[1]. C'est sur ce point que la morphologie devait se réajuster pour que l'étude de la forme révèle toute sa signification ; il devait y avoir un retour vers le type considéré comme un concept intellectuel purement abstrait, possédant le même rapport avec les individus qui composent le groupe que le concept « homme » (le mot ayant ici un sens philosophique « universel ») possède avec l'ensemble des hommes individuels. Les types ou « motifs primaires », comme les appelait Owen[2], ont donc beaucoup à voir avec certains aspects des « formes » platoniciennes. Dans l'étude comparative de la morphologie, l'idée du type offrait un noyau fixe à partir duquel les variations structurelles qui se produisaient dans chaque groupe pouvaient être évaluées. En 1840, bien après l'époque de Robinet, mais avant que la marée de croyance en l'évolution ne s'installa, Whewell

---

1. NDLT : *sub specie aeternitatis :* de toute éternité.

2. R. Owen, *The life of Richard Owen*, London, J. Murray, 1894, vol. 4, p. 387-388.

exprima cette pensée d'une manière particulièrement lumineuse. Il réalisa avec perspicacité qu'une classe naturelle d'objets « est déterminée, non par une ligne de démarcation extérieure, mais par un point central intérieur ; non par ce qu'elle exclut strictement, mais par ce qu'elle inclut éminemment ; par un exemple, pas par un précepte ; en bref, au lieu d'une Définition, nous avons un *Type* pour directeur »[1].

Dans ce passage, Whewell « construisit mieux qu'il ne pensait », car sa discussion ultérieure montre qu'il ne s'était pas, en fait, élevé à une conception abstraite du type lui-même, mais qu'il identifiait le type d'un genre, par exemple, avec les espèces réellement existantes qui possédaient les caractères les plus typiques. Malgré l'aperçu qui vient d'être présenté, il n'avait pas pris pleinement conscience que le concept de type était essentiellement mental – un instrument intellectuel avec lequel l'esprit met de l'ordre parmi la multitude des phénomènes hétérogènes.

Si nous nous détournons de ces vastes questions en direction de la plante individuelle et de ses composants, nous devons nous interroger sur le statut, aux yeux du botaniste actuel, de l'appendice type de Goethe, qu'il appelait la *feuille* (*Blatt*), mais pour lequel le terme plus général de *phyllome* est préférable. Comme la plante archétypique, le phyllome type est un concept valide tant qu'il est maintenu de façon constante sur le plan abstrait, mais cela ne fut pas toujours le cas. Les disciples de Goethe eurent trop tendance à parler comme si le sépale et le carpelle, par exemple, devaient leur origine à la pièce foliaire : même un botaniste aussi perspicace que Robert

---

1. W. Whewell, *The philosophy of the inductive sciences*, London, John Parker, 1840, vol. 1, p. 476.

Brown, écrivit en 1822 « la Feuille, à partir des modifications de laquelle semblent se former toutes les parties de la fleur »[1], tandis que, au xxe siècle, Troll fit l'erreur de qualifier ces parties de « *Umbildungsformen von Laubblattern* »[2][3]. Goethe lui-même, cependant, ne tomba pas dans ce piège, pas plus que ses disciples les plus distingués. Asa Gray, par exemple, énonça clairement l'idée que l'existence préalable des pétales, des étamines et des carpelles à l'état de feuillage était une erreur[4], et il soutint que l'expression « métamorphose » devait être utilisée dans un sens purement figuratif[5]. En effet, Goethe insistait toujours pour relier les phénomènes de métamorphose entre eux *dans les deux directions*. Il soulignait qu'il était tout aussi légitime d'appeler une pièce foliaire un sépale dilaté que d'appeler un sépale une pièce foliaire contractée ; cette réversibilité exclut clairement l'idée de dérivation historique[6]. La théorie de la métamorphose, selon Goethe lui-même, signifie donc que la relation généralement reconnue entre les différents membres appendiculaires découle du fait que tous sont des manifestations du même phyllome-type au caractère non historique. Cette idée permit de fournir un certain nombre d'atouts évidents

1. R. Brown, « An account of a new genus of plants, named Rafflesia », *Transactions of the Linnean Society of London* 8, 1822, note de bas de page, p. 211.

2. NDLT : *Umbildungsformen von Laubblattern :* formes transformationnelles des pièces foliaires.

3. W. Troll, *Vergleichende Morphologie der höheren Pflanzen*, Berlin, Borntraeger, 1935-1937, vol. 1, p. 36.

4. A. Gray, *Structural Botany*, New York, American Book Company, 1858, p. 231.

5. A. Gray, *Structural Botany*, London, Longmans-Green Co., 1887, p. 169.

6. *Cf.* p. 159.

en tant qu'hypothèse de travail ; mais la question demeure de savoir s'il s'agit d'une règle indépassable, ou si, dans la pensée actuelle, nous pourrions en déduire une généralisation plus aboutie et plus satisfaisante [1]. Nous ne pouvons parvenir à aucune conclusion décisive sur ce point si nous concentrons notre attention exclusivement sur le phyllome lui-même ; le problème est vaste, et nous le traiterons au chapitre suivant dans un contexte moins restreint.

1. *Cf.* p. 85, 86, 159-161.

# ÉPISTÉMOLOGIE DES SCIENCES VÉGÉTALES

# INTRODUCTION

L'épistémologie est la branche de la philosophie qui étudie de façon critique les principes et les méthodes des sciences avec une attention spécifique à leur contexte, leur histoire et leur évolution au sein de paradigmes. Avec les changements paradigmatiques, les postulats, les méthodes, les définitions, les concepts et les usages particuliers de l'étude des plantes évoluent aussi. L'enjeu de cette partie est d'enquêter sur certaines de ces évolutions contemporaines de la biologie végétale. Deux axes problématiques parmi de nombreux possibles ont été sélectionnés comme fils conducteurs : le comportement des plantes d'abord, leur individualité ensuite.

L'émergence du comportement végétal réclame une contextualisation historique. Dès le XVIIIᵉ siècle, les progrès expérimentaux des sciences naturelles donnaient l'impression que le concept d'âme pouvait être abandonné au profit d'un mécanicisme pour comprendre la vie des plantes. À partir de la fin du XIXᵉ siècle, la conception du vivant basée sur l'âme laisse progressivement place à la biologie contemporaine. Le paradigme évolutionniste s'impose peu à peu. La physiologie inaugure des découvertes expérimentales importantes sur le fonctionnement des plantes qui révolutionnent la botanique [1]. Cette nouvelle discipline

---

1. Avec des retombées importantes pour les techniques agricoles.

de laboratoire, avec ses protocoles et ses instruments, se répand à travers l'Europe sous l'impulsion de l'école allemande de J. von Sachs[1] (1832-1897) et W. Pfeffer[2] (1845-1920). Les développements de la physiologie végétale changent le rapport à la sensibilité des plantes. Leurs activités, leurs mouvements, sont mieux observés et compris. La définition du comportement et de ses manifestations devient un enjeu épistémologique. L'exclusivité du registre des explications causales et mécanistes n'est peut-être pas plus légitime pour rendre compte des activités des plantes que pour traiter des animaux « supérieurs » et des humains. En effet, en plus de la sensibilité et du mouvement, des fonctions d'ordre « psychique » ou « cognitif » comme la mémoire et l'apprentissage sont désormais attestées expérimentalement chez les plantes[3]. Les deux premiers auteurs sélectionnés dans cette partie, des physiologistes du végétal du XIXe et du XXIe siècle, permettent de retracer cette évolution dans l'étude du comportement des plantes à travers leurs questionnements philosophiques.

De retour de séjours de recherches en Allemagne, Léo Errera (1858-1905), professeur de botanique, fonde à l'Université libre de Bruxelles le premier laboratoire belge d'anatomie et de physiologie végétale. Errera, évolutionniste convaincu, est surtout connu pour ses découvertes expérimentales du glycogène et des alcaloïdes. Il n'en demeure pas moins botaniste dans le sens traditionnel du terme, c'est-à-dire que les détails anatomiques et

---

1. J. von Sachs, *Handbuch der Experimentalphysiologie der Pflanzen*, Leipzig, Engelmann, 1865. J. von Sachs, *Vorlesung über Pflanzen-Physiologie*, Leipzig, Engelmann, 1882.

2. W. Pfeffer, *Pflanzenphysiologie*, Leipzig, Engelmann, 1881.

3. À ce sujet voir aussi le texte du biologiste R. Francé, *Les sens de la plante* [1911], trad. fr. J. Baar, Paris, Adyar, 2013.

physiologiques ne prennent sens pour lui que dans une compréhension de la plante entière. Sans doute est-ce là l'influence de sa formation de philosophe qui le pousse à interroger la physiologie des plantes au-delà de ses mécanismes pour les interpréter dans le cadre du comportement de la plante. C'est le sens du texte de sa conférence donnée en 1900, intitulée *Les plantes ont-elles une âme ?* reproduite ci-dessous.

Errera pensait que les avancées scientifiques de son temps réclamaient une reconsidération des plantes de la part des philosophes. Dans notre tradition occidentale moderne, les plantes ont effectivement été écartées de toute réflexion philosophique pour elles-mêmes. Elles ont été invisibilisées et constituent un impensé, sauf à de rares exceptions près. Selon ses mots, les philosophes sont ainsi responsables d'avoir « négligé presque complètement toute une moitié du monde organique ». Partant de ce constat, Errera illustre la transition entre le vocabulaire historique de l'âme et celui du comportement végétal. Derrière l'âme, il n'est en effet plus tant question d'une substance pensante, métaphysique et immortelle, ni même d'un principe de chaleur, mais plutôt d'une agentivité propre à tout vivant. Celle-ci lui confère des aptitudes observables qui le distinguent du monde inerte.

Errera s'appuie en conséquence sur la physiologie végétale pour critiquer les préjugés idéologiques d'insensibilité, d'immobilité et de stupidité des plantes que même les plus philosophes des botanistes avaient grand-peine à délaisser [1]. Certes, les plantes ne disposent pas de système

---

1. La botanique a en effet subi l'autorité de Linné qui a repris ces préjugés : Francé, *Les sens de la plante, op. cit.*, p. 126-127. C. Linnaeus, *Fondements botaniques, qui, comme Prodrome à de plus amples travaux livrent la théorie de la science botanique par brefs aphorismes* [1736], trad. fr. G. Dubos et T. Hoquet, Paris, Vuibert, 2005, aphorismes 3, 133.

nerveux. Mais, leur sensibilité ne serait-elle pas en réalité même plus fine et plus étendue que celle de l'animal ? Les découvertes des phénomènes électriques chez les plantes et leur éventail de réactions appropriées à de nombreuses stimulations permettent en tout cas d'argumenter en ce sens [1]. Plutôt que de poursuivre vers ce qui distingue et sépare le végétal de l'animal, leur plan d'organisation biologique commun peut être étudié avec un horizon darwinien. Ainsi, les lois de l'excitation animale sont transposables à des organismes non animaux, tout aussi sujets à l'accoutumance d'un stimulus grâce à une forme de mémoire. Mais de tels comportements « mentaux » ou « cognitifs » des plantes réclament-ils la conscience ? Quels sont les rapports noués entre physiologie végétale et philosophie autour de ce concept ? Errera esquisse quelques pistes. Les enjeux philosophiques des comportements des plantes demeurent toutefois peu exploités durant le reste du xxᵉ siècle. Le choix du second texte de cette partie s'est donc porté sur un auteur de la fin du xxᵉ siècle et du xxiᵉ siècle qui synthétise et reprend à nouveaux frais les enjeux de ces questions dans une perspective contemporaine.

Anthony Trewavas (né en 1939) a bâti sa carrière comme physiologiste végétal dans le domaine de la signalisation chimique des plantes. Dans la seconde moitié du xxᵉ siècle, les développements prometteurs de la génétique et de la biologie moléculaire renforcent l'idée que les plantes se plient entièrement à des mécanismes ou à des programmes déterminés. Très vite, Trewavas s'oppose à

---

1. Darwin, avec l'aide de son fils Francis, a ainsi consacré l'essentiel des recherches de la fin de sa vie à ces questions de physiologie végétale et de sensibilité : G. Bernier, *Darwin un pionnier de la physiologie végétale. L'apport de son fils Francis*, Académie Royale de Belgique, Bruxelles, 2013.

la perspective souvent réductionniste de son champ de recherche et tente de comprendre les réactions qu'il observe à la lumière du fonctionnement de la plante entière et de sa signification évolutive. C'est ainsi qu'il réhabilite l'idée d'un véritable comportement actif chez les plantes. Cette idée n'allait pas de soi, car jusqu'alors l'éthologie, l'étude du comportement, s'est quasi exclusivement développée à partir de modèles animaux. Le courant behavioriste domine et s'étend du début du XXᵉ siècle aux années 1960 [1]. Rats, pigeons et autres compagnons à poils et à plumes sont considérés comme des marionnettes sans intériorité (sans intentions, sans émotion ni conscience). Il était dès lors pratiquement impossible que les biologistes végétaux osent s'aventurer dans l'étude d'une éventuelle cognition ou d'un psychisme des plantes.

La logique réductionniste en biologie a cependant amené à identifier et synthétiser de nombreuses hormones végétales, à commencer par l'auxine responsable de la courbure des tiges et de la croissance, et à comprendre et théoriser les phénomènes moteurs, les tropismes, dont témoignent les plantes. Des avancées sont réalisées par rapport au phototropisme et au gravitropisme au cours du XXᵉ siècle et dans les années 1970, on découvre même que les plantes perçoivent les contacts tactiles. Les plantes peuvent ainsi sécréter des substances en réaction à ce qui les touche et adapter leur croissance (thigmomorphogenèse). Les dionées attrape-mouches (*Dionaea muscipula*) et plantes sensitives (*Mimosa pudica*) considérées comme des curiosités par les botanistes modernes ou comme des

1. J.-L. Renck, V. Servais, *L'éthologie : histoire naturelle du comportement*, Paris, Seuil, 2002.

spécialisations évolutives uniques se révèlent des cas particuliers d'une aptitude générale du monde végétal[1].

La découverte du sens du toucher chez les plantes a probablement contribué à relancer l'étude de leurs comportements à la fin du XXe siècle. Elle apporte en effet des données nouvelles sur le plan expérimental, mais aussi par rapport au point de vue philosophique aristotélicien de notre tradition occidentale. Comme le remarquait Aristote dans le *De Anima*, le toucher est le sens primordial qui conditionne les autres sens et apparaît en premier chez les animaux les plus simples[2]. L'insensibilité supposée du végétal, originellement envisagée comme l'absence totale des cinq sens s'est toutefois réduite au fur et à mesure des découvertes scientifiques. Bien que l'on ait découvert, au moins dès le début de l'époque moderne, que les plantes peuvent percevoir la lumière efficacement pour croître, on a continué à les considérer comme fondamentalement insensibles (et inférieures aux animaux), car dépourvues du toucher. À partir de la seconde moitié du XXe siècle, cette position devient de moins en moins tenable. Désormais, l'étude des réactions moléculaires des plantes démontre leur réaction à de nombreux stimuli (longueur d'onde de la lumière, électromagnétisme, etc.) et substances chimiques et explique leurs réponses efficaces en termes de sécrétions toxiques ou de croissance adaptée[3].

1. Darwin avait déjà étendu expérimentalement le sens du toucher aux plantes grimpantes, capables de détecter et de discriminer les supports adéquats sur lesquels croître : C. Darwin, *Les mouvements et les habitudes des plantes grimpantes* [1865], trad. fr. R. Gordon, Paris, Reinwald et Cie, 1877. Néanmoins, jusque dans les années 1980, on pensait que les plantes ne ressentaient pas les stimuli tactiles ne provoquant pas de lésions.

2. Aristote, *Traité de l'âme*, *op. cit.*, 434a.

3. D. Chamovitz, *La plante et ses sens*, trad. fr. J. Oriol, Paris, Buchet Chastel, 2014.

Au début des années 2000, Trewavas propose sur les bases de ses recherches en physiologie une série de publications [1] en faveur de la notion « d'intelligence des plantes » qui irrite une partie de la communauté des biologistes. Commence alors un échange polémique par articles interposés sur le bien-fondé et l'épistémologie de la discipline naissante nommée « neurobiologie végétale » [2]. Des biologistes végétaux remettent en effet l'accent sur la communication électrique chez les plantes – longtemps occultée par l'intérêt pour la seule communication chimique – et ses similitudes avec le fonctionnement du système nerveux, voire des neurones animaux. De façon plus générale, ces chercheurs argumentent en faveur d'une interprétation des activités végétales ouverte à l'éthologie (sur le modèle des animaux jugés les plus simples) dans le contexte d'une forme de cognition minimale [3]. L'article traduit des biologistes tchèques Fatima Cvrčková, Helena Lipavská et Viktor Žárský intitulé « L'intelligence des plantes, pourquoi, pourquoi pas, où ? » paru en 2009 constitue une analyse instructive de ces controverses. Les

1. A. Trewavas, « Aspects of plant intelligence », *Annals of Botany* 92, 2003, p. 1-20. A. Trewavas, « Aspects of plant intelligence : An answer to Firn », *Annals of Botany* 93, 2004, p. 353-357. A. Trewavas « Green plants as intelligent organisms », *Trends in Plant Sciences* 10(9), 2005, p. 413-419.

2. Les lecteurs soucieux de prendre connaissance des arguments de l'autre camp pourront se référer aux articles suivants : M. B. Wilkins, « Are plants intelligent ? » *in* P. Day, C. Catlow (eds.), *Bycicling to utopia*, Oxford, Oxford University Press, 1995. P. C. Struik, X. Yin, H. Meinke, « Plant neurobiology and green plant intelligence, science, metaphors and nonsense », *Journal of the Science of Food and Agriculture* 88, 2008, p. 363-370. A. Alpi *et al.*, « Plant neurobiology : No brain, no gain ? », *Trends in Plant Science* 12, 2008, p. 135-136.

3. M. van Duijn, F. Keijzer, D. Franken, « Principles of minimal cognition : casting cognition as sensorimotor coordination », *International Society for Adaptive Behavior* 14(2), 2006, p. 157-170.

auteurs proposent en effet de revenir à l'un des fondements du comportement potentiellement intelligent de tout organisme, à savoir sa faculté de mémoire. Quelles activités des plantes étudiées expérimentalement peuvent ou non être modélisées efficacement sans capacité de stockage et de rappel de l'information ?

En 2014, Trewavas publie un livre de synthèse de l'ensemble des acquis expérimentaux de la biologie végétale sur le comportement : *Plant Behaviour and Intelligence*. Nous en proposons une traduction inédite du chapitre 9 qui introduit et récapitule les principaux enjeux. En clarifiant la nature du comportement végétal et en exposant ses modalités parfois complexes, l'auteur reprend le questionnement philosophique sur le psychisme et la conscience des plantes abordé par Errera et la physiologie végétale naissante. Chacune des sections de son texte s'attache à traiter une question spécifique parmi les suivantes. Quelle est la nature de la mémoire, de l'apprentissage et de l'anticipation des plantes déjà évoquées un siècle plus tôt ? En quel sens peut-on considérer qu'une plante choisit ou décide ? Quelles expériences scientifiques étayeraient une telle aptitude ? Et si la plante semble discriminer et choisir, n'agirait-elle pas simplement par un automatisme aveugle et passif ? À ce niveau, les comportements d'adaptation par essai et erreur des animaux sont souvent retenus comme des critères de définition de l'intelligence animale. Pourraient-ils également attester une intelligence des plantes ? Si la plante est intelligente en un certain sens, peut-on affirmer qu'elle agit pour autant intentionnellement ? Sans chercher à répondre ici à toutes ces questions, remarquons que la dernière est plus délicate encore que les précédentes, car invoquer des intentions implique a priori la conscience. Or la conscience est un concept plus philosophique que scientifique dans la mesure où elle est généralement rattachée à l'expérience d'une intériorité inobservable. En outre, la conscience peut se définir en plusieurs sens et selon des gradations diverses. La conscience de son environnement direct n'équivaut pas à la conscience de soi qui peut elle-même se décliner depuis l'aptitude d'un organisme à ressentir la douleur jusqu'à des compétences complexes comme l'empathie (qui présuppose de reconnaître l'autre comme conscient de soi et de se projeter dans sa situation). Sans doute touche-t-on ici aux limites scientifiques de l'intelligence des plantes et à d'éventuels biais anthropomorphes [1].

Cette problématique de l'interprétation du comportement végétal entre en résonance avec le quatrième texte de cette partie consacré à l'individualité des plantes. En effet, un autre obstacle historique à l'intelligence des plantes est leur manque d'individualité. Comment un organisme qui n'a pas de cerveau et dont les parties ne sont pas étroitement reliées et dépendantes les unes des autres pourrait-il coordonner son comportement de façon intelligente au-delà du programme de chaque partie ? Selon l'un des opposants de Trewavas, le biologiste Firn [2], ce manque d'individualité serait rédhibitoire. Un organisme sans système nerveux centralisateur ne serait dans le meilleur des cas qu'une collection de sous-unités dont la somme des actions nous

---

1. Une réflexion plus poussée à partir de l'histoire de la philosophie et de l'épistémologie s'avère indispensable à ce niveau bien qu'elle ne soit pas possible dans les limites de cette introduction Je renvoie ici à Q. Hiernaux, « History and Epistemology of Plant Behaviour », *Synthese*, 2019 ; et *Du comportement végétal à l'intelligence des plantes ?*, Versailles, Quae, 2020.

2. R. Firn, « Plant intelligence : An alternative point of view », *Annals of Botany* 93, 2004, p. 345-351.

donnerait l'illusion d'une forme d'intelligence. Argument que Trewavas contribue à contrer en démontrant les nombreux mécanismes d'intégration et d'identité agissant au sein de chaque organisme végétal.

Le problème de l'individualité reste donc l'un des fils directeurs à suivre pour, philosopher sur les plantes depuis Aristote et Théophraste en passant par l'époque moderne dans les débats sur l'âme de la plante, puis au XXᵉ et au XXIᵉ siècles dans les controverses au sujet de leur comportement. Comment ce concept au cœur des réflexions de philosophes comme Porphyre, Duns Scott, Leibniz ou, beaucoup plus proche de nous, Simondon, évolue-t-il dans le champ de la biologie contemporaine ? Pourquoi ce concept serait-il d'ailleurs incontournable dans les sciences du vivant, *a fortiori* évolutionnistes ? Avec le développement de la physiologie, la question de l'individualité de la plante devient centrale à travers l'étude de son métabolisme et de ses fonctions. De plus, l'évolution des espèces dépend des mutations et de la sélection des individus ainsi que de leur survie et de leur succès reproducteur. Une étude de la notion d'organisme ou d'individu biologique s'avère donc essentielle dans le paradigme de la biologie contemporaine.

Dans son article « L'individualité des plantes ou le dilemme du démographe », la philosophe et épistémologue de la biologie Ellen Clarke nous éclaire sur la pertinence et l'importance théorique et pratique du concept. Nous proposons ici une traduction de la première partie de cet article. Clarke s'attaque de front à la problématique de l'individualité des plantes, tour à tour considérées comme des amalgames, des métapopulations, ou des organismes à part entière. Mais son propos ne se limite pas à l'aspect historique, elle montre au contraire la nécessité biologique de se doter d'un concept clair d'individu végétal si l'on souhaite traiter un ensemble de problèmes concrets et actuels, notamment démographiques ou écologiques. Par exemple, quelles entités le démographe doit-il compter pour évaluer la santé d'une population végétale ? Chaque nouveau module d'une plante ? Chaque rejet autonome ? Seulement les nouvelles plantes issues d'une graine ?

La question épineuse de l'individualité des plantes donne ainsi à voir l'étendue technique des débats de la philosophie de la biologie contemporaine. Clarke compare explicitement nos connaissances actuelles des végétaux aux critères classiques de l'individualité, conçue comme zoocentrée. Notre conception intuitive de l'organisme comme une entité clairement délimitée dans l'espace et dans le temps (par ses frontières claires et son espérance de vie finie) peut être sérieusement remise en question par la diversité des modes d'existence des plantes. D'une certaine façon, Clarke tire les conclusions biologiques du problème de la grande plasticité et de la variabilité des plantes laissés irrésolus par Théophraste et Cesalpino. Les végétaux, par leur caractère modulaire et clonal, présentent un mode de croissance et de reproduction alternatif à celui des animaux non modulaires. Ces derniers, généralement pris pour modèles de l'individualité, constituent pourtant une minorité de la biomasse et de la diversité des espèces vivantes. Or, la distinction entre croissance et reproduction n'est évidente que chez les animaux non modulaires qui se reproduisent uniquement par la sexualité. Chez ces animaux, l'individu engendré sexuellement correspond à l'unité de sélection.

Du point de vue évolutif avec son horizon adaptatif, les unités pertinentes de sélection pourraient être tout autres chez les plantes. Dès lors, comment distinguer des parties de plantes, des plantes à part entière ou des agrégats de plantes? La difficulté du problème tient en partie à la définition biologique des concepts comme la *fitness*, à la nature complexe du fonctionnement végétal, mais aussi, de façon liée, à son exclusion de nos réflexions philosophiques traditionnelles sur laquelle se sont bâties les sciences biologiques.

LÉO ERRERA

# LES PLANTES ONT-ELLES UNE ÂME ? *

La botanique n'éveille, hélas ! à l'esprit de beaucoup de gens, que l'image de quelques fleurs, de quelques plantes. Elle fait penser, peut-être aussi, à un herbier ; au botaniste qui bourre son vasculum [1]. Puis, c'est tout !

La « physiologie », – dans l'acception générale du terme – c'est la science qui étudie la vie des êtres qui se meuvent, qui sentent, qui réagissent aux excitants, vite et brusquement. On ne sait pas que les plantes présentent des mouvements, ont des sensations, des réactions, aussi le terme « physiologie » s'applique-t-il ordinairement à tout ce qui vit, sauf aux plantes : la physiologie végétale n'est pas connue, même de nom.

La philosophie semble, elle aussi, avoir oublié qu'on a groupé sous la dénomination de « physiologie végétale » un ensemble de phénomènes du plus haut intérêt. Elle ne

---

* L. Errera, « Les plantes ont-elles une âme » dans L. Errera, *Recueil d'œuvres*, t. IV *Physiologie générale, Philosophie*, Bruxelles, Lamertin, 1910, p. 315-323.

Ce résumé de la conférence faite le 22 novembre 1900 par Léo Errera à l'Association des Étudiants en Sciences a été rédigé par J. De Meyer et a paru, après approbation de l'auteur, dans la *Revue de l'Université de Bruxelles*, janvier 1901.

1. NDE : le vasculum est une boîte d'herborisation qui sert à transporter les plantes récoltées sur le terrain.

paraît même pas s'en être aperçue, car, dans aucun des essais de classification des connaissances, elle n'a attribué à la physiologie végétale le relief et l'importance que la force des choses lui donne aujourd'hui.

M. le professeur Errera – dans une conférence dont nous donnons plus bas l'analyse succincte – a montré d'une façon frappante et précise combien les philosophes ont tort de négliger presque complètement toute une moitié du monde organique.

On verra, par ce qui suit, que la physiologie végétale est loin d'être une de ces sciences spéciales, étroites et curieuses, faites seulement pour quelques esprits d'exception.

Bien au contraire : elle se rattache d'une façon particulièrement intime à tout l'ensemble de nos connaissances actuelles. Elle s'impose à l'étude des psychologues, par exemple, dont les recherches touchent à la nature même de l'homme.

« Les plantes ont-elles une âme ? » Voilà le sujet traité.

M. Errera passe vite sur les significations diverses dont on a décoré le mot âme. Il n'y a pas un mot sur lequel on ait discuté davantage.

On a parfois refusé une âme à la femme, et longtemps encore l'erreur anthropocentrique n'en a accordé une qu'au genre humain.

Aujourd'hui l'homme est revenu à de plus saines idées, et il sait qu'il est tout bonnement un Mammifère qui a eu de la chance en même temps que de l'avancement – à peu près comme les Fourmis dans la grande famille des Insectes. – Il a vu aussi que les propriétés fondamentales de ce qu'il désigne chez lui-même sous le nom d'âme se retrouvent chez les animaux ; les expériences qu'il a instituées à ce propos l'ont obligé à leur en attribuer une.

Ce premier pas franchi, il se retrouve devant un problème analogue : « Les plantes ont-elles une âme ? » Si elles semblent stupidement enracinées toujours à la même place, l'expérience nous apprend qu'elles n'en sentent pas moins, qu'elles réagissent, qu'elles restent moins inertes qu'on pourrait le croire *a priori*. Leurs réactions nous échappent quelquefois pour la raison qu'elles suivent souvent de très loin une excitation lentement perçue. Cette lenteur offre pour l'étude de grands avantages, car si les effets des excitants, la marche des réactions se déroulent sans se presser et sans « fatigue », ils sont d'autant plus aptes à être décomposés et analysés.

La Physiologie végétale s'occupe de l'étude d'organismes relativement simples, où les réactions réciproques des organes ne se masquent pas trop les unes les autres ; les phénomènes qu'elle étudie, quoique complexes dans leur ensemble, se déroulent petit à petit ; grâce à ces deux circonstances, elle est parvenue à pénétrer bien avant dans de très obscurs problèmes et à déchiffrer, en une certaine mesure, l'énigme de la vie.

Chez les animaux, il y a des actes de deux sortes : d'abord, les actes d'ordre mental, psychique, puis les actes non mentaux. Les premiers, qui seuls nous intéressent, ont pour caractéristique d'être accomplis en vue d'un but futur et par des moyens choisis.

Séparons ces deux points. D'abord, la plante s'efforce-t-elle d'atteindre un but défini et éloigné ? Sans aucun doute. Prenons une plantule qui a été cultivée à l'obscurité et plaçons-la entre deux foyers lumineux d'intensités moyennes, légèrement différentes. La sensibilité héliotropique très fine de la plantule fera qu'elle se courbera pour se diriger vers la lumière la plus forte. Au point de vue de la nutrition, le résultat immédiat de cette réaction est nul. En effet, il va falloir pas mal de temps à la plante pour utiliser la lumière, et ce n'est qu'après quelques heures qu'il sera possible à l'analyse microchimique de déceler des grains d'amidon dans les tissus mieux éclairés.

Second point. La plante a-t-elle plusieurs moyens à sa disposition ? Exerce-t-elle une sorte de choix ? Oui, sans doute, car elle peut, suivant les circonstances, atteindre le même résultat par des moyens divers.

Qu'on ne vienne pas dire qu'il s'agit ici d'une simple relation de cause à effet : l'énergie déployée par la jeune plante est incomparablement plus grande que l'énergie que lui communiquent les radiations lumineuses. Des mesures suffisent pour s'en assurer. En somme, on a affaire, ici, à un véritable phénomène d'irritabilité.

Toute la vie d'une plante n'est, du reste, qu'un vaste travail d'accumulation, d'emmagasinement pour plus tard.

L'étude de la pénétration des racines dans le sol, de la croissance de la tige, de la reproduction, de l'enroulement des plantes volubiles, etc., etc., en fournissent des preuves éclatantes et nombreuses.

Les animaux ont un système nerveux ; grâce à cet appareil d'une invraisemblable complexité, ils sentent, ils perçoivent les effets des agents extérieurs. Si on le leur enlève morceau par morceau, on empêche successivement tel ou tel agent d'être ressenti et perçu. Il en résulte qu'un animal sans système nerveux se trouve dans l'impossibilité de connaître le milieu où il vit. Les plantes n'ont pas de pareil système, elles n'ont pas de nerfs différenciés, spécialisés. Mais elles ont, dans certains cas, comme les animaux, des organes des sens bien localisés. La pointe des racines est d'une sensibilité géotropique merveilleuse ; les feuilles de la Dionée se ferment aussitôt qu'on frôle seulement un de leurs trois poils sensitifs ; la pointe du cotylédon des Graminacées est plus sensible à la lumière que n'importe quel photomètre.

Il serait, du reste, fort difficile de dire si ce sont les animaux ou les végétaux qui possèdent la sensibilité la plus fine et la plus étendue. Une pression absolument inappréciable pour une papille tactile animale met toute une vrille en mouvement ; notre œil à nous ne voit que les couleurs intermédiaires entre le rouge et le violet ; le protoplasme végétal, au contraire, perçoit manifestement les radiations ultra-violettes.

Et si le végétal manque de nerfs, ne possède-t-il pas, entre les cellules, des communications protoplasmiques innombrables, découvertes depuis une vingtaine d'années, qui se chargent de conduire les impressions ?

Des variations électriques accompagnent les phénomènes nerveux. Eh bien, comme l'ont établi les recherches récentes, des phénomènes du même ordre se rencontrent aussi dans les végétaux.

Conclusion : Les plantes peuvent percevoir des impressions. Elles y répondent, comme les animaux, par des réactions appropriées.

Chez l'animal, il y a un rapport bien net entre la valeur de l'excitant et celle de la réaction. Ce rapport est donné par la loi de Weber [1] (I). Cette loi, regardée longtemps comme applicable seulement aux phénomènes psychiques de l'homme, a été vérifiée pour le chimiotoxisme des Protozoaires et pour la sensibilité héliotropique de certains Champignons. Tout dernièrement encore, on la vérifiait pour les propriétés osmotiques des cellules végétales proprement dites.

---

1. D'après cette loi, la réaction croît en progression arithmétique quand l'excitant qui la produit croît en progression géométrique, c'est-à-dire que la réaction croît comme le logarithme de l'excitation.

Si on étudie en physiologie animale le résultat immédiat de l'excitation et de la réaction, on voit que, dès la première réponse de l'organisme à un excitant, il se produit un déplacement de l'état d'excitabilité de l'organisme lui-même. Ce qui veut dire qu'une excitation n'amène pas seulement une réaction, mais provoque un changement dans le mécanisme excitable. Ce changement se traduit toujours à la longue par une diminution de l'excitabilité : les excitations trop répétées finissent donc par ne plus être perçues.

C'est ce qui ressort du reste nettement de la loi de Weber. Il s'agit donc ici d'un phénomène d'accoutumance. Ces phénomènes, si connus dans le règne animal, se retrouvent encore une fois chez les végétaux. Ainsi, la Sensitive replie ses folioles dès qu'elle sent la moindre trépidation. Si on l'y soumet longtemps, elle finit par ne plus s'en apercevoir et ses folioles restent étalées.

On pourrait en dire autant en examinant l'influence de la lumière sur les jeunes propagules du *Marchantia*. Et l'expérience démontre d'une façon frappante qu'une plante réagit bien davantage à un froid intermittent qu'à un froid continu, à une série d'étincelles qu'à une lumière ininterrompue. Cela parce qu'elle n'a pas eu le temps de s'habituer, de s'accoutumer à des impressions lumineuses ou thermiques peu prolongées. Ces phénomènes d'accoutumance sont innombrables. Ils constituent, entre autres, un des plus importants chapitres de la Bactériologie.

Mais qui parle d'habitude parle de mémoire. Sans mémoire, pas d'accoutumance, pas de trace durable du passé. La mémoire, tout le monde sans hésiter la reconnaît aux animaux. Y a-t-il une mémoire végétale ?

Sans aucun doute ; les quelques expériences citées plus haut en sont déjà des preuves. En voici d'autres. On sait que de jeunes plantes soumises à un éclairage unilatéral se courbent vers le foyer lumineux. Si l'on déplace ce foyer de 180°, ces plantes s'infléchissent dans une direction diamétralement opposée. Si on répète l'expérience un certain nombre de fois, à des intervalles de temps réguliers, et qu'on prive ensuite ces plantes de toute lumière, elles n'en continueront pas moins, pendant un certain temps, à exécuter régulièrement leur mouvement de pendule : elles ont en quelque sorte appris l'heure. Et que dire d'arbres qui, dans nos régions, perdent leurs feuilles à des moments déterminés de l'année et qui continuent à le faire dans des régions plus chaudes où leurs congénères ne les perdent plus ?

Les plantes, comme les animaux, acquièrent des habitudes ; elles ont une mémoire.

À propos de l'homme et des animaux, les philosophes attachent souvent une grande importance à ce qu'ils appellent « phénomènes de conscience ». Ce que c'est exactement, ils n'en savent rien, pour la bonne raison que leur mot conscience ne représente guère une chose bien concrète. On ressent soi-même d'une certaine façon des impressions visuelles, olfactives, on possède bien un sens musculaire, mais comment peut-on voir avec certitude si les autres ont la même « conscience », s'ils perçoivent de la même façon ces mêmes sensations ? Comment, dans l'état actuel de nos connaissances, se renseigner sur le degré de conscience qui existe chez les animaux, même les plus élevés ? Personne ne l'entrevoit et l'on ne peut raisonner que par analogie.

En tout cas, c'est un progrès pour nos actes psychiques de se débarrasser de ce qu'on appelle « phénomènes de conscience ». L'artiste, par exemple, n'est-il pas d'autant plus habile qu'il perd la conscience nette des mouvements qu'il exécute ? N'en est-il pas de même dans toutes les autres branches de notre activité ?

Bien mieux, tout ce qui devient inconscient laisse ainsi le champ libre à de nouvelles impressions, à l'exercice de nouvelles facultés.

La conscience, du reste, a été émiettée, dédoublée, réduite par les expériences d'hypnotisme. Sa présence ne saurait être considérée comme un critérium de mentalité.

Aussi ne s'occupe-t-on pas en physiologie végétale de rechercher si la plante a conscience ou non des mouvements qu'elle exécute.

Cet ensemble de faits montre que, même au point de vue psychologique, il existe une parenté des plus manifestes entre tout ce qui vit.

Ce qui pour beaucoup constitue l'âme : c'est-à-dire la faculté de sentir et de réagir suivant des lois déterminées ; la faculté d'établir un raisonnement et de se diriger, par des moyens choisis, vers un but lointain ; la possibilité de recueillir des impressions, de les conserver et de les utiliser après coup ; toutes ces propriétés qui se perdent à la mort, tout cela se retrouve chez les végétaux. Sans doute, tout chez eux est simple, rudimentaire, mais tout y est déjà esquissé.

L'âme s'est compliquée et différenciée chez les animaux et chez l'homme. Elle en est arrivée à former un agrégat d'innombrables propriétés. Elle n'a fait en cela que suivre l'évolution et la complication de la structure anatomique.

ANTHONY TREWAVAS

# LE COMPORTEMENT ET L'INTELLIGENCE DES PLANTES[*]

## CHAPITRE 9 : LES TYPES DE COMPORTEMENTS VÉGÉTAUX

Toutes ces adaptations ont un but qui contribue à son maintien et assure son existence (Sachs 1887).

*Résumé*

Ce chapitre décrit la diversité du comportement des plantes qui témoignent d'un degré remarquable de perception sensorielle, d'évaluation, d'anticipation et de résolution. Les plantes supérieures peuvent distinguer différents environnements et choisir parmi les plus avantageux. Une fois leurs décisions prises, elles peuvent être corrigées après une évaluation en bonne et due forme. De nombreuses recherches montrent que les plantes peuvent se sentir les unes les autres et éviter de s'enchevêtrer. La compétition avec d'autres plantes entraîne une réorientation de la croissance en s'éloignant de la concurrence. Par ailleurs, des changements phénotypiques interviennent afin de

* A. Trewavas, *Plant Behaviour and intelligence*, Oxford, Oxford University Press, 2014, p. 83-92. Traduit par Quentin Hiernaux.

devancer les compétiteurs. Diverses substances chimiques peuvent être détectées, y compris de nombreuses substances volatiles, et la croissance peut être dirigée suivant leur gradient. Les plantes se dirigent également vers de meilleures ressources de croissance à l'aide de gradients de lumière ou de minéraux. Le comportement à l'égard des herbivores, des ravageurs et de divers stress peut être modifié en s'y préparant. Dès réception d'un premier signal, les réponses subséquentes seront plus rapides et plus fortes chez une plante qui y est préparée. De l'habituation et du conditionnement comportemental ont également été observés. La littérature renseigne aussi des capacités d'exploration, de recherche, de sondage, d'examen et de découverte. La plupart des réactions des plantes exige une évaluation de l'avenir probable et est actif, plutôt que passif. L'ajustement phénotypique est lent, l'évaluation d'un futur potentiel s'avère donc indispensable pour éviter que la réponse ne survienne que lorsque le signal ou l'environnement initial a déjà profondément changé. Un tel comportement est délibéré (*purposeful*), orienté vers un but (*goal-directed*) et probablement intentionnel. Enfin, les plantes sont capables d'évaluer les coûts par rapport aux bénéfices dans des situations qui peuvent impliquer plusieurs décisions. Bien que l'ajustement phénotypique soit considéré comme irréversible, sauf pour l'abscission, le comportement est réversible au niveau moléculaire.

## Introduction

À travers ce livre, divers types de comportements végétaux seront abordés et ce chapitre en donne un aperçu préliminaire. Le comportement est généralement décrit comme la réponse aux signaux de l'environnement ; et les plantes répondent de diverses façons à ces signaux, de la molécule à la morphologie. J'ai principalement limité les descriptions du comportement aux changements phénotypiques visibles, estimant que de telles observations seront plus familières au lecteur. Cependant, tous les changements phénotypiques doivent être étayés par des mécanismes de contrôle cellulaire et moléculaire. Certains de ces mécanismes de contrôle moléculaire sont connus, d'autres non. Les signaux indiquant un changement environnemental sont perçus en quelques secondes. Bon nombre de ces signaux, mais pas tous, s'amorcent par des changements rapides du calcium cytosolique. Ceci implique un type de perception membranaire grâce à des récepteurs protéiques. Des voies parallèles et diversifiées de circulation de l'information découlent de cette perception initiale. Bien sûr, une partie de cette information arrive au génome. La modification de l'expression génique, les modifications épigénétiques et les modifications de la structure de la chromatine se trouvent à la base des changements phénotypiques. D'autres voies de circulation de l'information modifient la communication intercellulaire de sorte que les réponses des tissus et des cellules soient coordonnées. La complexité de la coordination des changements phénotypiques ne fait aucun doute et les connaissances actuelles restent limitées.

Le comportement est décrit comme la capacité d'un organisme à répondre aux signaux de son environnement. J'ai restreint ici les informations moléculaires pour des raisons d'espace, mais de nombreux comptes-rendus moléculaires peuvent être trouvés dans *Annual Reviews of Plant Physiology and Molecular Biology*. L'intention de ce chapitre est simplement de dépeindre la gamme des comportements végétaux afin que le lecteur puisse se représenter son amplitude et ce à quoi s'attendre ensuite.

### *La capacité à discriminer et choisir*

La discrimination et le choix sont des termes normalement utilisés pour décrire des aspects du comportement d'organismes intelligents. Les plantes supérieures distinguent de nombreux facteurs dans leur environnement et choisissent d'y répondre en fonction de leur pertinence immédiate. Quand le choix leur est offert, les plantes clonales choisissent des habitats favorables.

Le *Calamagrostis canadensis* est une espèce de graminée des milieux humides communément appelée *bluejoint*[1]. Elle pousse au moyen de rhizomes souterrains sur lesquels des pousses apparaissent aux nœuds. De jeunes plants en croissance de *Calamagrostis* se sont vus offert le choix d'habitats adjacents, séparés et compartimentés. Les compartiments se différenciaient par leurs conditions compétitives et non compétitives, par leurs températures plus chaudes et plus froides ou par la lumière et l'ombre, et même par un sol frais et de la lumière, et un sol chaud et de l'ombre. Sans surprise, le *Calamagrostis* a choisi de pousser dans les conditions non compétitives, plus chaudes et éclairées, où il pouvait se procurer plus adéquatement les ressources nécessaires à sa croissance[2]. Ces plantes distinguent aussi ces conditions dans des associations, ici aussi en préférant la lumière et le sol chaud. Leur capacité d'exercer un choix est tout simplement évidente.

Lorsqu'il peut choisir entre se développer sur des parcelles herbues ou sur un sol nu, *Elymus repens* (le chiendent) manifeste une forte préférence pour ce dernier

---

1. NDT : *Calamagrostide* du Canada.
2. S. E. MacDonald, Leiffers V. J., « Rhizome plasticity and clonal foraging of *Calamagrostis canadensis* in response to habitat heterogeneity », *Journal of Ecology* 81, 1993, p. 769–776.

où la compétition est minimale [1]. L'*Hydrocotyle bonariensis* est une plante clonale de dunes connue pour croître dans des sols où la compétition et les ressources sont très inégales. De jeunes plantes ont été mises en présence d'un grand nombre de parcelles : certaines présentaient des niveaux variables de compétition avec d'autres graminées. L'*Hydrocotyle* a habilement évité les zones de compétition et a plutôt opté pour celles les plus favorables à sa croissance. Il a construit une stratégie optimale de recherche de nourriture en modifiant phénotypiquement sa ramification, la distance entre ses nœuds et la direction de croissance de son rhizome au fur et à mesure de sa progression dans le dédale de la compétition [2].

S'il peut choisir entre l'enracinement dans un sol comprenant des concurrents ou un sol inexploité, *Pisum sativum* (le petit pois) choisit ce dernier [3]. Si ces plantes étaient incapables de différencier les sols inoccupés de ceux qui abritent des concurrents, elles seraient vite éliminées par les individus mieux adaptés.

Chez les espèces à croissance rhizomateuse, l'individu a l'avantage de pouvoir rechercher son habitat optimal parmi un éventail diversifié [4]. Des clones d'individus de *Trifolium repens* (le trèfle blanc) ont été extraits de leur

1. D. Kleijn, J. M. van Groenendael, « The exploitation of heterogeneity by a clonal plant with contrasting productivity levels », *Journal of Ecology* 87, 1999, p. 873–884.

2. J. P. Evans, M. L. Cain, « A spatially explicit test of foraging behaviour in a clonal plant », *Ecology* 76, 1995, p. 1147–1155.

3. M. Gersani, Z. Abramsky, O. Falik, « Density dependent habitat selection in plants », *Evolutionary Ecology* 12, 1998, p. 223–234.

4. R. Turkington, J. L. Harper, « The growth, distribution and neighbour relationships of *Trifolium repens* in a permanent pasture, IV. Fine scale differentiation », *Journal of Ecology* 67, 1979, p. 245–254.

position dans un pâturage permanent et replantés dans d'autres parties du pré. À aucun de ces nouveaux endroits du pâturage, la croissance n'a été aussi bonne qu'à leur position initiale. L'individu cherche et optimise sa niche par essais et erreurs. L'information réside vraisemblablement dans l'individu qui agit comme une mémoire codée à laquelle on peut accéder pour indiquer quand la niche en développement est optimale ou non. Encore une fois, la capacité de distinguer entre différents types de niche environnementale doit exister [1]. Si on leur donne le choix, les racines choisissent de ne pas pousser dans des sols acides, riches en aluminium, ou contenant du sel [2].

Les lianes, plantes grimpantes tropicales, ne s'attacheront pas à certains arbres bien particuliers, même lorsqu'ils sont adjacents. Ces arbres qui conviennent le moins au caractère grimpant des lianes présentent un tronc lisse et une cime en parapluie [3]. Ces observations constituent des exemples clairs de la capacité de discriminer, d'évaluer et de décider.

### La capacité à corriger des décisions erronées

La capacité à corriger les décisions erronées se retrouve dans l'ensemble du règne animal et la suite montre un tel comportement également chez les plantes.

La *Dionaea muscipula*, communément appelée attrape-mouche de Vénus, est une plante carnivore qui pousse dans les zones humides pauvres en minéraux de la côte

1. A. Trewavas, « Aspects of plant intelligence », *Annals of Botany* 92, 2003, p. 1–20.

2. A. Salzman, « Habitat selection in a clonal plant », *Science* 228, 1985, p. 603–604.

3. R. Brown, *A manual of botany*, Edinburgh, Blackwood and Sons, 1874, p. 580.

est des États-Unis. Elle supplée aux mauvaises conditions environnementales du sol, en particulier au niveau de l'azote et du phosphore, mais aussi d'autres aliments, en capturant des insectes dans un piège à deux lobes qui peut se refermer en quelques secondes sur une mouche naïve. Des sucs digestifs se répandent ensuite sur la mouche piégée et les nutriments sont absorbés. Cependant, la *Dionaea* exerce un choix sur sa nourriture. Bien que le piège réagisse immédiatement à un stimulus artificiel, se refermant sur des matériaux inertes comme des petites pierres ou de la craie, après évaluation, il se rouvre très rapidement. De plus, la sécrétion d'enzymes, ainsi que d'autres aspects de la digestion qui accompagnent normalement la capture d'aliments appropriés comme les insectes, ou en laboratoire de petits morceaux de viande, ne s'amorce pas. Le comportement est judicieux et démontre une capacité de discrimination. Bien que le mouvement de la proie aurait pu être considéré comme le stimulus qui libère les enzymes, ce n'est clairement pas le cas, puisque les petits morceaux de viande piégés sont ensuite digérés [1].

Les feuilles de *Drosera rotundifolia* sont couvertes de longs poils dont les glandes sécrètent un mucilage gluant. Cette autre plante insectivore habite aussi les zones humides aux ressources minérales du sol pauvres. Les tentacules du Drosera réagissent lorsqu'un petit insecte s'y pose et s'englue dans le mucilage. Tous les tentacules de la feuille finissent par se replier sur la proie et le limbe de la feuille se recourbe également pour garantir que la proie soit recouverte et reste piégée. Ici aussi, les enzymes digestives procurent des nutriments aux feuilles. Le mouvement des insectes suscite naturellement le contact avec d'autres

---

1. C. Darwin, *Insectivorous plants*, London, John Murray, 1875.

tentacules, mais à nouveau, le mouvement n'est pas le seul signal qui stimule l'action des tentacules. Placer une substance inerte comme un morceau de craie humide sur la feuille déclenche des mouvements mineurs des tentacules qui se rétablissent rapidement d'eux-mêmes sur un plan perpendiculaire à celui de la feuille ; c'est-à-dire, qu'après évaluation, ils reviennent rapidement en position de capture. Ici encore, le Drosera est capable de distinguer les aliments appropriés des aliments inadéquats. Darwin déjà rapportait que ses tentacules étaient sensibles à un poids de moins de quelques milligrammes.

### La capacité à évaluer la nature et les caractéristiques des signaux ou des stimuli

Les plantes grimpantes recourent à un stimulus de contact ou tactile pour détecter un support potentiel, puis s'y enrouler. Cependant, elles opèrent des choix quant à la nature du support [1]. Si un tuteur de verre est présenté comme support, un enroulement initial a lieu, mais après évaluation, la tige se déroule et se développe ailleurs ; le tuteur de verre est rejeté. On peut présumer que le degré de rugosité est reconnu. En décrivant le comportement des vrilles de *Bignonia capreolata*, Darwin trouva le premier des preuves irréfutables que, pendant la circumnutation, les vrilles se dirigeaient toujours vers la partie la plus sombre de leur environnement. Dans la nature, l'ombre indiquerait un tronc potentiel. Il remarqua également que les vrilles entraient souvent en contact avec une brindille, mais qu'ensuite elles s'en déroulaient et qu'elles pouvaient réaliser cette activité jusqu'à quatre fois. De toute évidence,

1. C. Darwin, *The movements and habits of climbing plants*, London, John Murray, 1891, p. 98-99.

un processus de discrimination et d'évaluation intervient afin de trouver des supports appropriés. En mettant à leur disposition un tube de verre noirci ou une plaque de zinc noircie, « les branches se sont enroulées autour du tube et se sont brusquement pliées autour des bords de la plaque de zinc, mais elles se sont rapidement détournées de ces objets avec ce que je ne peux qu'appeler du dégoût et se sont redressées ». Bien que le dégoût soit un jugement clairement anthropomorphique de Darwin, la plante évalue manifestement la nature du support.

Beaucoup d'autres plantes usent de vrilles dont la sensibilité à un stimulus tactile varie selon l'espèce. Chez les espèces sensibles, 1 à 2 mg suffisent pour amorcer l'étreinte. Chez certaines espèces très sensibles, le début de l'enroulement peut être observé après une minute environ, bien que 10 à 30 minutes soit plus fréquent. L'enserrement est dû à la contraction du côté touché (ventral) et à l'extension du côté non touché (dorsal)[1]. La pression de turgescence dans les cellules végétales est due à l'accumulation de chlorure de potassium à une concentration d'environ 0,3 M dans la vacuole cellulaire, un grand organite qui peut occuper jusqu'à 90% du volume dans les cellules matures. La contraction de la vrille résulte d'une diminution de la pression de turgescence. Dans les cellules stimulées, des canaux de potassium, et probablement aussi de chlorure, s'ouvrent dans la vacuole et le cytoplasme. De grandes quantités d'ions potassium et chlorure se frayent très rapidement un passage dans la paroi. Un certain gain de chlorure de potassium peut être observé dans les cellules dorsales. Même si la détection tactile est le signal à l'origine

---

1. M. J. Jaffe, A. W. Galston, « The physiology of tendrils », *Annual Review of Plant Physiology* 19, 1968, p. 417–434.

de l'enroulement, il a été rapporté à plusieurs reprises que, de façon surprenante, l'impact de l'eau sur la vrille avec une force considérable ne parvient pas à amorcer son étreinte, même la grêle n'a aucun effet. Il s'agit à nouveau de discerner de potentiels signaux.

Les vrilles d'une même plante ou d'une même espèce se reconnaissent et ne s'enroulent pas les unes autour des autres. À ce sujet aussi, Darwin [1] a écrit : « J'ai cependant vu plusieurs vrilles de *Bryonia dioica* entrelacées, mais elles se libéraient par la suite » – résultat d'une faculté d'évaluation donc. J'ai observé la même propriété chez des vignes qui poussent dans ma serre. Bien que des vrilles s'enroulent autour des vieilles parties ligneuses de la vigne, elles ne le feront pas sur les jeunes tiges, et placer deux vrilles sur chaque tige ne provoque aucune réaction. Des vrilles de différentes espèces semblent également réticentes à s'enrouler les unes autour des autres. Il se peut que leur surface soit trop lisse.

Si le côté ventral d'une vrille est stimulé, suivi immédiatement par une stimulation dorsale, la vrille ne parvient pas à s'enrouler. Cependant, si la stimulation de la face dorsale est retardée de 10 minutes, alors la vrille s'enroulera, bien qu'à un rythme d'abord réduit, comme décrit dans la courbure par tropisme. Un processus de mémorisation qui dure manifestement quelques minutes intervient ici. Le contact importe dans le déclenchement potentiel de l'enserrement, mais si l'objet est soustrait, la vrille se déroule et se redresse, récupérant sa sensibilité. Ces observations sont bien connues. Darwin a observé qu'avec les vrilles de *Passiflora*, ce stimulus trompeur

1. C. Darwin, *The movements and habits of climbing plants, op. cit.*, p. 131.

pouvait être corrigé 21 fois avant que la vrille ne s'habitue et n'y réponde plus. Ces plantes présentent clairement une aptitude à corriger les erreurs et une mémoire supplantée temporairement par un stimulus, mais qui reprend son programme original lorsque l'occasion se présente.

Brown[1] rapporte un exemple semblable au sujet de *Hoya carnosa* dont la pousse décrit un cercle d'environ un mètre à la recherche d'un support. Si un support est fourni et que la plante s'y enroule, puis qu'il est enlevé, la pousse se redresse et continue alors sa recherche d'un autre appui. Voilà des exemples clairs de correction d'erreur.

### *Capacité à détecter, se positionner et éviter l'enchevêtrement avec la plante mère*

La lumière qui traverse une feuille est renforcée en lumière rouge à l'extrême du spectre lumineux (*far red light*) en raison de l'absorption de la lumière rouge [clair] du soleil par la chlorophylle. De nombreuses plantes peuvent détecter cette lumière rouge lointaine et l'utiliser pour modifier leur morphogenèse. Il s'ensuit un nouveau programme de développement appelé « évitement de l'ombre », avec des tiges plus longues et plus minces, une réduction de la production de feuilles et une modification de leur positionnement, etc. Il est décrit plus loin. Un exemple intéressant de cette capacité comportementale a été consigné par Asa Gray[2]. Il a décrit comment les vrilles de *Passiflora* en révolution près du sommet de la plante évitaient de toucher leur propre tige. En effet, l'apex en

---

1. R. Brown, *A manual of botany*, Edinburgh, Blackwood and Sons, 1874.

2. A. Gray, *How plants behave*, New York, American Book Company, 1872.

croissance se replie, laissant à la vrille un espace relativement libre pour tourner, mais c'est plus compliqué que cela. Il poursuit : « Si nous regardons ces minces fleurs de la passion qui montrent si bien une révolution, nous pouvons voir que lorsqu'une vrille qui balaie horizontalement [l'espace] en vient à ce que sa base se rapproche de la tige mère qui pousse en surplomb, elle s'arrête net, se redresse à la verticale, se déplace dans cette position jusqu'à dépasser la tige puis descend rapidement à nouveau en position horizontale et continue jusqu'à rencontrer et contourner à nouveau l'obstacle imminent ». De toute évidence, il existe une coordination entre la tige et la vrille afin d'éviter l'enchevêtrement.

### La capacité à percevoir et à croître selon des gradients de signaux

Les plantes parasites sentent leur proie, leur hôte, en détectant les gradients chimiques qu'il libère. Le cas de la cuscute est décrit au chapitre 26 [1]. Les plantes parasites du genre *Striga* (*witchweed*) poussent dans des régions plus tropicales. Ces prédatrices repèrent leurs proies dans le sol grâce à l'émission de strigolactone que les céréales et les racines d'autres plantes diffusent pour favoriser les mycorhizes [2]. Un gradient de strigolactone est présent dans le sol, et le parasite peut le détecter et se développer le long de celui-ci. Une fois la proie atteinte, le *Striga* se fixe aux racines de l'hôte. Après la pénétration de l'hôte, les

---

1. J. B. Runyon, M. C. Mescher, C. M. Moraes, « Volatile chemical cues guide host location and host selection by parasitic plants », *Science* 313, 2006, p. 1964–1967.
2. NDT : Les mycorhizes sont des associations symbiotiques entre une racine et un champignon.

nutriments sont captés par la formation d'une structure de tissus vasculaires conjointe.

D'après un rapport très ancien publié en même temps dans *Nature* et *American Naturalist*, lorsque des mouches vivantes sont épinglées à environ un centimètre de la feuille du Drosera insectivore, la feuille se courbe vers l'insecte jusqu'à l'atteindre, le couvre de ses tentacules et le digère[1]. Cette étude mériterait d'être reproduite.

### La capacité à éliminer la détection d'un signal répétitif : l'habituation

Certaines des recherches pionnières du scientifique indien, Jagadish Chandra Bose, ont été décrites au chapitre 2 (voir aussi le chapitre 25). Bose[2] a soigneusement analysé les propriétés électriques d'un certain nombre de plantes et a observé à la fois les phénomènes d'habituation (réduction ou élimination de la réponse par des stimulations répétées) et de renforcement de la mémoire d'un signal par un nombre accru de stimuli. Ses recherches se concentraient sur la sensitive, *Mimosa pudica*, dont les feuilles se replient soudainement si on les touche ou si elles subissent des changements rapides de potentiel électrique, de froid ou de lumière. La récupération de la turgescence des feuilles prend environ 45 à 60 minutes à la suite d'un simple stimulus. Le repliement est dû à une perte de turgescence dans les cellules motrices. Le stimulus induit également la formation d'un potentiel d'action acheminé le long du

1. M. Treat, « Observations on the sundew », *American Naturalist* 7, 1873, p. 705–708. Anonyme, « Notes », *Nature* 9, 1874, p. 332. P. J. Aphalo, Ballare C. L., « On the importance of information acquiring systems in plant–plant interactions », *Functional Ecology* 9, 1995, p. 5–14.

2. J. C. Bose, *Plant response as a means of physiological investigation*, London, Longmans, Green and Co., 1906. Et *Researches on the irritability of plants*, London, Longmans, Green and Co., 1912.

phloème, une partie du système vasculaire. Ainsi, l'information est transférée des régions perceptives aux cellules motrices qui ouvrent les canaux vacuolaires, ce qui entraîne une chute importante de chlorure de potassium. La récupération de la turgescence par repompage actif du chlorure de potassium depuis la paroi vers la vacuole prend environ 45 minutes et nécessite de l'énergie cellulaire.

Si la feuille de sensitive est soumise à une stimulation constante, on constate qu'après le repli initial, elle se redresse malgré les stimuli qui continuent d'agir sur elle. (Bose [1] indique clairement l'adoption de l'habituation après évaluation).

*La capacité à apprendre et à anticiper un signal en augmentant la réponse à sa répétition : le potentiel du comportement conditionné chez les plantes.*

La réponse conditionnée, rendue célèbre par Pavlov, est l'une des formes familières de comportement chez les animaux. Dans ces expériences, des chiens étaient conditionnés à saliver au tintement d'une cloche par association entre ce son et l'apport de nourriture.

Sur la base de cette description, certaines observations chez les plantes s'inscrivent dans le cadre des réponses conditionnées. Plusieurs espèces, peut-être toutes, à la suite d'un bref broutage peuvent être préparées à traiter les attaques ultérieures des herbivores plus rapidement et avec des mécanismes de résistance renforcés [2]. Cette mise

---

1. J. C. Bose, *Plant response as a means of physiological investigation*, *op. cit*., p. 80.
2. C. J. Frost, M. C. Mescher, J. E. Carlson, C. M. Moraes, « Plant defence priming against herbivores : getting ready for a different battle », *Plant Physiology* 146, 2008, p. 818–824.

en condition peut perdurer des années et des rapports examinés au chapitre 17 montrent qu'elle peut se perpétuer à travers la reproduction. De même, l'attaque d'un pathogène peut être prévenue – une attaque légère assure une plus grande rapidité et une plus grande force d'expression de la résistance [1]. Ces deux voies de résistance ont de nombreux éléments en commun, de sorte que l'attaque des herbivores augmente la résistance aux maladies et vice versa [2]. En ce sens, il s'agit d'un exemple de comportement conditionné. La préparation est un cas évident d'apprentissage – l'apprentissage de l'environnement et la réponse apprise peuvent être gardés en mémoire pendant de nombreuses années. L'apprentissage concerne ici l'ensemble de la plante, car la résistance implique la production de molécules qui circulent comme le salicylate, ainsi que la synthèse de nombreuses substances volatiles.

Les tentatives d'apprentissage conditionné des potentiels des membranes à l'aide de régimes lumière/obscurité chez le Philodendron n'ont pas abouti [3]. Toutefois, Bose avait remarqué que chez la sensitive, un léger stimulus induisant une faible réponse de repliement et de potentiel électrique conduisait plus tard à une réponse beaucoup plus importante à partir de l'application de la même intensité, ce qui indique une sensibilisation ou une préparation à un stimulus mécanique.

---

1. U. Conrath, C. M. J. Pieterse, B. Mauch-Mani, « Priming in plant pathogen interactions », *Trends in Plant Science* 7, 2002, p. 210–216.

2. A. Koorneef, C. M. J. Pieterse, « Cross talk in defense signaling », *Plant Physiology* 148, 2008, p. 839–844.

3. C. I. Abramson, D. J. Garrido, A. L. Lawson, B. L. Browne, D. G. Thomas, « Bioelectrical potentials of *Philodendron cordatum* : a new method for investigation of behaviour in plants », *Psychological Reports* 91, 2002, p. 173–185.

Les feuilles des plantes supérieures contiennent des ouvertures appelées stomates qui permettent le passage du dioxyde de carbone dans la partie interne de la feuille et la sortie de l'eau par transpiration. Normalement, les stomates ne s'ouvrent qu'à la lumière du jour et se ferment la nuit, un mécanisme circadien bien établi. Leur ouverture est déclenchée par l'exposition à la lumière, en particulier aux longueurs d'onde dans la partie bleue du spectre. Pendant une sécheresse, cependant, la conservation de l'eau est prioritaire et les stomates se ferment partiellement ou totalement. L'un des mécanismes qui aide à contrôler l'ouverture des stomates provient de l'accumulation d'acide abscissique, une hormone synthétisée dans les racines et les feuilles, une fois que le manque d'eau se fait sentir. L'acide abscissique agit comme un signal de coordination de changements de croissance en entrainant une accentuation du développement racinaire au détriment de la pousse.

De brefs traitements à l'acide abscissique, répétés quotidiennement, ont par la suite entrainé les réponses de gènes spécifiques régulés par la substance. L'exposition à l'acide abscissique plusieurs jours après le traitement a permis une réponse plus rapide et beaucoup plus prononcée de l'expression de ces gènes. Le traitement avait initié l'apprentissage et mis en place une mémoire de préparation. Plus significativement, le rôle de la lumière dans l'ouverture des stomates se trouvait altéré chez les plantes entrainées. L'exposition à la lumière elle-même initiait désormais la synthèse de ces gènes spécifiques associés à leur fermeture, alors qu'elle ne l'avait jamais fait auparavant. Voilà un exemple clair d'une réponse classique de conditionnement [1].

1. C. H. Goh, H. G. Nam, Y. S. Park, « Stress memory in plants : a negative regulation of stomatal response and transient induction of *rd22* gene to light in abscisic acid-entrained *Arabidopsis* plants », *Plant Journal* 36, 2003, p. 240-255.

### La capacité d'explorer, de chercher,
### de sonder, d'examiner, d'observer et de découvrir

L'illustration la plus intéressante de ces capacités est décrite par Darwin [1], au sujet des vrilles de *Bignonia speciosa* : « la vrille… est perpétuellement à la recherche de toute petite crevasse ou trou dans lequel s'insérer. J'avais deux jeunes plants et je les ai placés près de poteaux qui avaient été percés par des coléoptères. Les vrilles, par leur propre mouvement et par celui des entre-nœuds, parcouraient lentement la surface du bois et lorsque l'apex atteignait un trou ou une fissure, il s'y insérait de lui-même. Pour ce faire, l'extrémité, d'une longueur d'un demi-pouce ou d'un quart de pouce, se pliait souvent perpendiculairement à la partie basale. J'ai observé ce processus entre 20 et 30 fois. La même vrille se retirait souvent d'un trou et insérait sa pointe dans un autre trou. J'ai également vu une vrille garder sa pointe dans un trou minuscule, dans un cas pendant 20 heures et dans l'autre pendant 36 heures, puis s'en retirer. Pendant que la pointe est temporairement insérée, la vrille opposée (elles se présentent par paires) continue à tourner ».

Pour ceux qui étudient les systèmes racinaires, certains aspects des modèles de comportement de recherche exploratoire présenteront quelque familiarité. Ce qui est inhabituel ici, c'est que le même comportement se manifeste dans la pousse ou, dans le cas évoqué, dans les vrilles. La façon dont la vrille évalue la situation n'est vraiment pas limpide, mais un parallèle est établi avec les insectes sociaux qui étudient et évaluent les nouveaux sites de colonisation avant de prendre une décision définitive. Les racines explorent le sol et entreprennent des mesures

1. C. Darwin, *The movements and habits of climbing plants*, *op. cit.*, p. 95-96.

d'évitement particulières vis-à-vis des obstacles. Leurs déplacements autour des pierres selon un schéma très caractéristique est décrit plus loin. Le mécanisme de recherche racinaire est conçu pour localiser les zones riches en ressources minérales et en eau qu'il peut exploiter et isoler en les soustrayant aux autres. Une fois qu'une parcelle est localisée, des racines latérales, des racines fines et des poils racinaires prolifèrent souvent en conséquence.

### La capacité d'évaluer les futurs probables : programmes actifs vs passifs

« Les processus de développement sont tournés vers l'avenir, ils visent à répondre aux besoins structurels et fonctionnels futurs »[1]. La capacité à évaluer de probables situations futures pourrait nuire à la *fitness*[2] si l'événement environnemental en raison duquel l'organisme s'engage disparaissait. De nombreux exemples de comportement de prévision sont expliqués dans les chapitres suivants.

Ainsi, pas mal de plantes sont en mesure de prédire une potentielle déperdition de lumière causée par leurs concurrentes proches. À cette fin, elles évaluent le rayonnement rouge lointain réfléchi par les feuilles des compétitrices. Leur réponse phénotypique est connue sous le nom de stratégie d'évitement de l'ombre et peut être déclenchée avant même que la disponibilité de la lumière pour la photosynthèse ne diminue. Ces plantes prédisent

---

1. E. S. Russell, *The directiveness of organic activities*, Cambridge, Cambridge University Press, 1946, p. 93. J. von Sachs, *Lectures on the physiology of plants*, Oxford, Clarendon Press, 1887.

2. NDT : Ce terme est parfois traduit en français par l'expression « valeur adaptative ». Cependant, de nombreux auteurs préfèrent conserver le sens plus large du mot « *fitness* » qui ne recoupe pas exactement ou nécessairement le même sens.

donc l'ombre future et la perte de lumière qui s'ensuivrait. Certaines plantes réagissent en s'éloignant et poussent par conséquent dans une autre direction, souvent opposée, dans laquelle elles ne peuvent détecter aucune concurrence potentielle. D'autres augmentent considérablement le taux de croissance de leur tige et rallongent les entre-nœuds entre leurs feuilles. L'objectif consiste alors à dépasser et surplomber l'opposante afin de conserver la lumière pour soi.

Sous le sol, lorsqu'au gré de leur prolifération les racines rencontrent une concurrence proche, le contraire semble se produire : accaparer les minéraux avant qu'ils ne soient prélevés par la rivale. Ici aussi, l'avenir est anticipé. Des programmes différents gèrent la compétition pour l'énergie (lumière) ou pour les ressources de croissance du sol (minéraux et eau). La première est absolument vitale ; les secondes peuvent être stockées ou, dans le cas de l'eau, recherchée par ramification des racines ou développement du système racinaire plus profond.

L'évaluation du futur joue aussi clairement dans les réponses de préparation aux herbivores et aux maladies mentionnées dans la section précédente. La prédiction concerne de futurs épisodes d'attaque. Les coûts de préparation sont faibles et peuvent durer des années. La préparation elle-même a un caractère épigénétique ou implique des changements dans la structure de la chromatine. De même, les menaces abiotiques futures de changements défavorables de température, de sécheresse, d'état du sol, etc. sont contrées par une préparation ; témoignant à nouveau d'une autre forme d'anticipation. Par exemple, des changements soudains et spectaculaires de température peuvent facilement tuer de nombreuses feuilles et, potentiellement, toute la plante. Même des changements de température plus modérés induisent un développement de la résistance afin que les dommages futurs soient correctement contrés et ne tuent plus. Des mécanismes de résistance semblables existent face à d'autres stress futurs. La plante individuelle arrive ainsi partiellement préparée à ce qu'elle suppose qui arrivera. Même si des changements impromptus surviennent au niveau de n'importe laquelle de ces conditions de stress, des mécanismes de correction existent et, en cas de dommages graves, des mécanismes de sécurité intégrée recourent à une nouvelle croissance à partir des bourgeons ou des racines disponibles. Le fait d'être modulaire constitue en soi une prévision des défis environnementaux futurs.

Aphalo et Ballare [1] sont les premiers à avoir explicité que ces capacités exigeaient que les biologistes végétaux reconsidèrent le comportement des plantes. Dans un article éloquent, ces auteurs ont plaidé pour une acception « active » plutôt que « passive » du concept de comportement végétal. Ils ont mis en évidence que certains biologistes végétaux considéraient que les plantes exécutaient uniquement un programme standard de développement, parfois interrompu par des circonstances malheureuses. Ainsi, les plantes étaient perçues comme des créatures passives, à la merci des éléments et au comportement analogue à celui d'un morceau de liège flottant sur la mer. Les plantes s'occupent activement de leur situation dans l'environnement, elles évaluent de façon fiable l'avenir et s'y préparent. Pour ne pas se tromper, ces activités demandent des contrôles intelligents, comme expliqué dans les chapitres suivants. Les plantes sont des entités auto-organisées et se comportent de manière analogue aux

---

1. P. J. Aphalo, C. L. Ballare, « On the importance of information acquiring systems in plant–plant interactions », art. cit., p. 5-14.

colonies d'insectes sociaux : par intelligence de groupe. Elles recueillent de l'information, l'évaluent, puis génèrent des réponses au bénéfice de l'ensemble de l'organisme.

Je suspecte l'expérimentation de routine en laboratoire d'engendrer les attitudes « passives » couramment attribuées au comportement des plantes. Comme des animaux dressés sur une piste de cirque, les plantes se produisent sur commande de l'expérimentateur. Dans des conditions naturelles, la recherche active de la *fitness* offre une perspective complètement différente.

### La capacité de se comporter de façon délibérée[1] et intentionnelle

Un comportement actif se définit plus facilement comme délibéré lorsqu'il est orienté vers un but[2]. Par exemple, des pousses de semis ou des racines perturbées de leur position par un signal gravitationnel y répondent en se rétablissant à la verticale. Une boucle d'information se construit depuis le signal vers les cellules qui y répondent afin d'établir une marge d'erreur par rapport au but et d'ajuster le comportement en conséquence. Une telle boucle est plus généralement qualifiée de rétroaction négative[3].

J'ai utilisé le gravitropisme comme exemple, même si son objectif est en réalité plus compliqué parce que de nombreuses racines croissent selon un angle relatif au vecteur de gravité, tout comme la plupart des pousses, et

1. NDT : Ce terme traduit le mot anglais *purposeful* qui connote à la fois quelque chose d'orienté ou de résolu et de « réfléchi ».

2. A. Rosenblueth, N. Weiner, J. Bigelow, « Behaviour, purpose and teleology », *Philosophy of Science* 10, 1943, p. 18-24. E. S. Russell, *The directiveness of organic activities*, Cambridge, Cambridge University Press, 1946.

3. A. Trewavas, « A brief history of systems biology », *Plant Cell* 18, 2007, p. 2420–2430.

bien entendu les branches. Cependant, toutes semblent sensibles à la gravité. L'épaississement de la tige qui accompagne le va-et-vient causé par le vent est un autre exemple de comportement délibéré (orienté vers un but), plus complexe et moins bien compris. Le but consiste ici à ajuster la résistance de la tige ou du tronc pour éviter d'endommager les branches et les feuilles secouées en cas de futures bourrasques. La plupart des arbres tolère habituellement un certain degré de mouvement, bien que limité.

L'allongement (indéterminé?) du pétiole de la feuille de plantes aquatiques comme les Nymphaea, qui ne s'arrête que lorsque la feuille brise la surface de l'eau, est également un comportement orienté par un but. Certaines données indiquent que l'éthylène, une hormone végétale, s'accumule dans les pétioles qui poussent sous l'eau et diminue une fois la surface atteinte, ce qui pourrait constituer un élément de la réponse. Russell[1] présente plusieurs autres bons exemples botaniques.

L'intégration de différents signaux suscite aussi un comportement délibéré. Charles Darwin[2] a montré expérimentalement comment les racines de semis détectaient les signaux tactiles, lumineux, d'humidité et de gravité, entrainant une intégration sensorielle. En outre, il a montré que les racines en croissance pouvaient distinguer ces signaux et décider auquel répondre en priorité. Massa et Gilroy[3] ont généralisé les observations de Darwin sur la

1. E. S. Russell, *The directiveness of organic activities*, *op. cit.*

2. C. Darwin, *The power of movement in plants*, London, John Murray, 1880.

3. G. D. Massa, S. Gilroy, « Touch modulates gravity sensing to regulate the growth of primary roots of *Arabidopsis thaliana* », *Plant Journal* 33, 2003, p. 435–445.

façon dont les racines évitent les obstacles du sol, comme les pierres, et ont également précisé la manière dont la réponse des racines intègre à la fois le toucher et la gravité.

### Le comportement intentionnel

« Par comportement, j'entends toutes les actions dirigées vers le monde extérieur afin d'en changer les conditions ou de changer sa propre situation par rapport à cet environnement ». Cette définition du comportement de Piaget [1] décrit bien l'échange bidirectionnel de signaux et de réponses entre la plante individuelle et son environnement, et plus particulièrement la construction de niche (voir chapitre 8). Néanmoins, la définition de Piaget implique (de façon plus controversée) une intention dans le comportement.

Mon dictionnaire donne une définition de l'intention en tant qu'objectif ou but. Dans ce cas, les plantes ont-elles l'intention de résister aux herbivores ; ont-elles l'intention de répondre à la gravité ; ont-elles l'intention de résister aux stress courants qu'elles subissent ? Le but ou l'objectif de chacun de ces comportements est, bien sûr, la survie et la recherche de l'optimisation de la *fitness*. Sur cette base, ces comportements doivent être intentionnels. De telles déclarations indiquent simplement que les plantes sont conscientes de leur situation et qu'elles agissent en vue d'affronter les circonstances qui diminuent leur capacité à survivre et/ou à se reproduire et, par conséquent, leur *fitness*.

---

1. J. Piaget, *Behaviour and evolution*, London, Routledge and Kegan Paul, 1979, p. 1.

Hull[1] déclare sans détour qu'il considère que les proies animales évitent intentionnellement la prédation. Scott-Turner[2] étudie en détail le comportement intentionnel dans le contexte du comportement intégré des colonies d'insectes sociaux. Puisque, dans le chapitre 10, des analogies entre les colonies d'insectes sociaux et les plantes seront proposées, le comportement intentionnel des plantes pourrait n'apparaître qu'au niveau de l'ensemble de la plante, et non au niveau des tissus ou des cellules individuelles. Le comportement intentionnel devient dès lors une propriété émergente, il découle simplement de toutes les interactions, de tous les processus de signalisation entre cellules et tissus de la plante.

La notion de comportement intentionnel pourrait également entrer en conflit avec la vision néodarwinienne de la sélection naturelle qui suggère que les organismes sont passifs face à la sélection aléatoire. Gould[3] défend avec force un cadre systémique permettant l'intention comme alternative à la simple sélection.

La raison pour laquelle l'attribution du mot « intention » au comportement des organismes prête à controverse tient certainement au fait que l'intention humaine implique généralement une action consciente, et que la conscience est jugée selon l'idée que seuls des organismes très semblables à nous-mêmes peuvent être conscients. Cependant, sur quelle base, autre qu'une supposition, peut-on considérer que d'autres organismes ne sont pas

1. D. L Hull, « Interactors versus vehicles » *in* H. C. Plotkin (ed.), *The role of behaviour in evolution*, p. 19–51, MIT Press, Cambridge, MA, 1988.

2. J. Scott-Turner, *The tinkerer's accomplice*, Harvard University Press, Cambridge MA, 2007.

3. S. J. Gould, *The structure of evolutionary theory*, Cambridge, MA, Harvard University Press, 2002, p. 614 *et sq*.

conscients et que la conscience n'est pas largement distribuée parmi les organismes vivants ? Le chapitre 25 développe la discussion autour de cette question.

### Le comportement de la plante implique l'évaluation des coûts et des bénéfices

Aucune plante sauvage ne pourrait survivre sans une mémoire des signaux qu'elle perçoit sur le moment ou sans une mémoire cumulative qui rassemble les informations de ses expériences passées et les intègre aux conditions actuelles afin de pouvoir évaluer les probabilités de futurs potentiels. Nombreux sont les problèmes auxquels les plantes sauvages sont confrontées dans leur tentative d'optimiser leur *fitness*. La répartition inégale de la lumière, des minéraux, de l'eau, de la structure du sol, la compétition d'autres plantes, les variations de précipitations et de vent, les dommages variables causés par les ravageurs et herbivores, doivent tous être évalués. Les fleurs doivent être positionnées là où la pollinisation est optimale. Les coûts et les bénéfices de tout changement de comportement en matière de croissance et de développement, ainsi que les ressources nécessaires pour le soutenir, doivent être évalués et des décisions appropriées doivent être prises pour optimiser la redistribution des ressources internes entre les tissus en lice. Il est peu probable que les plantes sauvages aient acquis un excédent brut de toutes ces ressources. Ce qui est donné à un tissu ne sera pas disponible pour un autre. Les échanges doivent être estimés avec soin. La sélection ne permet pas de prendre au hasard de telles décisions de redistribution et se montre punitive en cas d'évaluation incorrecte. La théorie des jeux traite de certaines de ces situations, le chapitre 17 les décrit.

Les échanges doivent être arbitrés entre la racine et la pousse, entre les différentes pousses, racines, branches ou feuilles, entre la croissance végétative et reproductive et entre la croissance végétative et la résistance aux herbivores et aux maladies [1]. Les compromis au niveau des ressources consacrées aux différentes conditions de stress abiotiques nécessitent aussi une appréciation minutieuse, car une réaction de résistance excessive à l'une diminuera presque à coup sûr la capacité de répondre à l'autre [2]. L'intégration de nombreux traits génère une intelligence émergente qui peut fournir la meilleure *fitness* et la meilleure résolution de problèmes parmi une variété de circonstances. Les compromis exigent des décisions ; à l'heure actuelle, on ne sait pas comment elles sont prises. On peut supposer l'implication d'une sorte de mécanisme de seuil, des pistes sont développées à ce sujet dans le chapitre 16.

## Le comportement peut être réversible

Bien que les changements phénotypiques puissent être considérés comme irréversibles, ce n'est pas le cas pour les synthèses végétales de divers types de substances chimiques importantes (insecticides naturels) qui répondent à une attaque herbivore. Celles-ci présentent une plasticité

1. M. Lerdau, J. Gershenzon, « Allocation theory and chemical defence » *in* F. A. Bazzaz, J. Grace, (eds.), *Plant resource allocation*, London, Academic Press, 1997, p. 265–278. F. A. Bazzaz, *Plants in a changing environment*, Cambridge, Cambridge University Press, 2000. T. J. de Jong, P. G. L. Klinkhamer, *Evolutionary ecology of plant reproductive strategies*, Cambridge, Cambridge University Press, 2005.

2. J. R. Dinenny, T. A. Long, J. Y. Wang, J. W. Jung, D. Mace, S. Pointer *et al.*, « Cell identity mediates the response of *Arabidopsis* roots to abiotic stress », *Science* 320, 2008, p. 942–945.

dynamique et beaucoup sont facilement réversibles [1]. Ces observations indiquent que l'affirmation d'Arber, selon laquelle le comportement des plantes tend à être irréversible alors que le comportement des animaux est réversible, s'avère dès lors inexacte au niveau moléculaire.

1. K. L. Metlen, E. T. Aschehoug, R. M. Callaway, « Plant behavioural ecology : dynamic plasticity in secondary metabolites », *Plant Cell and Environment* 32, 2009, p. 641–653.

Fatima Cvrčková, Helena Lipavská
et Viktor Žárský *

# L'INTELLIGENCE DES PLANTES
# POURQUOI, POURQUOI PAS, OÙ ? **

**Mots clés :** intelligence, mémoire, apprentissage, développement végétal, modèles mathématiques, neurobiologie végétale, définition des termes.

Le concept d'intelligence végétale proposé par Anthony Trewavas a suscité nombre de discussions en dépit desquelles la définition de l'intelligence des plantes demeure vague. Souvent, elle est soit perçue comme quasi synonyme de la *fitness* darwinienne, soit réduite à une simple métaphore décorative. Une conception plus stricte peut être adoptée en insistant sur ses prérequis nécessaires, tels que la mémoire et l'apprentissage, ce qui réclame une clarification de la définition même de la mémoire. Pour être considérées

* Département de physiologie végétale ; Faculté des sciences ; Université Charles ; Prague, République tchèque et Institut de botanique expérimentale ; Académie des sciences de la République tchèque ; Prague, République tchèque.

** F. Cvrčková, H. Lipavská, V. Žárský, « Plant intelligence Why, why not or where ? », *Plant Signaling & Behavior* 4 (5), 2009, p. 394-399. Traduit par Quentin Hiernaux.

comme des souvenirs, les traces d'événements passés doivent être non seulement stockées, mais aussi activement utilisées (*accessed*). En ce sens plus strict, nous proposons un critère d'élimination des faux candidats au rang de possibles phénomènes d'intelligence végétale : un comportement « intelligent » doit impliquer le recours à des informations stockées sur les états passés de l'individu ou de son environnement modélisable par une algorithmique plausible. La réévaluation d'exemples antérieurs d'intelligence des plantes montre que seuls certains passent notre test.

> « Tu as été blessée ? » dit Kumiko, en regardant la cicatrice.
> Sally baissa les yeux. « Ouais. »
> « Pourquoi tu ne l'as pas fait enlever ? »
> « Parfois, il est bon de se souvenir. »
> « D'avoir été blessé ? »
> « D'avoir été stupide » (W. Gibson, *Mona Lisa Overdrive*)

## INTRODUCTION

L'idée d'intelligence des plantes est loin d'être nouvelle. Il y a plus de 100 ans déjà, à l'apogée de la biologie vitaliste, le poète belge Maurice Maeterlinck décrivait dans son essai sur « l'intelligence des fleurs »[1] certains des phénomènes encore aujourd'hui invoqués pour illustrer la prise de décision « intelligente » des plantes durant leur ontogenèse, en particulier la capacité des racines à s'orienter à travers un labyrinthe complexe (celui d'une décharge). La réintroduction de ce concept dans le domaine rigoureux

---

1. M. Maeterlinck, *L'intelligence des Fleurs*, Paris, E. Fasquelle, 1907.

de la biologie expérimentale contemporaine, proposée par Anthony Trewavas il y a plusieurs années [1], a déclenché une période d'échanges houleux qui a conduit à des réélaborations de la proposition originale, certes quelque peu controversée [2].

L'idée, au départ prometteuse, semble aujourd'hui malheureusement s'être réduite à une simple métaphore, peut-être en partie victime des controverses au sujet du programme de la « neurobiologie végétale » [3]. L'intelligence végétale est devenue, au mieux, pratiquement synonyme de *fitness* darwinienne (« un comportement adaptatif variable » ou « la capacité d'un individu à se débrouiller (*perform*) dans son environnement »); au pire, elle se défend en collectant des cas d'utilisation métaphorique du mot « intelligence » (bactérienne, immunitaire, d'espèces,

1. A. Trewavas, « Mindless mastery », *Nature* 415, 2002, p. 841. A. Trewavas, « Aspects of plant intelligence », *Annals of Botany* 92, 2003, p. 1-20.

2. R. Firn, « Plant intelligence : an alternative point of view », *Annals of Botany* 93, 2004, p. 345-51. A. Trewavas, « Aspects of plant intelligence : an answer to Firn », *Annals of Botany* 93, 2004, p. 353-357. A. Trewavas, « Plant intelligence », *Naturwissenschaften* 92, 2005, p. 401-413. A. Trewavas, « Green plants as intelligent organisms », *Trends in Plant Science* 10, 2005, p. 413-419.

3. E. D. Brenner, R. Stahlberg, S. Mancuso, J. Vivanco, F. Baluška, E. Van Volkenburgh, « Plant neurobiology : an integrated view of plant signalling », *Trends in Plant Science* 11, 2006, p. 413-419. A. Alpi, N. Amrhein, A. Bertl, M. R. Blatt, E. Blumwald, F. Cervone *et al.*, « Plant neurobiology : no brain, no gain ? », *Trends in Plant Science* 12, 2007, p. 135-136. A. Trewavas, « Plant neurobiology—all metaphors have value », *Trends in Plant Science* 12, 2007, p. 231-233. E. D. Brenner, R. Stahlberg, S. Mancuso, F. Baluška, E. Van Volkenburgh, « Response to Alpi *et al.* : plant neurobiology : the gain is more than the name », *Trends in Plant Science* 12, 2007, p. 285-286.

artificielle, industrielle, etc.), ou des arguments généraux sur la valeur intrinsèque des métaphores dans la science [1].

Cependant, si de tels arguments peuvent rendre le mot socialement acceptable, ils pourraient être utilisés pour soutenir la notion d'intelligence dans presque tous les systèmes, pas seulement dans les plantes, et ce, peut-être jusqu'à vider la métaphore de sa valeur. Considérons parmi d'autres l'exemple didactique classique du cycle de vie lytique versus lysogénique du phage lambda [2] : nous nous retrouvons, selon le résultat, avec une bactérie lysogène intelligente et donc survivante, ou avec quelque dix mille phages tout aussi intelligents qui ont réussi à déjouer les défenses de la bactérie. Mais en récrivant autrement l'histoire, qu'avons-nous gagné (à part un peu de divertissement) ?

Disons qu'une métaphore reste valable tant qu'elle apporte des idées et stimule des recherches nouvelles. C'est sans aucun doute le cas de l'« intelligence végétale », qui a déjà inspiré des modèles mathématiques, même si leur pertinence biologique peut être mise en doute [3]. Néanmoins, une tentative de délimitation plus restrictive de l'intelligence végétale qui inspirerait une étude expérimentale ciblée s'avérerait utile. Nous ambitionnons ici de formuler les « critères du rasoir d'Occam » pour reconnaître des phénomènes qui s'expliquent, en tant que manifestations

1. A. Trewavas, « Plant neurobiology—all metaphors have value », art. cit.

2. M. Ptashne, *A genetic switch. Third edition : phage lambda revisited*, Cold Spring Harbor, NY, Cold Spring Harbor Laboratory Press, 2004.

3. I. Bose, R. Karmakar, « Simple models of plant learning and memory », arXiv : cond-mat 2003 ; 0306738v2 (last update 2008). J. Inoue, « A simple Hopfield-like cellular network model of plant intelligence », *Progress in Brain Research* 168, 2008, p. 169-174.

de l'« intelligence végétale », aussi parcimonieusement que les hypothèses alternatives [1]. Nous appliquons ensuite nos critères pour réévaluer certains exemples d'intelligence végétale proposés précédemment et suggérons quelques cas supplémentaires qui mériteraient une analyse plus approfondie.

### De la cognition sans cerveau

Commençons par délimiter le concept central d'intelligence. Puisque l'intelligence se manifeste dans le comportement, tournons-nous vers les pères fondateurs de l'éthologie, la science du comportement. Selon N. Tinbergen [2], tout aspect du comportement peut, en principe, être étudié selon deux points de vue : (i) fonctionnel, en se concentrant sur sa valeur sélective (ou de survie), ou (ii) causal, en cherchant ses racines mécanistes, ontogénétiques ou évolutionnistes (c'est-à-dire historiques). Inspirés par cette approche, deux sortes de critères permettent de décider si une entité (que ce soit un humain, une plante, un ordinateur ou un hypothétique extra-terrestre) peut être considérée comme intelligente. Premièrement, si cette entité « se comporte intelligemment » (quel que soit le sens de ce terme), elle répond à une définition fonctionnelle de l'intelligence. Deuxièmement, si l'entité possède au moins une partie du dispositif *a priori* nécessaire chez les êtres mieux connus pour leur comportement intelligent (par exemple, un cerveau, des synapses, des potentiels d'action ou tout ce qui peut être décrit comme

1. D. Gernert, « Ockham's razor and its improper use », *Journal of Scientific Exploration* 21, 2007, p. 135-140.

2. N. Tinbergen, « On aims and methods of ethology », *Zeitschrift für Tierpsychologie* 20, 1963, p. 410-433.

un réseau de traitement de l'information), elle répond à une définition causale de l'intelligence.

Jusqu'à présent, la plupart des débats sur l'intelligence des plantes ont gravité autour des délimitations causales du phénomène. Même notre compréhension mécaniste actuellement limitée du substrat à partir duquel opère l'intelligence (humaine) plus conventionnelle, c'est-à-dire le système nerveux, a fourni des ressources aux biologistes des plantes. Cela se manifeste notamment par le modèle synaptique de la communication de cellule à cellule [1] ou par la naissance du programme de la neurobiologie végétale [2]. Cependant, les aspects fonctionnels semblent quelque peu négligés ; le seul exemple pertinent à ce jour est l'application de la définition de l'intelligence (fonctionnelle) de Stenhouse, soit « un comportement adaptativement variable au cours de la vie de l'individu » [3]. Contrairement aux analogies causales, les définitions fonctionnelles permettent de tester rigoureusement la présence ou l'absence de leurs prérequis nécessaires, ce qui mérite évidemment un approfondissement de cette perspective.

La définition de Stenhouse s'avère effectivement un bon début. Les plantes présentent toutes les « composantes » nécessaires à un comportement intelligent (en supposant que leur développement plastique et flexible soit un comportement) [4]. En particulier, elles manifestent clairement

1. F. Baluška, D. Volkmann, D. Menzel, « Plant synapses : actin-based domains for cell-to-cell communication », *Trends in Plant Science* 10, 2005, p. 106-111.

2. E. D. Brenner *et al.*, « Plant neurobiology : an integrated view of plant signalling », art. cit.

3. D. Stenhouse, *The evolution of intelligence—a general theory and some of its implications*, London, George Allen and Unwin, 1974.

4. A. Trewavas, « What is plant behaviour ? », *Plant, Cell & Environment* 32, 2009, p. 606-616.

une variabilité et une adaptabilité individuelles[1]. En outre, elles enregistrent et évaluent en permanence un champ complexe de stimuli externes, formant ainsi quelque chose qui pourrait être décrit comme une « représentation intérieure » ou une « carte cognitive » de l'environnement, comprenant des informations sur les aspects qualitatifs et quantitatifs des conditions de lumière, d'humidité, de température et d'autres facteurs environnementaux biotiques et abiotiques. Notons que certaines écoles de « sciences cognitives » s'efforcent d'expliquer (ou de supprimer) non seulement le type de cognition humaine, mais aussi, en fin de compte, l'esprit humain, sous la forme d'un « calcul (*computation*) sur des représentations (mentales) intérieures »[2]; cependant, nous ne voulons ni ne devons supposer que les plantes, ces « maîtres sans esprit »[3], sont dotées d'un esprit semblable à celui de l'homme.

Néanmoins, tout sujet d'étude impose des limites à ce qui peut être étudié. La définition de l'intelligence de Stenhouse n'excepte pas la règle : si nous nous en tenons au sens conventionnel de l'individualité, nous devons sacrifier, par exemple, des phénomènes tels que l'« intelligence des espèces » basée sur la mémoire épigénétique qui s'étend sur plusieurs générations, ou le « comportement intelligent » émergent qui se manifeste au niveau d'une population. Examiner d'autres définitions fonctionnelles de l'intelligence s'avère dès lors utile. Dans un essai sur les critères utilisables dans la reconnaissance

---

1. A. Trewavas, « Aspects of plant intelligence », art. cit. ; A. Trewavas, « Plant intelligence », art. cit. ; A. Trewavas, « Green plants as intelligent organisms », *Trends in Plant Science* 10, 2005, p. 413-419.

2. P. Thagard, *Mind. Introduction to cognitive science*, Cambridge, MA, MIT Press, 1996.

3. A. Trewavas, « Mindless mastery », art. cit.

de l'intelligence chez une entité non humaine, Mia Molvray nous propose une conception inspirante[1]. Selon elle, l'intelligence ne s'identifie pas à une qualité présente ou absente, mais se manifeste à des degrés divers, formant un continuum d'étapes. Le minimum absolu est qualifié d'intelligence rudimentaire, fondamentalement réductible à la capacité de réagir de manière adaptative à l'environnement, c'est-à-dire d'apprendre. Viennent ensuite la capacité d'apprendre à partir de nouveaux stimuli et celle de s'adapter à des conditions modifiées, et seulement ensuite les « fonctions cognitives supérieures » telles que la reconnaissance d'objets ou même la conscience de soi. (Dans le contexte du débat sur l'intelligence des plantes, il n'est pas nécessaire d'aller au-delà de l'intelligence rudimentaire).

Contrairement à la définition de Stenhouse, qui attribue l'intelligence à tout système qui témoigne simultanément d'un comportement observable (par exemple, le développement), d'une variabilité individuelle et d'une adaptabilité (qui peut être comprise comme *fitness* darwinienne, bien qu'elle puisse également impliquer certains aspects de l'apprentissage et de la mémoire), la définition de Molvray met explicitement l'accent sur l'apprentissage. Après tout, la capacité à acquérir une expérience unique et nouvelle (et à utiliser cette expérience de manière appropriée) est ce qui distingue un système véritablement intelligent de systèmes tels qu'une machine à laver, un réfrigérateur ou un appareil de climatisation (où l'« expérience » a été fournie par un concepteur humain et implémentée dans l'appareil), ou même d'une pointe

---

1. M. Molvray, « Biological factors in the evolution of intelligence », http://www.molvray.com/sf/exobio/recog.htm 2007.

de racine gravitropique qui a acquis un mécanisme de compensation d'erreur peaufiné par des générations d'ancêtres soumis à la sélection naturelle, c'est-à-dire également depuis l'« extérieur » de l'individu particulier (à moins que nous ne considérions l'espèce ou la population comme un « individu »). La mémoire, en tant que prérequis nécessaire à l'apprentissage, gagne ainsi un rôle central et mérite clairement notre attention.

### Faux souvenirs et vraies cicatrices

Tout comme l'intelligence, la mémoire peut se définir soit causalement, soit fonctionnellement. Par exemple, dans le premier cas : « La mémoire est un endroit où sont stockées des informations actuellement utilisées par le système d'exploitation, le logiciel (*software program*), le dispositif matériel (*hardware device*) et/ou l'utilisateur »[1]. Bien évidemment, une telle affirmation n'a de sens que dans le champ étroit de la technologie du traitement de l'information et nous devrions plutôt nous porter sur une définition fonctionnelle. La définition de la mémoire du dictionnaire médical *MedTerms* est sans doute un bon début : « La mémoire est (1) la capacité à récupérer des informations sur des événements ou des connaissances passés, (2) le processus de récupération d'informations au sujet d'événements ou de connaissances passés, (3) la reconstruction cognitive. Le cerveau s'engage dans un remarquable processus de remaniement pour tenter d'extraire ce qui est général et ce qui est particulier à chaque moment qui passe »[2]. Cette définition se compose

---

1. Anonyme, *Computer Hope Dictionary*, http : //www.computerhope.com 2008.

2. Anonyme, *MedTerms Dictionary*, http://www.medterms.com 2008.

de trois énoncés mutuellement non exclusifs et non synonymes. Si nous la comprenons comme un « OU logique », nous pouvons pour l'instant laisser de côté le point (3), manifestement anthropocentrique et, dans une certaine mesure, causal. Néanmoins, notons que le troisième point couvre également un aspect non trivial de l'intelligence – la capacité à sélectionner des choses pertinentes à mémoriser et à se rappeler ; mais pour le moment, nous ne nous intéressons qu'à la capacité de se rappeler tout court. Ainsi, nous devons rechercher les situations où un individu accède activement à des informations stockées à propos de son expérience passée ; mais comment pouvons-nous reconnaître que les plantes y parviennent ?

Les plantes stockent une multitude de données sur leur histoire dans la structure de leur corps. Étant donné la permanence des parois cellulaires, chaque branche et chaque brindille contient des informations sur le passé. Toutefois, cela ne garantit en aucun cas que la plante s'en soucie – ou qu'elle soit du moins capable d'accéder à ces données. Si la densité des cernes annuels de la coupe transversale d'une branche peut donner au dendrologue un aperçu du développement climatique sur le long terme, il est très improbable que cette information soit accessible à l'arbre lui-même. Ces « informations stockées » peuvent être la simple empreinte d'incidents et d'accidents du passé, sans aucune valeur informative pour les concernés. Quelle que soit la valeur attribuée à un tas de crottes de chien sur le trottoir, elle est rarement celle de la « mémoire de la présence passée d'un chien », à moins que l'on ne s'intéresse à l'éthologie canine. Cependant, les traces peuvent être déposées de manière non accidentelle : il se peut que nous ne remarquions pas l'odeur d'urine de chien sur le même trottoir, alors qu'un canidé en tirera sans doute un message complexe. Même les empreintes accidentelles d'événements passés peuvent quelquefois acquérir une fonction mémorielle – une cicatrice peut servir à se rappeler l'insouciance de la jeunesse.

Nous avons donc besoin de critères pour distinguer les simples traces d'incidents des véritables souvenirs accessibles (et activement accessibles), qui doivent également être stockés par l'organisme étudié lui-même. Imaginons la trajectoire d'une rivière qui serpente à travers un paysage, creusant progressivement son lit et changeant parfois de direction. Bien que le parcours actuel de la rivière reflète en quelque sorte les siècles d'érosion, en dehors d'un texte poétique, difficile de déclarer que la rivière reflète et interprète activement sa propre mémoire du passé, ou celle du paysage : l'eau coule juste en aval, l'érosion se produit simplement, et c'est tout.

Un indice possible (bien qu'il ne soit pas un critère décisif) pour reconnaître la mémoire véritable pourrait être la présence d'éléments fonctionnels typiques des systèmes capables d'apprendre, comme l'amplification d'un signal, l'intégration de données d'origines multiples, ou des réponses, dont l'enchaînement (*timing*), la qualité ou la quantité, sont modifiés par des données externes. La durée des traces mémorisées doit évidemment aussi être comparable à celle du stimulus original mémorisé, mais de préférence lui être supérieure (c'est-à-dire que si la mémoire n'exige pas la permanence, elle doit être durable). En l'absence d'un bon test fonctionnel, le point de vue causal reste une option, c'est-à-dire se tourner vers la recherche de structures spécialisées et de mécanismes moléculaires ou physiologiques qui apparaissent sans aucune valeur sélective concevable en dehors de la fonction présumée de mémoire.

En résumé, puisque la mémoire est un prérequis nécessaire à l'apprentissage – une composante essentielle de l'intelligence – nous devons examiner de manière critique les exemples de comportement intelligent des plantes proposés par le passé, et par souci de certitude, écarter tous les cas où l'implication de la mémoire ne peut être déduite de manière sûre. Il se peut même que nous devions renoncer à certains phénomènes potentiellement pertinents en gage d'assurance : ce dont nous avons besoin, ce sont des critères incontestables d'identification des cas de mémoire et d'apprentissage des plantes.

Les phénomènes observés scientifiquement s'enracinent dans la modélisation, de préférence formalisée (algorithmique) ou, au pire, narrative. Ainsi, considérant tout exemple particulier de comportement apparemment intelligent chez les plantes, nous devrions nous demander si nous pouvons approcher le phénomène observé par un modèle biologiquement plausible qui inclut le recours à des informations sur les états passés de tout ou partie de l'organisme, stockées et accessibles par ce dernier. Si la réponse est non, et surtout si nous pouvons produire un modèle plausible qui n'inclut pas la récupération de souvenirs d'événements passés, l'exemple devrait être écarté. Nous appelons ce critère « le test du modèle de mémoire ».

### *Quand un « souvenir » n'est pas un souvenir*

Quels phénomènes précédemment cités comme exemples de comportement intelligent, ou du moins d'apprentissage et de mémoire chez les plantes, passent ou non notre test du modèle de mémoire ? Pouvons-nous identifier des candidats prometteurs ? La liste suivante ne prétend pas examiner exhaustivement tous les cas proposés, mais donne plutôt à voir des illustrations représentatives permettant de tirer des conclusions dans un sens ou dans un autre. Certains des cas retenus par le passé restent peu concluants et il appartient au lecteur de les examiner plus en détail.

Les plantes, comme beaucoup (sinon tous) les autres êtres vivants, modifient leurs processus métaboliques, de régulation et de développement en fonction des conditions de l'environnement, y compris de nouveaux stimuli. L'adaptation progressive de plantes qui modifient leur taille et leur taux de croissance en présence d'un herbicide (phosfon D) ou d'éther, c'est-à-dire de composés qu'elles n'ont jamais rencontrés auparavant, en constituent des exemples convaincants étudiés dans la littérature [1]. Néanmoins, une modification des propriétés des organismes *per se* n'est pas synonyme d'une adaptation significative, ni même d'un apprentissage. Certaines populations humaines connaissent aujourd'hui une abondance inédite de nourriture ; cependant, les épidémies actuelles d'obésité peuvent difficilement être considérées comme le résultat d'un apprentissage. De façon semblable, l'adaptation aux herbicides – ou d'autres adaptations métaboliques ou développementales – pourraient représenter, dans certains cas adoptés et affinés par la sélection naturelle, des sous-produits gratuits du changement environnemental (comme les réponses aux pathogènes ou aux herbivores). Nous devrions reporter la décision de savoir s'ils constituent un apprentissage ou non jusqu'à ce que nous en sachions plus

---

1. A. Trewavas, « Plant intelligence », art. cit.

sur les mécanismes physiologiques et moléculaires impliqués, et disposons des preuves décisives qu'ils sont effectivement adaptatifs. L'augmentation de la taille des feuilles ou de la biomasse végétative n'est pas nécessairement corrélée à la quantité de descendants viables ou à la capacité de survie – c'est-à-dire aux mesures de *fitness* largement acceptées [1]. Cependant, si nous suspectons qu'au moins une modification durable des circuits de régulation spécialisés, par exemple les voies de transduction des signaux, les interrupteurs de phosphorylation des protéines ou les facteurs de transcription, joue un rôle spécifique dans le processus d'adaptation, nous pouvons considérer ce processus comme un bon candidat pour l'apprentissage, comme cela a déjà été proposé [2].

Tous les exemples en apparence convaincants de comportement « intelligent » des plantes ne passent pas notre test du modèle de mémoire. En particulier, l'orientation vers des signaux extrinsèques tels que la lumière ou la gravité peut souvent être décrite par des modèles ne nécessitant que la perception de signaux et de stimuli synchrones et la réaction à ceux-ci, sans aucune référence au passé. Grâce aux impressionnants modèles construits, notamment, par P. Prusinkiewicz et ses collaborateurs [3],

1. E. E. Crone, « Is survivorship a better fitness indicator than fecundity ? », *Evolution* 55, 2001, p. 2611-2614.

2. A. Trewavas, « How plants learn », *Proceedings of the National Academy of Sciences of the United States of America* 96, 1999, p. 4216-4218.

3. P. Prusinkiewicz, A. Lindenmeyer, *The algorithmic beauty of plants*, New York-Berlin-Heidelberg, Springer 1990. P. Prusinkiewicz, M. Hammel, R. Mech, « Visual Models of Morphogenesis : A Guided Tour », http ://algorithmicbotany.org 1997. P. Prusinkiewicz, J. Hanan, M. Hammel, R. Mech, P. M. Room, W. R. Remphrey *et al.*, *Plants to ecosystems : Advances in computational life sciences*, Colingwood (Australia), CSIRO, 1997. P. Prusinkiewicz, A.-G. Rolland-Lagan,

nous devons accepter qu'étonnamment, l'histoire, si elle est incluse dans le modèle, ne prend souvent que la forme de contraintes portées par l'environnement (par exemple l'ombrage des branches ou des feuilles de la plante en développement) plutôt que celle de la mémoire de l'individu lui-même en développement. Par exemple, la morphogénèse des couronnes d'arbres induite par la lumière, ou l'exploration d'un environnement fragmenté par des plantes clonales en quête de nourriture, peuvent être imitées de manière convaincante par un modèle qui réclame seulement que les branches ou les rameaux individuels évitent la collision avec leurs congénères voisins et ajustent leur production de rameaux et de stolons en fonction des conditions de lumière présentes [1]. (Aucune « intelligence artificielle » – quelle qu'en soit la signification – n'est impliquée dans ces modèles, produits à l'aide d'ordinateurs incapables de réaliser quoi que ce soit de non programmé, et restent ainsi, dans le contexte de notre discussion, de simples « machines stupides ») [2].

De façon troublante, le cheminement complexe des racines à travers un substrat non homogène, exemple classique appelant des analogies avec le test d'orientation en labyrinthe de l'intelligence animale, peut tomber dans la même catégorie. La perception synchrone des gradients de gravité, de lumière, de nutriments minéraux et d'humidité du sol (ce dernier étant constamment modifié par les activités mêmes de la racine en croissance) est suffisante

« Modeling plant morphogenesis », *Current Opinion in Plant Biology* 9, 2006, p. 83-88.

1. P. Prusinkiewicz, M. Hammel, R. Mech « Visual Models of Morphogenesis : A Guided Tour », art. cit.

2. M. Molvray « Biological factors in the evolution of intelligence », art. cit.

pour guider l'extrémité d'une racine selon une trajectoire plutôt complexe et réaliste. Cependant, il faut noter que le gravitropisme, bien qu'il puisse être décrit comme une orientation purement synchrone vers un vecteur de gravité extrinsèque, implique apparemment des empreintes durables de la stimulation environnementale, au moins dans certains organes végétaux, bien que l'accessibilité de cette « mémoire » dans des conditions naturelles ne soit pas aussi claire que dans certains dispositifs expérimentaux [1]. De même, l'exemple célèbre de sélection de son hôte par la cuscute [2] peut être réexpliqué (c'est-à-dire modélisé de manière narrative) comme une simple attraction vers des signaux chimiques synchrones produits par l'hôte potentiel.

Des phénomènes dépendant de la reconnaissance du soi et du non-soi, peut-être l'une des plus anciennes aptitudes des êtres vivants déjà présentes chez les procaryotes [3], ont également été cités à l'appui de la notion d'intelligence végétale [4]. Cependant, la distinction entre le soi et le non-soi ne requiert pas le recours à la mémoire – seulement des moyens de contrôle synchrones de la continuité corporelle. En effet, le changement brutal du comportement des plantes envers leurs ramets détachés suggère que l'intégrité du lien physique est essentielle, et que les plantes ne se souviennent pas de leurs relations passées. Aussi intéressante

1. I. Y. Perera, Heilmann I., S. C. Chang, W. F. Boss, P. B. Kaufman, « A role for inositol 1,4, 5-trisphosphate in gravitropic signaling and the retention of cold-perceived gravistimulation of oat shoot pulvini », *Plant Physiology* 125, 2001, p. 1499-1507.

2. A. Trewavas, « Aspects of plant intelligence », art. cit.

3. T. Rieger, Z. Neubauer, A. Blahušková, F. Cvrčková, A. Markoš, « Bacterial body plans : colony ontogeny in *Serratia marcescens* », *Communicative and Integrative Biology* 1, 2008, p. 78-87.

4. A. Trewavas, « Green plants as intelligent organisms », art. cit.

qu'elle puisse paraître, la reconnaissance du soi et du non-soi ne passe pas le test du modèle de mémoire et devrait donc être exclue de la discussion sur l'intelligence des plantes.

### Une poignée de candidats

D'autres phénomènes pourraient-ils encore passer notre test ? Laissons l'intelligence de côté pour l'instant, et cherchons d'abord des preuves de mémoire. Un candidat prometteur, pour autant que nous attribuions l'individualité également aux cellules, serait la canalisation de l'auxine. Il s'agit de l'ajustement progressif du transport de l'auxine à travers les cellules et les tissus sur la base de leur expérience antérieure. Cette dernière entraîne une augmentation du flux d'auxine dans les cellules qui en ont déjà transporté. Ce phénomène, proposé comme un facteur majeur déterminant notamment la topologie de la nervation des feuilles [1], peut aujourd'hui être expliqué mécaniquement comme le résultat de la relocalisation des transporteurs d'auxine tels que les protéines PIN [2]. Mais contrairement à la « canalisation » d'un cours d'eau à travers un paysage facilitée par l'érosion, la canalisation de l'auxine dépend de la participation active des cellules transporteuses. Cette facilitation par la régulation et la relocalisation des transporteurs a déjà été incorporée dans des modèles

1. T. Sachs, « Integrating cellular and organismic aspects of vascular differentiation », *Plant and Cell Physiology* 41, 2000, p. 649-656.
2. M. Sauer, J. Balla, C. Luschnig, J. Wisniewska, V. Reinohl, J. Friml, E. Benková, « Canalization of auxin flow by Aux/IAA-ARF-dependent feedback regulation of PIN polarity », *Genes & Development* 20, 2006, p. 2902-2911.

mathématiques de différenciation vasculaire [1] et de phyllotaxie [2]. Bien qu'au moins certains aspects de ces phénomènes puissent être approximativement modélisés sans supposer de canalisation (par exemple, un simple modèle de réaction-diffusion peut générer des modèles rappelant étonnamment la vascularisation des feuilles ou le modèle des *primordia* [3] d'organes), les modèles impliquant la canalisation se révèlent au moins aussi bons (ou meilleurs) et, plus important, biologiquement plausibles.

Soulignons que le développement de la nervation des feuilles ou la phyllotaxie ne sont que des modules de développement préprogrammés du point de vue de l'organisme entier ; pour y reconnaître l'aspect mémoire, les cellules doivent être considérées comme des individus. Quoi qu'il en soit, la mémoire existe chez les plantes au moins au niveau cellulaire, même selon notre critère strict. Mais existe-t-elle aussi au niveau de la plante entière ? En voici un exemple engageant : la mémoire du développement. Elle se manifeste en réaction à l'effeuillage des bourgeons axillaires des boutures de *Scrophularia*, démontrée par les expériences classiques de R. Dostál dans les années 1960 [4], ou par des expériences ultérieures qui démontrent la réponse spécifique des bourgeons axillaires de *Bidens* aux lésions

1. A.-G. Rolland-Lagan, P. Prusinkiewicz, « Reviewing models of auxin canalization in the context of leaf vein pattern formation in *Arabidopsis* », *The Plant Journal* 44, 2005, p. 854-865.

2. R. S. Smith, S. Guyomarc'h, T. Mandel, D. Reinhardt, C. Kuhlemeier, P. Prusinkiewicz, « A plausible model of phyllotaxis », *Proceedings of the National Academy of Sciences of the United States of America* 103, 2006, p. 1301-1306.

3. NDT : Un primordium est l'ébauche d'un organe végétal en développement qui se manifeste sous la forme d'un renflement sur le méristème.

4. A. Trewavas « Aspects of plant intelligence », art. cit.

du cotylédon chez les plantes décapitées[1]. La répétition de ces expériences grâce à une méthodologie contemporaine de suivi des processus qui se déroulent dans les plantes en cours de régénération, et éventuellement sur un modèle plus « classique » et un minimum caractérisé au niveau moléculaire, peut servir de bon point de départ.

D'autres phénomènes, pour lesquels nous disposons déjà de nombreuses données (et de leurs interprétations) et qui se produisent dans des situations naturelles régulières et/ou font partie intégrante du cycle de vie des plantes, sont peut-être encore plus encourageants. On ne peut pas en dire autant de la réaction à des manipulations expérimentales comme la décapitation et le perçage simultanés d'un cotylédon. En effet, les décisions de développement, telles que la vernalisation, l'induction de la floraison, la photomorphogenèse ou la levée de la dormance des graines dépendent de l'intégration et de l'évaluation à long terme des apports de lumière ou de température, parfois enregistrés et rappelés après une période dépassant largement la durée normale du cycle de vie de la plante. Par exemple, les graines de *Stellaria* peuvent se rappeler si leur imbibition a eu lieu dans l'obscurité ou à la lumière, même après plus d'un an[2]. D'autres exemples similaires de « collecte de données » à long terme ont été examinés[3].

---

1. M. Thellier, M. O. Desbiez, P. Champagnat, Y. Kergosien, « Do memory processes occur also in plants ? », *Physiologia Plantarum* 56, 1982, p. 281-284. M. O. Desbiez, M. Tort, M. Thellier, « Control of a symmetry-breaking process in the course of the morphogenesis of plantlets of *Bidens pilosa L.* », *Planta* 184, 1991, p. 397-402.
2. K. M. Hartmann, A. C. Grundy, R. Market, « Phytochrome-mediated long-term memory of Seeds », *Protoplasma* 227, 2005, p. 47-52.
3. A. Trewavas, « Aspects of plant intelligence », art. cit.

Des modèles mécanistes de ces phénomènes émergent déjà. La « mémoire de l'hiver » impliquée dans l'acquisition de l'aptitude à fleurir en fonction des saisons (vernalisation) a été retracée jusqu'à la régulation épigénétique complexe du gène codant pour un facteur de transcription spécifique (FLC) chez *Arabidopsis* [1]. Étonnamment, les gènes cibles semblent différents chez les graminées, bien que la topologie de l'ensemble du réseau de régulation puisse être analogue [2]. Nous disposons également d'un premier aperçu du réseau complexe de voies de régulation de l'expression hormonale et génique contrôlant la dormance des graines [3], ainsi que de l'interaction complexe des signaux dépendants de la lumière telle que la modification des phytochromes, des rythmes circadiens et des phytohormones impliqués dans la régulation du développement contrôlé par la lumière [4].

La régulation du métabolisme des saccharides fournit de potentiels exemples supplémentaires d'intégration, de stockage et d'accès aux informations sur l'état à long terme du métabolisme des plantes, entre autres, la performance du dispositif photosynthétique. L'une des tâches les plus importantes de la vie végétale consiste à atteindre un équilibre, dans une large gamme de conditions environnementales, entre l'assimilation du carbone dans les tissus

1. S. Sung, R. M. Amasino, « Molecular genetic studies of the memory of winter », *Journal of Experimental Botany* 57, 2006, p. 3369-3377.

2. C. M. Alexandre, L. Hennig, « FLC or not FLC : the other side of vernalization », *Journal of Experimental Botany* 59, 2008, p. 1127-1135.

3. M. J. Holdsworth, L. Bentsink, W. J. J. Soppe, « Molecular networks regulating *Arabidopsis* seed maturation, afterripening, dormancy and germination », *New Phytologist* 179, 2008, p. 33-54.

4. J. L. Nemhauser, « Dawning of a new era : photomorphogenesis as an integrated molecular network », *Current Opinion in Plant Biology* 11, 2008, p. 4-8.

photosynthétiques sources et la consommation des produits assimilés dans les tissus et organes puits (*sink tissues*), ce qui entraîne la croissance et le stockage du carbone. De plus, le rythme diurne de la photosynthèse exige de mettre de côté une partie des produits assimilés pendant la journée pour couvrir les besoins des tissus sources et des tissus puits pendant la nuit[1]. La détection et la signalisation du sucre constituent une part importante des mécanismes orchestrant l'assimilation du carbone, son stockage et sa consommation, qui se fondent sur la détection précise et l'intégration de signaux du bilan énergétique à différents niveaux[2]. Les plantes d'*Arabidopsis* règlent non seulement la croissance et l'utilisation du sucre en fonction de la disponibilité des substances assimilées, mais elles modulent aussi le dépôt du carbone de stockage (amidon) en fonction des besoins « attendus » la nuit[3]. Plus intéressant encore, la mobilisation de l'amidon pendant la nuit est essentiellement linéaire, ce qui entraîne une consommation presque complète de la réserve d'amidon chaque nuit. Ainsi, la plante est apparemment capable de mesurer sa quantité d'amidon à la fin de la journée et d'« anticiper » la durée de la nuit. Le schéma d'assimilation-stockage-consommation est adaptable aux changements de conditions environnementales, comme la durée du jour ou le niveau de lumière, ce qui indique une sorte de mémoire de l'expérience

1. K. Nozue, J. N. Maloof, « Diurnal regulation of plant growth », *Plant, Cell & Environment* 29, 2006, p. 396-408.

2. E. Baena-González, J. Sheen, « Convergent energy and stress signaling », *Trends in Plant Science* 13, 2008, p. 474-482.

3. A. M. Smith, M. Stitt, « Coordination of carbon supply and plant growth », *Plant, Cell & Environment* 30, 2007, p. 1126-1149.

antérieure [1]. De plus, l'ajustement des niveaux d'enzymes comprend une réaction en deux étapes : un changement de la durée du jour entraîne d'abord une réponse transcriptionnelle « à mi-chemin », qui n'est suivie d'une réponse traductionnelle adéquate que lors d'une stimulation environnementale répétée ou durable [2].

### La mémoire n'est pas (encore) l'intelligence : et ensuite ?

Même dans cette collection de phénomènes peu systématiques, nous avons pu identifier quelques candidats intéressants qui semblent exiger au moins la mémoire ou l'apprentissage, c'est-à-dire les prérequis nécessaires à un comportement intelligent selon la définition fonctionnelle de Molvray. Soulignons que nous ne prétendons pas que la mémoire (ou même l'apprentissage) et l'intelligence soient synonymes. Au contraire, nous estimons que nous ne pouvons parler de comportement « intelligent » ou « adaptatif » que si des alternatives sont disponibles – autrement dit, si les informations mémorisées affectent certaines décisions. Le concept de « décision » peut lui-même, à l'heure actuelle, se révéler aussi indéterminé (et tout aussi entaché d'anthropomorphisme) que ceux

1. Y. Gibon, O. E. Bläsing, N. Palacios-Rojas, D. Pankovic, J. H. M. Hendriks, J. Fisahn *et al.*, « Adjustment of diurnal starch turnover to short days : depletion of sugar during the night leads to a temporary inhibition of carbohydrate utilization, accumulation of sugars and post-translational activation of ADP-glucose pyrophosphorylase in the following light period », *The Plant Journal* 39, 2008, p. 847-862.

2. M. Stitt, Y. Gibon, J. E. Lunn, M. Piques, « Multilevel genomics analysis of carbon signaling during low carbon availability : coordinating the supply and utilisation of carbon in a fluctuating environment », *Functional Plant Biology* 34, 2007, p. 526-549.

d'intelligence ou de mémoire et une élaboration plus détaillée serait dès lors évidemment souhaitable. Certaines de ces questions, ainsi que d'autres exemples, seront probablement couverts par des articles dans le prochain numéro spécial de *Plant Cell and Environment*, consacré au comportement des plantes [1].

Néanmoins, même sur la base du seul critère de la mémoire, nous avons pu exclure certains phénomènes à première vue prometteurs, mais qui se sont révélés explicables par des modèles n'incluant pas la mémoire. Nous n'affirmons pas que de tels modèles sans mémoire soient corrects ; nous suggérons simplement que les phénomènes sans implication claire de la mémoire soient exclus de la discussion sur l'intelligence des plantes, au moins jusqu'à ce que certains cas moins controversés soient bien décrits. Il se peut que nous devions sacrifier, à tout le moins temporairement, certaines observations potentiellement intéressantes au nom de la prudence si nous souhaitons que l'intelligence végétale passe du statut de simple métaphore à celui de cadre explicatif, ou (pour citer la déclaration de Marcello Barbieri sur les codes biologiques [2]) si nous voulons que l'intelligence végétale ne soit pas métaphorique, mais réelle.

Nous remercions Anton Markoš pour nos échanges constructifs et le ministère de l'Éducation de la République tchèque (projet MSM0021620858) pour son soutien financier.

---

1. A. Trewavas, « What is plant behaviour ? », art. cit.
2. M. Barbieri, *The organic codes. The birth of semantic biology*, Ancona, peQuod, 2001.

ELLEN CLARKE

# L'INDIVIDUALITÉ DES PLANTES :
# UNE SOLUTION AU DILEMME
# DU DÉMOGRAPHE *

*Résumé* : le problème de l'individualité des plantes a contrarié les botanistes à travers les âges. La tendance oscille entre traiter les plantes comme des communautés d'individus [1] ou comme des organismes à part entière, et bien que ce dernier point de vue ait récemment dominé le courant de pensée [2], un débat animé, mené principalement dans des revues scandinaves, prouve que ces problèmes

* E. Clarke, « Plant individuality : a solution to the demographer's dilemma », *Biology and Philosophy* 27, 2012, p. 321–361. Traduit par Quentin Hiernaux. La présente traduction française porte sur la première des deux parties de l'article.

1. E. Darwin, *Phytologia*, J. Johnson, London, 1800 ; A. Braun, C. F. Stone, « The vegetable individual, in its relation to species », *The American Journal of Science and Arts* 19, 1853, p. 297–317 ; E. Münch, « Untersuchungen über die Harmonie der Baumgestalt », *Jahrbücher für Wissenschaftliche Botanik* 86, 1938, p. 581–673.

2. J. L. Harper, *Population Biology of Plants*, London, Academic, 1977 ; R. E Cook, *Population Biology and Evolution of Clonal Organisms*, New Haven, Yale University Press, 1985 ; A. Ariew, R. C. Lewontin, « The confusions of fitness », *British Journal for the Philosophy of Science* 55 (2), 2004, p. 347.

sont loin d'être résolus [1]. Dans cet article, je règle la question une fois pour toutes, en montrant quels éléments de chaque camp sont corrects.

*Mots-clés* : Individualité biologique – Plantes – Modulaire – Genet – Ramet – Sélection

Cet article présente une évaluation philosophique de la nature des individus biologiques selon la perspective des plantes. Je soutiens que les plantes enfreignent les critères formels de définition des individus couramment retenus, nous laissant dans la situation inconfortable d'omettre complètement ce règne du domaine des entités auxquelles des valeurs adaptatives (*fitnesses*) peuvent être attribuées. Mon objectif consiste à montrer comment l'universalité du concept d'individu peut être rétablie en insistant sur le contrôle de la variabilité héritable de *fitness* comme critère de base vers lequel tous les points de vue classiques tendent. La position de départ est que si des mécanismes déterminent le niveau hiérarchique auquel la sélection peut agir chez les plantes, ces dernières devraient être considérées comme des individus en vertu de ces mécanismes, même s'ils diffèrent beaucoup de leurs homologues chez les vertébrés. Accepter ces critères d'individuation oblige à reconnaître que l'individualité se manifeste par degrés et peut apparaitre simultanément à de nombreux niveaux hiérarchiques. Ceci signifie que les biologistes des végétaux n'auront parfois pas d'autre choix

1. J. Tuomi, T. Vuorisalo, « What are the units of selection in modular organisms ? », *Oikos* 54 (2), 1989, p. 227-233 ; T. Fagerström, « The meristem–meristem cycle as a basis for defining fitness in clonal plants », *Oikos* 63 (3), 1992, p. 449–453 ; J. P. Pan, J. S. Price, « Fitness and evolution in clonal plants : the impact of clonal growth », *Evolutionary Ecology* 15 (4–6), 2001, p. 583-600.

que d'adopter une approche multiniveaux de la sélection, surtout lorsqu'ils évaluent les preuves des changements évolutifs et en réalisent des prévisions.

Les trois premières sections de l'article exposent certains travaux préliminaires au traitement du problème de l'individualité des plantes. Dans la première partie, j'explique les causes des difficultés d'individuation chez les plantes. Dans la deuxième partie, je présente le débat entre démographes des plantes au sujet de la primauté relative des genets et des ramets en tant qu'individus végétaux. Puis, dans la troisième partie, je traite de ce que j'appelle les « critères classiques » : les solutions les plus défendues dans les domaines non végétaux, notamment les lignées de vertébrés supérieurs. Finalement, nous verrons qu'en raison des propriétés décrites dans la première partie, les critères classiques ne peuvent pas nous aider à régler le débat genet/ramet. De plus, nous nous retrouverons coincés dans un nouveau dilemme, contraints de choisir entre abandonner les critères classiques ou abandonner l'idée que les plantes sont tout simplement des organismes.

La deuxième partie de l'article propose une nouvelle définition de l'individu biologique et l'applique aux plantes. Si nous nous concentrons, non pas sur les critères classiques eux-mêmes, mais plutôt sur l'effet des propriétés sur lesquelles ils reposent, sur leurs conséquences pour les créatures qui les satisfont, alors nous voyons que les plantes possèdent des propriétés idiosyncrasiques qui jouent néanmoins le même rôle. Dans la quatrième partie, je soutiens que les critères d'individuation classiques fonctionnent chez les vertébrés en ciblant les mécanismes qui limitent la capacité d'une population à présenter une variation héritable de la *fitness*. Dans la cinquième partie, j'identifie quelques exemples de mécanismes équivalents chez les plantes. Dans la sixième partie, j'expose un argument quantitatif qui montre les potentiels dysfonctionnements lorsqu'on ignore l'action des mécanismes d'individuation des plantes, ce qui justifie certaines des idées nées au sein du débat ramet/genet, et montre pourquoi, quand il s'agit de compter les plantes, une approche à plusieurs niveaux s'avère parfois nécessaire.

Tout d'abord, un petit mot de sémantique avant de commencer à expliquer pourquoi les plantes peuvent être si difficiles à compter. Les personnes qui étudient les plantes et autres organismes modulaires se donnent peu la peine d'utiliser le mot « individu ». Ils invoquent plutôt une pléthore de termes plus précis – zooïde [1], ramet [2], métamère [3], individuoïde [4], module [5], somatogène [6], genet [7], pousse, méristème et bien d'autres [8]. J'ai choisi de qualifier l'unité à l'étude d'« individu biologique » et d'« organisme individuel » de façon interchangeable, les deux présentant

1. T. H. Huxley, « Upon animal individuality », *Proceedings of the Royal Institute* 1, 1852, p. 184–189.

2. J. L. Harper, *Population Biology of Plants*, *op. cit.*

3. J. White, « The plant as a metapopulation », *Annual Review of Ecology, Evolution, and Systematics* 10 (1), 1979, p. 109–145.

4. L. Van Valen, « Arborescent animals and other colonoids », *Nature* 276, 1978, p. 318.

5. A. R. Watkinson, J. White, « Some life-history consequences of modular construction in plants », *Philosophical Transactions of the Royal Society B : Biological Sciences* 313 (1159), 1986, p. 31–51.

6. L. Van Valen, « Three paradigms of evolution », *Evolutionary Theory* 9, 1989, p. 1-17.

7. J. L. Harper, *Population Biology of Plants*, *op. cit.*

8. J. W. Pepper, M. D. Herron, « Does biology need an organism concept ? », *Biological Reviews* 83 (4), 2008, p. 621–627.

de bons antécédents[1]. Le concept lui-même est relativement clair : une créature, un animal, une chose vivante singulière qui, si nous la prenions pour animal de compagnie, pourrait s'appeler « Fred » ou « Smoky ». Dans le passé, nous aurions pu dire que le concept désignait n'importe quel membre d'une espèce, un exemplaire d'un type. On peut dire beaucoup de choses sur la portée générale du concept sélectionné ; la manière dont il s'aligne sur la notion philosophique d'« individu » ou sur les concepts d'« individu physiologique » ou d'« unité de sélection ». Cette discussion dépasse toutefois le cadre de cet article. Bien que je choisisse de ne pas utiliser ce terme, considérer l'entité comme un « individu évolutionnaire » n'est possible qu'à condition de ne pas le confondre avec une « unité d'évolution » – au sens de l'espèce ou de tout autre bénéficiaire à long terme de l'évolution[2] ; ou avec un « module évolutionnaire » – au sens d'une unité sous-organismale dont l'évolution procède indépendamment, dans une certaine mesure, des

---

1. J. Wilson, *Biological Individuality : The Identity and Persistence of Living Entities*, Cambridge, Cambridge University Press, 1999 ; R. A. Wilson, « The biological notion of individual », *The Stanford Encyclopedia of Philosophy* (Fall 2007). http://plato.stanford.edu/archives/fall2007/entries/biology-individual/ ; J. W. Pepper, M. D. Herron, « Does biology need an organism concept ? », art. cit. ; A. Gardner, A. Grafen, « Capturing the superorganism, a formal theory of group adaptation », *Journal of Evolutionary Biology* 22, 2009, p. 659–671 ; D. C. Queller, J. E. Strassmann, « Beyond society : the evolution of organismality », *Philosophical Transactions of the Royal Society B : Biological Sciences* 364, 2009, p. 3143–3155 ; H.J. III Folse, J. Roughgarden, « What is an individual organism ? A multilevel selection perspective », *The Quarterly Review of Biology* 85 (4), 2009, p. 447–472.

2. E. Mayr, « What is a species, and what is not ? », *Philosophy of Science* 63 (2), 1996, p. 262–277 ; E. Lloyd, « Units and levels of selection », *The Stanford Encyclopedia of Philosophy*, 2005. http://plato.stanford.edu/entries/selection-units/#3.1.

autres parties de l'organisme[1]. Ce qui suit est impératif pour mon argument : si nous sommes disposés à qualifier les animaux d'« organismes individuels » en vertu de la possession de mécanismes particuliers, alors nous devrions aussi vraiment être enclins à qualifier les plantes de même, dans la mesure où elles possèdent des mécanismes équivalents. L'un des principaux avantages à adopter cette position, dans les deux règnes, consiste à choisir des unités à partir desquelles générer des modèles précis et prédictifs des processus évolutifs qui agissent sur les populations.

## LE PROBLÈME DE L'INDIVIDUALITÉ DES PLANTES

Les scientifiques qui étudient les populations végétales peuvent viser des objectifs divers. Les écologues et les démographes comparatifs mesurent la *fitness* des plantes afin de comparer des stratégies ou des phénotypes dans différents environnements et de prédire un parcours biologique optimal. Les écologues documentent la propagation ou le succès de différentes espèces. Les études évolutionnistes utilisent la *fitness* pour évaluer les pressions de sélection et les contraintes évolutives. Tous ces types d'études nécessitent le dénombrement d'unités végétales, c'est-à-dire la tenue d'un registre du nombre de naissances et de décès qui surviennent en un lieu donné et pendant une période donnée.

Le problème du dénombrement des unités végétales est de décider ce que l'on compte, avant de commencer à compter. Dans de nombreuses lignées animales, cela ne semble poser aucun problème, car l'unité pertinente est tout simplement évidente. Si nous voulons compter des

1. R. Brandon, « The units of selection revisited : the modules of selection », *Biology & Philosophy* 14 (2), 1999, p. 167–180.

cochons, par exemple, il est assez facile de dire quels
éléments sont considérés comme des parties de cochon et
lesquels comme de nouveaux cochons. Mais les plantes,
et d'autres organismes modulaires, poussent et se
développent d'une manière qui obscurcit le problème.
Dans les organismes modulaires, la réplication se produit
à de multiples échelles hiérarchiques, et chaque échelle
constitue un niveau auquel le démographe peut choisir de
compter les naissances et les décès.

Ma première tâche consiste à décrire les caractéristiques
et les habitudes des plantes et autres organismes modulaires
qui créent un contexte radicalement nouveau pour le
problème de l'individualité biologique. Les points essentiels
sont les suivants.

Les plantes sont modulaires, de sorte que leurs parties
disposent d'un certain degré d'autonomie écologique et
reproductif. Certaines sont capables de réitération clonale
par croissance végétative à partir de stolons multicellulaires.
Des mutations somatiques peuvent être transmises dans
les lignées cellulaires au cours de la division mitotique
normale. Enfin, les plantes présentent une embryogenèse
somatique, ce qui signifie que de nombreuses cellules
végétales conservent leur potentiel de développement tout
au long de la vie de la plante. Une conséquence importante
de cette situation est que les mutations somatiques peuvent
être transmises aux générations futures par reproduction
sexuée et apomictique [1], ainsi qu'aux descendants mitotiques.
Ceci donne lieu à la possibilité d'une évolution somatique,
dans laquelle la sélection agit aussi bien sur les différences
entre les plantes qu'à l'intérieur même des plantes. Enfin,

---

1. La reproduction apomictique se produit lorsqu'une nouvelle plante
se développe à partir d'un zygote unicellulaire, mais sans fécondation
sexuée.

il est important de garder à l'esprit qu'il existe une grande variabilité dans l'étendue et la manière dont les différentes espèces végétales présentent ces propriétés. Dans le reste de cette section, j'explique ces propriétés en détail et propose donc aux lecteurs qui les connaissent déjà de passer à la deuxième partie s'ils le souhaitent.

## Modularité

Qualifier une plante de « modulaire », revient à dire qu'elle se développe par accumulation de petits blocs de construction appelés modules (Tableau 1). Les modules ont fait l'objet de nombreuses discussions dans beaucoup de contextes différents, mais je ne traite ici que de la « modularité structurelle ». Contrairement aux modules évolutifs ou développementaux, les modules structurels sont autoreproducteurs et semi-autonomes[1]. La modularité structurelle se retrouve dans diverses lignées, dont les plantes, les champignons et les bactéries[2], ainsi que beaucoup de lignées animales, particulièrement les

---

1. A. R Watkinson, J. White, « Some life-history consequences of modular construction in plants », art. cit. ; J. Tuomi, T. Vuorisalo, « What are the units of selection in modular organisms ? », art. cit. Dans tous les cas, le terme « modulaire » sera utilisé ici pour désigner la modularité structurelle plutôt que la modularité évolutive ou développementale, et le terme « clonal » pour désigner la croissance végétative plutôt que parthénogénétique. Pour plus de détails sur ces distinctions, voir E. Clarke, « Plant individuality and multilevel selection theory » *in* K. Sterelny, B. Calcott (eds.), *The Major Transitions in Evolution Revisited*, MIT Press, Cambridge, 2011, p. 227–251.

2. J. H. Andrews, « Bacteria as modular organisms », *Annual Review of Microbiology* 52 (1), 1998, p. 105-126.

invertébrés marins[1]. Elle ne représente donc pas un groupe obscur ou minoritaire – les organismes modulaires constituent l'écrasante majorité de la biomasse de la planète[2] – et bon nombre des points soulevés ici s'appliquent à tout ce groupe, et donc aussi aux plantes.

Les modules végétaux sont les éléments constitutifs de toutes les plantes vasculaires, comprenant les fougères, les conifères et les plantes à fleurs (Angiospermes)[3]. Ce sont des sous-unités multicellulaires dont la réitération se déroule par division mitotique à partir d'un groupe spécial de cellules totipotentes et immortelles appelées méristèmes apicaux[4]. Un module végétal se trouve typiquement à l'extrémité des racines et des pousses. Chaque module a son propre cycle de vie, son propre programme de croissance et de sénescence. Contrairement aux cellules qui composent les organismes multicellulaires unitaires, les modules végétaux sont semi-autonomes, car s'ils reçoivent les nutriments nécessaires, ils peuvent survivre et se reproduire sexuellement indépendamment du reste de la plante. Le « semi » souligne qu'ils ne vivent généralement pas seuls – ils interagissent souvent avec d'autres modules avec lesquels ils partagent leurs ressources.

1. J. B. Jackson, L.W. Buss, R.E. Cook, *Population Biology and Evolution of Clonal Organisms*, New Haven, Yale University Press, 1985 ; R. N. Hughes, *A Functional Biology of Clonal Animals*, New York, Chapman & Hall, 1989.

2. C. R. Townsend, M. Begon, J. L. Harper, *Essentials of Ecology*, Oxford, Blackwell, 2003.

3. A. R Watkinson, J. White, « Some life-history consequences of modular construction in plants », art. cit.

4. J. Tuomi, T. Vuorisalo, « What are the units of selection in modular organisms ? », art. cit ; K. Monro, A. G. B. Poore, « The potential for evolutionary responses to cell-lineage selection on growth form and its plasticity in a Red Seaweed », *The American Naturalist* 173 (2), 2009, p. 151–163.

*Tableau 1. Termes clés.*

Un MODULE est une unité autoreproductrice et semi-autonome qui est réitéré pour former une plus grande unité ou une colonie. Chez les plantes, il contient habituellement un ou plusieurs méristèmes dans une pousse ou une racine.

Un MÉRISTÈME est un tissu végétal qui reste indifférencié et mitotiquement actif. Il est totipotent (peut donner naissance à toutes les parties de l'embryon et à l'adulte [1]) et immortel (peut se diviser mitotiquement un nombre illimité de fois [2]).

Un RAMET est un ensemble de modules qui forme une entité structurelle physiquement cohérente (un arbre ou un buisson, par exemple) et qui est produit végétativement par un autre ramet [3].

Un GENET est l'ensemble de tous les modules ou ramets qui se sont développés à partir d'un seul zygote, c'est-à-dire tous les produits mitotiques d'un seul événement reproductif sexué [4]. Certains lecteurs peuvent comprendre le terme « genet » comme impliquant l'homogénéité génétique, mais j'utilise une définition développementale parce que, comme nous le verrons plus loin, l'unité qui se développe à partir d'un zygote reste rarement génétiquement homogène pendant longtemps.

Un ORGANISME est dit clonal lorsque des ramets entiers ou des individus structuraux se répliquent eux-mêmes [5].

---

1. N. A. Campbell, J. B. Reece, *Biology*, 8th edn, Redwood City, Benjamin Cumming's Publishing Company, 2008.

2. R. E. Michod, A. M. Nedelcu, « On the reorganization of fitness during evolutionary transitions in individuality », *Integrative and Comparative Biology* 43 (1), 2003, p. 64–73.

3. J. L. Harper, *Population Biology of Plants*, *op. cit.*

4. *Ibid.*

5. J. Tuomi, T. Vuorisalo, « Hierarchical selection in modular organisms », *Trends in Ecology & Evolution* 4 (7), 1989, p. 209–213.

Un INDIVIDU MOSAÏQUE est composé de deux génotypes ou plus qui proviennent d'un seul zygote, mais qui ont divergé pendant le développement mitotique [1].

## Clonalité

De nombreuses plantes, parmi lesquelles les pissenlits, les graminées, les trembles, les fougères et les fraisiers, sont clonales et modulaires à la fois. Ceci signifie que la copie ou la réitération intervient à deux niveaux ; celui des modules, mais aussi celui des plantes ou des arbres entiers. Par exemple, le peuplier faux-tremble (*Populus tremuloides*) contient dans ses racines des modules méristématiques à partir desquels poussent ses stolons. Ces propagules végétatives poussent loin de l'arbre parent, puis remontent vers la surface du sol, où la réitération du module se poursuit jusqu'à ce qu'un tout nouvel arbre se soit développé.

La multiplication clonale permet à une plante de renouveler son cycle de développement sans méiose. Cela confère aux plantes clonales une sorte d'immortalité potentielle [2], car elles n'ont pas besoin de réduire leur génome de moitié et de le recombiner avec celui d'un autre organisme pour continuer à exister après la mort de la plante mère. Le genet ne meurt que si tous ses ramets meurent en même temps (Fig. 1).

1. D. E. Gill, L. Chao, S. L. Perkins, J. B. Wolf, « Genetic mosaicism in plants and clonal animals », *Annual Review of Ecology, Evolution, and Systematics* 26 (1), 1995, p. 423–444.

2. T. Fagerström, « The meristem–meristem cycle as a basis for defining fitness in clonal plants », art. cit.

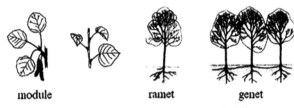

module ramet genet

Fig. 1 Ce dessin schématique de Tuomi et Vuorisalo[1] montre un module végétatif typique composé de quelques feuilles et de pièces florales. Celles-ci se réitèrent pour composer des branches ou des tiges, qui s'itèrent pour former un ramet. Chez les espèces clonales, des ramets entiers sont également reproduits pour former un genet.

### Les mutations somatiques

Le développement de tout organisme multicellulaire implique une série de divisions cellulaires par mitose. De nombreux mécanismes garantissent que le processus de copie soit fidèle, mais ils ne sont pas parfaits, et des erreurs se produisent parfois, erreurs qui se reproduisent ensuite dans la lignée cellulaire. En raison de leur nombre[2], tous les organismes, sauf les plus petits, sont des mosaïques génétiques : leurs cellules portent des génotypes distincts[3]. Différentes lignées cellulaires ou modules dans chaque ramet, et/ou différents ramets dans le genet clonal, peuvent porter des allèles distincts. Certaines formes de mosaïcisme

1. J. Tuomi, T. Vuorisalo, « Hierarchical selection in modular organisms », art. cit.

2. Les estimations du taux de mutation par gène par génération individuelle se situent entre 10-7 et 10-4 (S. P. Otto, I. M. Hastings, « Cell lineage selection, germinal mosaics, and evolution-mutation and selection within the individual », *Genetica-Den Haag* 102, 1998, p. 510).

3. S. P. Otto, I. M. Hastings, « Cell lineage selection, germinal mosaics, and evolution-mutation and selection within the individual », art.cit.

et de chimérisme sont visibles dans le phénotype d'une plante. Par exemple, une mutation somatique est responsable du panachage du feuillage : certaines zones de la feuille sont porteuses d'un gène défectueux impliqué dans la production des chloroplastes.

Les plantes clonales sont supposées présenter un plus grand degré de mosaïcisme que les autres plantes, simplement parce que leurs cellules peuvent continuer à se diviser par mitose indéfiniment[1], chaque événement mitotique offrant une nouvelle possibilité d'erreur. Par ailleurs, une uniformité génétique moindre des plantes clonées par rapport aux organismes unitaires peut être attendue en raison de la multicellularité des stolons ou propagules par lesquels le clonage végétatif se produit en transmettant efficacement les génotypes mosaïques. Ceci contraste avec la reproduction apomictique ou sexuée, dans laquelle le stade unicellulaire garantit qu'une seule cellule avec un seul génotype sert de modèle à toutes les cellules ultérieures de l'organisme.

### L'embryogenèse somatique

Dans les organismes unitaires, seules très peu de cellules peuvent se développer à part entière en un tout nouvel organisme. Les autres sont différenciées, limitées à l'expression d'un ou de quelques phénotypes cellulaires. Cette « séparation germen-soma » limite la portée du mosaïcisme dans les organismes unitaires. La plupart des mutations se produisent dans les tissus somatiques différenciés, simplement en raison de leur nombre beaucoup plus élevé que celui des cellules germinales. Ces mutations

---

1. L. Hadany, « A conflict between two evolutionary levels in trees », *Journal of Theoretical Biology* 208 (4), 2000, p. 507–521.

seront transmises aux cellules filles, mais ne pourront pas franchir la lignée des cellules germinales. Cela signifie qu'elles ne peuvent pas se transmettre à des organismes descendants [1]. Le mutant disparait à la mort de l'organisme, à moins qu'il n'ait un moyen de se transmettre à d'autres organismes, à l'instar des cancers viraux comme la tumeur infectieuse faciale du diable de Tasmanie DFTD [2]. L'héritabilité à long terme des mutations somatiques est ainsi fermement limitée.

Les plantes, ainsi que de nombreux autres êtres vivants [3], témoignent d'une « embryogenèse somatique » [4], autrement dit, ils ne présentent pas de séparation germen-soma [5]. Au lieu de séquestrer leurs cellules germinales, les plantes

1. C'est du moins le point de vue de la synthèse moderne. Pour les façons dont la variation somatique peut quand même affecter la lignée germinale, voir E. Jablonka, M. J. Lamb, *Evolution in Four Dimensions : Genetic, Epigenetic, Behavioral, and Symbolic Variation in the History of Life*, Cambridge, MIT Press, 2005.

2. E. P. Murchison, « Clonally transmissible cancers in dogs and Tasmanian devils », *Oncogene* 27, 2008, p. 19–30.

3. L. W. Buss décrit vingt-sept taxons vivants sur cinquante comme présentant une embryogenèse somatique (L. W. Buss, *The Evolution of Individuality*, New Jersey, Princeton University Press, 1987, p. 21), mais il montre aussi que la séquestration de la lignée germinale et l'embryogenèse ne sont pas des alternatives discrètes. Au contraire, tous les êtres vivants tombent quelque part sur un spectre où, à une extrémité, les organismes unitaires séquestrent la lignée germinale de façon précoce et préformative et, à l'autre extrémité, absolument aucune séquestration n'a lieu.

4. J. Tuomi, T. Vuorisalo, « Hierarchical selection in modular organisms », art. cit. ; L. W. Buss, « Evolution, development, and the units of selection », *Proceedings of the National Academy of Sciences* 80 (5), 1983, p. 1387 ; R. F. Lyndon, *Plant Development*, London, Unwin Hyman, 1990.

5. L. Jerling, « Are plants and animals alike ? A note on evolutionary plant population ecology », *Oikos* 45 (1), 1985, p. 150–153 ; W. J. Sutherland, A. R. Watkinson, « Somatic mutation : do plants evolve differently ? », *Nature* 320, 1986, p. 305.

conservent une réserve de tissus indifférenciés, mélangés à tous leurs autres tissus et capables de produire tous les phénotypes nécessaires à la construction d'un ramet entier [1]. L'embryogenèse somatique permet la multiplication végétative ou clonale, tout en donnant aux plantes de grands pouvoirs de régénération. La plupart des cellules prélevées sur un arbre peuvent, moyennant un traitement suffisamment attentif, être amenées à se différencier et à pousser en un nouvel arbre entier [2].

L'embryogenèse somatique change également le statut des mutations somatiques. Plutôt que d'être vouées à disparaitre une fois le cycle de vie du ramet terminé, les mutations végétales peuvent être transmises à de nouvelles plantes, par des moyens à la fois végétatifs et sexués. Si elles apparaissent dans une propagule clonale, ou lors d'une croissance adventive [3], elles seront alors transmises à un nouveau ramet. Mais elles peuvent aussi se produire ou être transmises au méristème d'une pousse d'où elles peuvent se répandre dans la fleur et finalement dans un zygote. Notez que les organismes unitaires se composent également de nombreuses unités de construction plus petites – les cellules, et que ces cellules se perpétuent ainsi

1. F. C. Stewart, M. O. Mapes, J. Smith, « Growth and organized development of cultured cells. I. Growth and division of freely suspended cells », *American Journal of Botany* 45 (9), 1958, p. 693–703 ; J. Tuomi, T. Vuorisalo, « Hierarchical selection in modular organisms », art. cit.

2. J. Verdeil *et al.*, « Pluripotent versus totipotent plant stem cells : dependence versus autonomy ? », *Trends in Plant Science* 12 (6), 2007, p. 245-252.

3. Il s'agit d'une croissance qui se produit en dehors du programme de développement « normal », s'il y en a un, et qui provient de tissus non méristématiques. Par exemple, dans la pratique du taillis, un arbre est coupé au-dessus du sol et des pousses adventives poussent autour du tronc.

que leur cycle biologique en se divisant mitotiquement pour produire des copies d'elles-mêmes. Mais comme presque toutes les cellules d'un organisme unitaire sont différenciées, cette multiplication n'est pas une reproduction complète – la cellule est incapable d'engendrer des cellules avec tous les phénotypes nécessaires à la production de l'organisme entier.

## La sélection somatique

Beaucoup d'auteurs ont tenté d'attirer l'attention sur la possibilité et l'importance évolutive potentielle de ce qu'ils appellent la « sélection somatique » ou la « sélection intraorganique » qui se produit lorsque des différences héréditaires entre les cellules ou d'autres parties végétatives causent une différence de survie ou de multiplication dans la plante [1]. Ces auteurs pensent aux plantes, mais la sélection

1. J. White, « The plant as a metapopulation », art. cit.; E. J. Klekowski, N. Kazarinova-Fukshansky, H. Mohr, « Shoot apical meristems and mutation : stratified meristems and angiosperm evolution », *American Journal of Botany* 72, 1985, p. 1788–1800; M. F. Antolin, C. Strobeck, « The population genetics of somatic mutation in plants », *The American Naturalist* 126, 1985, p. 52–62; R. C. Hardwick, « Physiological consequences of modular growth in plants », *Philosophical Transactions of the Royal Society B : Biological Sciences* 313, 1986, p. 161–173; W. J. Sutherland, A. R. Watkinson, « Somatic mutation : do plants evolve differently ? », art. cit.; R. N. Hughes, *A Functional Biology of Clonal Animals*, *op. cit.*; I. M. Hastings, « Germline selection : population genetics of the sexual/asexual lifecycle », *Genetics* 129, 1991, p. 1167–1176; F. J. Acosta, J. M. Serrano, C. Pastor, F. Lopez, « Significant potential levels of hierarchical phenotypic selection in a woody perennial plant, *Cistus ladanifer* », *Oikos* 68, 1993, p. 267–272; S. P. Otto, M. E. Orive, « Evolutionary consequences of mutation and selection within an individual », *Genetics* 141, 1995, p. 1173–1187; T. Fagerström, D. A. Briscoe, P. Sunnucks, « Evolution of mitotic cell-lineages in multicellular organisms », *Trends in Ecology & Evolution* 13 (3), 1998, p. 117–120; L. Hadany, « A conflict between two evolutionary levels in trees », art. cit.; M. E. Orive, « Somatic mutations in organisms with

somatique a également été discutée dans le contexte d'autres lignées clonales comme les coraux[1] et les pucerons[2]. La sélection somatique des plantes agit entre les lignées cellulaires ou d'autres parties végétatives, au lieu d'agir entre (ou aussi bien qu'entre) les plantes. La sélection somatique peut entrainer une évolution suborganique, dans laquelle les fréquences des gènes changent au cours de la vie de la plante, plutôt que d'une génération à l'autre, comme cela se produit dans l'évolution des organismes.

Cela n'a rien d'étonnant en soi : après tout, n'importe quel organisme atteint d'un cancer peut exprimer au cours du temps un changement dans la fréquence d'un allèle particulier. Cependant, la différence significative est que dans les plantes, les changements sous-générationnels sont héréditaires, car les gagnants des conflits de sélections somatiques peuvent se transmettre aux générations suivantes. La transmission peut être soit sexuelle, si la mutation s'exprime dans les parties florales, soit végétative, si elle s'exprime dans la propagule végétative. La sélection somatique dans les plantes peut entrainer des conséquences évolutives à long terme. Plusieurs auteurs soutiennent que la sélection intraorganisme est importante du point de vue

complex life histories », *Theoretical Population Biology* 59 (3), 2001, p. 235–249; A. G. B. Poore, T. Fagerström, « A general model for selection among modules in haplo-diploid life histories », *Oikos* 92 (2), 2001, p. 256–264 ; E. J. Klekowski, « Plant clonality, mutation, diplontic selection and mutational meltdown », *Biological Journal of the Linnean Society* 79 (1), 2003, p. 61–67; K. Monro, A. G. B. Poore, « Selection in modular organisms : is intraclonal variation in macroalgae evolutionarily important? », *The American Naturalist* 163 (4), 2004, p. 564–578.

1. M. J. H. van Oppen, M. Souter, E. J. Howells, A. Heyward, R. Berkelmans, « Novel genetic diversity through somatic mutations : fuel for adaptation of reef corals? », *Diversity* 3, 2011, p. 405–423.

2. H. D. Loxdale, « The nature and reality of the aphid clone : genetic variation, adaptation and evolution », *Agricultural and Forest Entomology* 10, 2008, p. 81–90.

de l'évolution et même adaptative au niveau de l'organisme [1]. Par exemple, Otto et Hastings construisent un modèle qui montre que tant que la sélection est concordante entre les niveaux hiérarchiques, la sélection intraorganisme peut agir comme un tamis qui réduit la charge génétique en éliminant les mutations délétères et augmente le taux d'évolution en favorisant les mutations bénéfiques.

Sur le terrain, la confirmation empirique de la sélection somatique chez les plantes est toutefois mince [2] et la plupart

1. L. W. Buss, « Evolution, development, and the units of selection », art. cit.; D. E. Gill *et al.*, « Genetic mosaicism in plants and clonal animals », art. cit.; S. P. Otto, I. M. Hastings, « Cell lineage selection, germinal mosaics, and evolution-mutation and selection within the individual », art. cit.; T. Fagerström *et al.*, « Evolution of mitotic cell-lineages in multicellular organisms », art. cit.; F. Pineda-Krch, T. Fagerström, « On the potential for evolutionary change in meristematic cell lineages through intraorganismal selection », *Journal of Evolutionary Biology* 12 (4), 1999, p. 681–688; M. Marcotrigiano, « Herbivory could unlock mutations sequestered in stratified shoot apices of genetic mosaics », *American Journal of Botany* 87 (3), 2000, p. 355; G. Lushai, H. D. Loxdale, J. A. Allen, « The dynamic clonal genome and its adaptive potential », *Biological Journal of the Linnean Society* 79, 2003 p. 193–208; M. Pineda-Krch, K. Lehtilä, « Costs and benefits of genetic heterogeneity within organisms », *Journal of Evolutionary Biology* 17 (6), 2004, p. 1167–1177; E. Clarke, « Plant individuality and multilevel selection theory », art. cit.; H.J. III Folse, Roughgarden, « What is an individual organism? A multilevel selection perspective », art. cit.

2. Bien qu'il existe des preuves substantielles de l'évolution des lignées clonales chez les pucerons, les acariens et les bactéries, qui sont sensiblement similaires (A. R. Weeks, A. A. Hoffman, « Intense selection of mite clones in a heterogeneous environment », *Evolution* 52, 1998, p. 1325–1333; A. C. C. Wilson, P. Sunnucks, D. F. Hales, « Heritable genetic variation and potential for adaptive evolution in asexual aphids (*Aphidoidea*) », *Biological Journal of the Linnean Society* 79, 2003, p. 115–135). Les exceptions sont E. L. Breese, M. D. Hayward, A. C. Thomas, « Somatic selection in rye grass », *Heredity* 20, 1965, p. 367–379; T. G. Whitham, C. N. Slobodchikoff, « Evolution by individuals, plant-herbivore interactions, and mosaics of genetic variability: the adaptive significance of somatic mutations in plants »,

des travaux effectués jusqu'à présent sont théoriques[1], ce qui amène certains à douter de la sélection somatique comme un phénomène évolutif réellement important[2].

### La variation

Une énorme variété de modèles et de degrés de réitération modulaire existe parmi les différentes espèces de plantes. Dans les cas les plus extrêmes, les plantes modulaires réitèrent plusieurs unités à la fois selon un schéma de ramification : chaque module disposant d'un haut degré d'autonomie, voire même de ses propres tiges ou connexions racinaires indépendantes. Ces plantes sont clonales et modulaires de sorte que la réitération des unités fonctionnelles se produit à des échelles hiérarchiques multiples. Elles sont itéropares : le développement n'est pas coordonné entre les modules[3]. L'accumulation de modules est ouverte et peut se poursuivre indéfiniment, sans progresser vers une quelconque forme adulte fixe[4].

À l'autre extrême se trouvent les plantes plus unitaires : leur type de croissance est déterminé, de sorte que leur

*Oecologia* 49 (3), 1981, p. 287–292 ; K. Monro, A. G. B. Poore, « The potential for evolutionary responses to cell-lineage selection on growth form and its plasticity in a Red Seaweed », art. cit.

1. Pour une étude, voir H.J. III Folse, J. Roughgarden, « Direct benefits of genetic mosaicism and intraorganismal selection : modelling coevolution between a long-lived tree and a short-lived herbivore », *Evolution*, 2001 (doi : 10.1111/j. 1558-5646.2011.01500.x).

2. M. J. Hutchings, D. Booth, « Much ado about nothing… so far ? », *Journal of Evolutionary Biology* 17 (6), 2004, p. 1184–1186.

3. Contrairement aux plantes « sémelpares », dans lesquelles le développement des modules est coordonné afin que toutes les parties fleurissent en même temps, après quoi la plante entière ou le groupe de modules meurt.

4. M. Begon, C. R. Townsend, J. L. Harper, *Ecology : From Individuals to Ecosystems*, Oxford, Wiley-Blackwell, 2006.

forme est liée à leur âge ou à leur stade de vie[1]. Leur durée de vie est courte, elles ne sont pas clonales et ne se reproduisent que sexuellement, avec un seul axe de croissance ou un seul module végétatif qui produit des graines ou des spores, et une seule tige commune. Différentes espèces végétales occupent des positions diverses entre ces deux extrêmes. Certains organismes, comme les graminées, passent en réalité d'un mode modulaire à un mode clonal au cours de la durée de vie du genet, en fonction des modifications des conditions environnementales. Ces différents modes ont été respectivement décrits comme des stratégies de phalange et de guérilla[2].

Il est important de garder à l'esprit toute cette diversité, car elle implique que toutes les plantes sont loin d'être égales vis-à-vis de problèmes d'individuation. Bien que certaines plantes possèdent toutes les caractéristiques énumérées ci-dessus, cela n'empêche pas l'existence de nombreuses plantes beaucoup plus simples à traiter. Par exemple, l'arabette des dames (*Arabidopsis thaliana*) aura tendance à se comporter de façon beaucoup moins compliquée que le peuplier faux-tremble (*Populus tremuloides*). Certaines plantes ne sont tout simplement pas particulièrement ambiguës en ce qui concerne leur individualité, surtout celles sur lesquelles tendent à se concentrer des études évolutives : les herbacées annuelles qui se reproduisent sexuellement[3]. Mais la lisibilité des

1. L. Jerling, « Are plants and animals alike ? A note on evolutionary plant population ecology », art. cit. ; R. N. Hughes, *A Functional Biology of Clonal Animals, op. cit.*

2. L. Lovett Doust, J. Lovett Doust, « The battle strategies of plants », *New Scientist* 95, 1982, p. 81–84.

3. Voir C. Weinig *et al.*, « Antagonistic multilevel selection on size and architecture in variable density settings », *Evolution* 61 (1), 2007, p. 58–67.

exemples choisis ne doit pas non plus remettre en cause de sérieux problèmes posés par le concept général d'individualité.

Les raisons pour lesquelles les plantes constituent un cas particulier pour le problème de l'individualité devraient désormais clairement commencer à apparaitre. De nombreuses plantes s'édifient par réitération à des échelles modulaires et clonales, ce qui produit une organisation hiérarchique. Chaque niveau de la hiérarchie est un niveau de réplication ou de copie, où les naissances et les décès peuvent être comptés. Les unités de chaque niveau peuvent porter des mutations et les transmettre aux générations futures. Quelles unités le botaniste devrait-il compter? Lesquelles sont des individus?

Dans la deuxième partie, je présenterai les deux réponses rivales à ces questions, en montrant qu'un véritable choix doit être entériné quand il s'agit de compter les plantes.

## LE DILEMME DU DÉMOGRAPHE

Cette section expose les approches concurrentes de l'individualité des plantes selon le genet et selon le ramet et donne suffisamment de substance au débat pour convaincre le lecteur que la question demeure bien vivante. Ceux qui connaissent ces discussions voudront peut-être passer directement à la troisième partie.

Aux XVIII$^e$ et XIX$^e$ siècles, la conception de l'individualité végétale comme métapopulation dominait. Les objets macroscopiques que nous appelons plantes ou arbres étaient traités comme des communautés d'individus à plus petite échelle. En 1721, Richard Bradley écrivait que « les rameaux et les branches d'arbres sont vraiment autant de plantes qui poussent les unes sur les autres »[1]. En 1853, Alexander Braun insistait sur le fait que « dans la mesure où l'on peut légitimement parler d'individualité végétale, il faut s'en tenir à l'individualité de la pousse : la pousse est l'individu végétal morphologique »[2]. En 1938, on soutenait encore que seule la compétition entre les individus des branches pouvait expliquer la forme des arbres[3].

Les progrès ultérieurs de la théorie de l'évolution ont fait comprendre que l'action de la sélection naturelle sur les populations végétales nécessitait une unification des connaissances théoriques en génétique des populations – les changements de fréquence des gènes – et des observations écologiques sur les changements dans le nombre d'individus d'une population. Mesurer la sélection naturelle requiert de déterminer la composition phénotypique et génotypique d'une population juste avant et juste après un cycle de sélection (c'est-à-dire après un seul cycle de reproduction). On peut ensuite en déduire dans quelle mesure les fréquences de gènes ont changé à la suite de la sélection de caractères phénotypiques. Dans les organismes unitaires, on utilise en général le cycle du zygote pour délimiter un cycle de génération ou de reproduction unique, ce qui permet une seule étape de sélection. Chez les plantes, on considère généralement que les acteurs clés du cycle de vie qui doivent être comptés sont les graines ou les spores[4]. L'idéal

1. Cité dans O. T. Solbrig, *Demography and Evolution in Plant Populations*, *Botanical monographs*, vol. 15, Berkeley, University of California Press, 1980, p. 22.

2. *Ibid.*

3. E. Münch, « Untersuchungen über die Harmonie der Baumgestalt », art. cit., cité dans J. White, « The plant as a metapopulation », art. cit.

4. Je parle de graines pour être simple, mais cela vaut ici comme un substitut à toute propagule végétale produite sexuellement.

théorique consiste à mesurer les caractères génotypiques et phénotypiques de toutes les graines d'une population [1]. Ensuite, après une période déterminée par le temps moyen indispensable aux membres de cette population pour compléter un cycle de vie de la graine à la graine, toutes les semences produites par les graines du premier dénombrement seront comptées à leur tour et leurs propriétés génotypiques et phénotypiques seront mesurées.

De nombreuses raisons empêchent systématiquement la pratique empirique actuelle de répondre à cet idéal théorique. L'analyse du génotype des semences est un processus coûteux et laborieux impossible à réaliser de manière non destructive (c'est-à-dire sans devenir une sorte d'agent sélectif). Des techniques d'échantillonnage et de statistique sont donc employées pour déduire à partir de données restreintes. Ces déductions sont perturbées par le simple fait qu'il est très difficile de calculer la taille de la population à échantillonner. Le dénombrement des semences est imprécis en raison de la façon dont l'eau, le vent et divers organismes mobiles les transportent à l'intérieur et à l'extérieur des zones spatialement délimitées, et parce qu'un grand nombre d'entre elles sont enfouies sous terre où elles sont invisibles. De plus, effectuer un deuxième comptage après le bouclage du cycle du zygote est en pratique impossible pour de nombreuses espèces végétales, car leur durée de vie dépasse largement celle d'un projet de recherche normal.

Ces types de problèmes pèsent également sur les études de beaucoup d'animaux, et les biologistes des populations ont mis au point divers moyens pour tenter de les surmonter.

1. O. T. Solbrig, *Demography and Evolution in Plant Populations*, *op. cit.*

La méthode la mieux établie pour les populations végétales est la méthode démographique, fondée par John Harper en 1977. D'une certaine façon, la méthode de Harper peut être vue comme une extension de la métapopulation, parce qu'elle traite les plantes comme des populations en prenant leurs parties comme des individus à compter. Par exemple, nous pourrions observer un petit groupe d'arbres et compter sur chaque arbre le nombre de nouvelles feuilles produites chaque printemps. Mais le plus souvent, les démographes considèrent les ramets ou les arbres comme les unités à compter[1]. En ce qui concerne une espèce comme le peuplier faux-tremble (*Populus tremuloides*), le démographe délimite une zone de forêt. Il revient ensuite dans la zone à intervalles réguliers et consigne le nombre de naissances et de décès d'arbres au sein de cette zone.

Contrairement à la perspective de la métapopulation, cependant, la méthode démographique de Harper se fonde essentiellement sur les genets comme individus des populations végétales. Il est important de relever, lors de l'enregistrement des nouvelles naissances, si le nouvel arbre a poussé à partir d'une graine ou s'il a été engendré par voie végétative. En théorie, l'analyse génétique pourrait servir à documenter le génotype d'un genet. Mais en pratique, chez les espèces où les parties d'un genet restent visiblement reliées les unes aux autres, on part souvent du principe que les plantes qui ont poussé en tant que semis indépendant ont un nouveau génotype, alors que les

---

1. En fait, la croissance du genet peut être déterminée en comptant n'importe quelles parties – ramets, branches, bourgeons, feuilles, pousses, fleurs – n'importe quelle unité dénombrable fait l'affaire. Les critères principaux lors du choix d'une unité sont pratiques : est-elle facilement accessible ? Les chiffres sont-ils utilisables ? (S. Wikberg, « Fitness in clonal plants », *Oikos* 72 (2), 1995, p. 293–297).

nouvelles plantes produites par voie végétative partagent celui de la plante à laquelle elles sont reliées. Le but du relevé est d'enregistrer le taux de croissance de chaque genet, son taux de croissance correspondant simplement au nombre de nouvelles parties clonales produites, moins le nombre de celles qui sont mortes. Le principe central de l'analyse démographique est résumé dans cette équation simple qui donne la taille d'un genet à un moment futur comme suit :

$$nt + 1 = nt + B - D$$

où n = le nombre de modules, B = le nombre de naissances de modules et D = le nombre de décès de modules [1].

Mais pourquoi le démographe suppose-t-il que mesurer la taille d'un genet a quelque chose à voir avec la reproduction ? Comment quelque chose d'aussi éloigné du dénombrement de graines peut-il nous apprendre quoi que ce soit sur la *fitness* des genets ? Les biologistes de tous les domaines recourent fréquemment à un caractère facilement mesurable comme indicateur de la *fitness*, plutôt que d'essayer de mesurer le succès reproducteur effectif au cours de la vie [2]. Ceci se justifie dans la mesure où l'on peut supposer que le caractère mesuré entretient une corrélation fiable avec la *fitness* réelle. En gros, les démographes prennent la croissance des genets (le taux d'augmentation par expansion végétative) comme une approximation de la *fitness*. Ceci est étayé par le fait que chez les plantes clonales, la taille du genet est étroitement corrélée aux résultats reproductifs sexués au cours de sa vie, puisque la production de graines d'un genet est

1. J. L. Harper, *Population Biology of Plants*, *op. cit.*
2. K.J. Niklas, *The Evolutionary Biology of Plants*, Chicago, University of Chicago Press, 1997.

équivalente à son nombre de ramets multiplié par la production moyenne de graines de chaque ramet. Tant que les nouvelles parties croissent de manière à produire des graines, la croissance est une façon d'améliorer la *fitness*.

Fondamentalement, la méthode démographique représente donc une sorte de point de vue sur le genet[1] où l'individu est envisagé comme l'ensemble du produit mitotique d'un seul zygote engendré sexuellement.

> Du point de vue d'un vertébré supérieur peu habitué à la reproduction asexuée, la plante qui importe est la tige unique qui vit et meurt, l'organisme discret physio-logiquement intégré que nous récoltons pour la nourriture et les fibres. D'un point de vue évolutif, cependant, le clone entier est un individu unique qui, comme vous ou moi, est passé par un moment unique de conception et

1. D.H. Janzen, « What are dandelions and aphids ? », *The American Naturalist* 111, 1977, p. 586–589 ; J. L. Harper, *Population Biology of Plants*, *op. cit.* et « Modules, branches, and the capture of resources » *in* J. B. Jackson, L. W. Buss, R. E. Cook (eds.), *Population Biology and Evolution of Clonal Animals*, Yale University Press, New Haven, 1985, p. 1–33 ; R. E. Cook, « Asexual reproduction : a further consideration », *The American Naturalist* 113 (5), 1979, p. 769–772 ; J. L. Harper *et al.*, « The population dynamics of growth form in organisms with modular construction » *in* R. Anderson (ed.), *Population Dynamics*, Oxford, Blackwell, 1979, p. 29–52 ; R. E. Cook, « Growth and development in clonal plant populations » *in* J. B. C. Jackson, L. W. Buss, R. E. Cook (eds.), *Population Biology and Evolution of Clonal Organisms*, New Haven, Yale University Press, 1985, p. 259–296 ; J. B. C. Jackson, A. G. Coates, « Life cycles and evolution of clonal (modular) animals », *Philosophical Transactions of the Royal Society B : Biological Sciences* 313 (1159), 1986, p. 7 ; O. Eriksson, L. Jerling, « Hierarchical selection and risk spreading in clonal plants » *in* J. van Groenendael, H. de Kroon (eds), *Clonal Growth in Plants : Regulation and Function*, The Hague, SPB Academic Publishing, 1990, p. 79–94 ; A. Ariew, R. C. Lewontin, « The confusions of fitness », art. cit.

vivra son dernier jour lorsque sa toute dernière tige succombera à l'âge ou à un accident[1].

La réitération végétative des parties d'un genet est perçue comme une forme de croissance, plutôt que comme une reproduction authentique. Cette croissance est utilisée comme approximation de la *fitness*, parce qu'elle est considérée comme corrélée au résultat reproductif, mais elle n'est pas elle-même conçue comme un résultat reproductif. De la même façon que les cellules cardiaques saines peuvent entretenir une corrélation avec le succès reproducteur chez les humains, un taux élevé de croissance végétative est considéré comme contribuant à la viabilité et à la fécondité d'un individu végétal.

Plusieurs hypothèses supposent que la croissance clonale est adaptative au niveau du genet. Par exemple, un genet individuel peut recourir à la croissance clonale pour allonger sa durée de vie ou réduire son risque de mortalité[2]. Tant qu'un seul module reste viable, le genet peut survivre, si bien que la répartition spatiale des parties réduit la probabilité qu'un seul événement les détruise toutes. Cook affirme également que les plantes clonales pourraient en réalité se disperser afin d'exploiter un plus large éventail de ressources de l'environnement[3], surtout lorsque ces ressources sont distribuées sporadiquement dans le temps ou l'espace. Cette stratégie des plantes clonales a été qualifiée de genre de comportement de recherche de

1. R. E. Cook, *The Biology of Seeds in the Soil. Demography and Evolution in Plant Populations*, Berkeley, University of California Press, 1980, p. 91.

2. R. E. Cook, « Asexual reproduction : a further consideration », art. cit.

3. R. E. Cook, « Growth and development in clonal plant populations », art. cit.

nourriture[1]. Des éléments indiquent que certaines plantes
pourraient influencer activement leur prolifération clonale
selon un gradient environnemental afin de maximiser
l'efficacité des ressources à travers une sorte de sélection
active d'habitats[2].

La perspective du genet n'a cependant pas réussi à
s'assurer une victoire durable sur les conceptions en termes
de métapopulation. Des auteurs ont récemment soutenu
que rien ne fondait l'affirmation selon laquelle la propagation
végétative constituait une forme inférieure ou une
pseudoforme de reproduction. Les partisans d'une approche
par le ramet ou le module[3] diraient que quand un nouveau
ramet de tremble pousse depuis la même souche que ses
homologues clones, un nouvel individu a réellement été
conçu. Ils prétendent qu'il est faux de penser que le clone
parental s'est simplement doté d'une partie de plus. « La

1. J. W. Silvertown, D. Charlesworth, *Introduction to Plant Population Biology*, Oxford, Wiley-Blackwell, 2001.

2. A. G. Salzman, « Habitat selection in a clonal plant », *Science* 228 (4699), 1985, p. 603 ; G. G. Williams, « Retrospect on modular organisms », *Philosophical Transactions of the Royal Society B : Biological Sciences* 313 (1159), 1986, p. 245–250.

3. N. R. Hamilton, B. Schmid, J. L. Harper, « Life-history concepts and the population biology of clonal organisms », *Proceedings of the Royal Society of London, B : Biological Sciences* 232 (1266), 1987, p. 35–57 ; T. Fagerström, « The meristem–meristem cycle as a basis for defining fitness in clonal plants », art. cit. ; J. J. Pan, J. S. Price, « Fitness and evolution in clonal plants : the impact of clonal growth », *Evolutionary Ecology* 15 (4), 2002, p. 583–600 ; B. Pedersen, J. Tuomi, « Hierarchical selection and fitness in modular and clonal organisms », *Oikos* 73 (2), 1995, p. 167–180 ; A. G. B. Poore, T. Fagerström, « A general model for selection among modules in haplo-diploid life histories », art. cit. ; J. Tuomi, T. Vuorisalo, « What are the units of selection in modular organisms ? », art. cit. ; E. Winkler, M. Fischer, « Two fitness measures for clonal plants and the importance of spatial aspects », *Plant Ecology* 141 (1), 1999, p. 191–199.

croissance à elle seule est un élément important de la *fitness* des organismes modulaires » [1]. Si tel est le cas, alors la réitération clonale n'est plus seulement corrélée à la *fitness*, en fait, elle en devient partiellement constitutive. Fagerström recommande de définir les générations selon le cycle du méristème, plutôt que selon le cycle du zygote. Les ramets sont alors considérés comme ayant deux types de descendances : des graines et des ramets clonaux [2]. De ce point de vue, les graines et les ramets filles doivent être comptés, et la *fitness* d'un ramet est la somme de ces deux nombres [3] (alors que dans la perspective du genet, les ramets sont comptés et multipliés par le nombre moyen de graines pour obtenir une estimation de la *fitness* au niveau du genet).

Certaines raisons pragmatiques ou intuitives sont invoquées en faveur d'une perspective d'individuation des plantes en termes de ramet ou de module. Les unités de niveau inférieur sont plus analogues aux organismes unitaires de diverses façons évidentes. Les ramets et les modules ont des cycles de vie propres – ils atteignent la maturité et la sénescence, tandis que pour les gènes, la notion d'étape du cycle de vie n'a guère de sens [4]. Les ramets ont des parties spécialisées et différenciées et une

1. J. Tuomi, T. Vuorisalo, « What are the units of selection in modular organisms ? », art. cit., p. 230.
2. T. Fagerström, « The meristem–meristem cycle as a basis for defining fitness in clonal plants », art. cit.
3. Habituellement, la contribution de chaque type de descendance est pondérée en fonction de la parenté pour tenir compte de la différence d'héritabilité entre reproduction sexuée et clonale (voir Fagerström, « The meristem–meristem cycle as a basis for defining fitness in clonal plants », art. cit.).
4. A. R. Watkinson, J. White, « Some life-history consequences of modular construction in plants », art. cit.

autonomie reproductive. Tuomi et Vuorisalo soutiennent que les modules sont les seules unités dont on peut vraiment dire qu'elles se reproduisent et que les unités de plus grande échelle ne sont significatives que dans la mesure où elles constituent des domaines d'interaction qui ne recoupent pas nécessairement les genets[1]. Fagerström défend que l'élément important dans la décision de nommer ou non une nouvelle partie un individu n'est pas son origine, mais son potentiel évolutif. Il explique que la taille d'une propagule n'a pas d'importance, ni la façon dont elle a été produite : seule la question de sa totipotence compte. Pour ces raisons, les ramets produits par voie végétative peuvent prétendre à l'individualité véritable[2].

Ce débat conceptuel entre la perspective du ramet[3] et du genet est-il fondé ? Tout comme certaines personnes considèrent les débats au sujet de « l'individu » largement superficiels ou dépendant du langage, et y répondent par une certaine forme de pluralisme[4] ou de réalisme léger[5], nous pourrions être tentés de penser à la possibilité d'un compromis lorsque les points de vue du ramet et du genet sont envisagés comme des alternatives conceptuelles aussi

1. J. Tuomi, T. Vuorisalo, « What are the units of selection in modular organisms ? », art. cit.

2. T. Fagerström, « The meristem–meristem cycle as a basis for defining fitness in clonal plants », art. cit.

3. Pour plus de simplicité, j'utiliserai désormais « la perspective du ramet » pour inclure toutes les perspectives de niveau inférieur, par opposition à « la perspective du genet ».

4. J. Wilson, *Biological Individuality : The Identity and Persistence of Living Entities*, op. cit.

5. J. Dupré, *The Disorder of Things : Metaphysical Foundations of the Disunity of Science*, Cambridge, MA, Harvard University Press, 1995.

valables l'une que l'autre[1]. Cependant, Pedersen et Tuomi démontrent la non-équivalence mathématique de ces conceptions dès que des hypothèses vaguement réalistes sont introduites, par exemple, à propos de la dépendance à la densité[2]. Comme je le démontrerai dans la sixième partie, le choix d'un point de vue plutôt que l'autre peut avoir des conséquences empiriques réelles.

Le cas des espèces connues pour se reproduire nécessairement de façon asexuée, ou bien lorsque le taux réel d'implantation des semis est si bas que l'espèce est *de facto* asexuée, suscite le désaccord entre les partisans des deux points de vue. Dans un tel cas, un démographe aura de bonnes raisons de nier que la croissance du genet est corrélée à son taux de reproduction sexuée, ce qui exclut d'utiliser la croissance du genet comme indicateur de la *fitness*. En réalité, tout partisan d'une perspective en termes de genet doit traiter un organisme nécessairement asexué comme ayant une *fitness* de zéro, quelle que soit la vigueur ou la longévité dont il témoigne. Si le genet ne produit pas sexuellement de genets filles, alors il constitue une impasse évolutive.

Les partisans d'une mesure de la *fitness* basée sur le ramet, en revanche, évalueront la *fitness* en fonction de la vitesse à laquelle les plantes donnent « naissance » à de nouvelles plantes multipliées par voie végétative, et peuvent ainsi obtenir des scores élevés de *fitness*, même lorsque

---

1. S. Wikberg plaide en faveur de ce qu'elle appelle le pluralisme concernant le choix des unités dans les plantes (Wikberg, « Fitness in clonal plants », art. cit.). Cependant, si l'on y regarde de plus près, son interprétation est fermement ancrée dans le camp du genet – elle préconise une sorte de pluralisme pragmatique en ce qui concerne l'unité choisie comme approximation de la *fitness*.

2. B. Pedersen, J. Tuomi, « Hierarchical selection and fitness in modular and clonal organisms », art. cit.

les ramets ne produisent que rarement ou jamais de graines qui s'implantent. Ils affirment que cette méthode convient pour les espèces qui semblent bénéficier d'un niveau élevé de vigueur ou de longévité, à l'instar des nombreuses espèces exotiques qui deviennent très envahissantes et se propagent rapidement dans de nouveaux environnements, même si elles sont totalement dépourvues de l'un des sexes nécessaire à la reproduction sexuée. Par exemple, toutes les *Hydrilla verticillata* de Floride sont des femelles et ne peuvent donc pas produire de graines, mais grâce à une combinaison de multiplication de tubercules et de production de « turions », des bourgeons qui tombent de la plante, Hydrilla est devenue une plante invasive au succès incroyable, engorgeant les cours d'eau à travers tout l'état [1].

Les critiques objectent que de telles plantes ne s'en sortent bien qu'à court terme. Alors que la reproduction végétative pourrait être avantageuse à brève échéance, parce que les plantes peuvent cloner des génotypes mieux adaptés, elles devraient souffrir à long terme en raison de leur incapacité à recombiner de nouveaux génotypes comme la sexualité le permet. Si l'environnement se modifie soudainement, les plantes asexuées devraient se révéler impuissantes à s'adapter assez rapidement aux conditions changeantes et seront éradiquées par la compétition avec les plantes sexuées. Les théoriciens du ramet pourraient contester que la recherche empirique révèle un tel phénomène. Certains soulignent que la sélection somatique pourrait compenser la perte de sexualité des plantes clonales

---

1. J.W. Silvertown, *Demons in Eden : the Paradox of Plant Diversity*, The University of Chicago Press, Chicago, 2005.

en offrant une voie alternative d'évolution [1]. Ces controverses demeurent relativement insolubles sur le plan empirique pour un certain nombre de raisons. Les deux parties peuvent trouver des études comparatives en leur faveur, mettant en parallèle les taux d'extinction ou de diversification dans des clades sexués et asexués [2]. De même, les partisans du genet prédisent que les lignées asexuées devraient souffrir d'une diminution de *fitness* en raison d'une accumulation graduelle de mutations délétères [3], mais les chercheurs ne sont pas parvenus à trouver de niveaux de mutation particulièrement élevés chez les plantes clonales [4], bien que cette constatation soit difficile à interpréter. Il se pourrait que les taux de mutation soient faibles : les plantes clonales ont peut-être des mécanismes de réparation de l'ADN particulièrement efficaces, par exemple. Par ailleurs, il se

1. G. Lushai *et al.*, « The dynamic clonal genome and its adaptive potential », art. cit. ; M. Neiman, T. A. Linksvayer, « The conversion of variance and the evolutionary potential of restricted recombination », *Heredity* 96, 2006, p. 111–121 ; Clarke, « Plant individuality and multilevel selection theory », art. cit.

2. Par exemple, J. B. Beck, M. D. Windham, K. M. Pryer, « Do asexual polyploid lineages lead short evolutionary lives ? A case study from the fern genus *Astrolepis* », *Evolution* 65, 2011, p. 3217–3229 ; M. T. J. Johnson, R. G. Fitzjohn, S. D. Smith, M. D. Rausher, S. P. Otto, « Loss of sexual recombination and segregation is associated with increased diversification in evening primroses », *Evolution* 65, 2011, p. 3230–3240.

3. E. J. Klekowski, « Plant clonality, mutation, diplontic selection and mutational meltdown », art. cit.

4. D. Cloutier, D. Rioux, J. Beaulieu, D. J. Schon, « Somatic stability of microsatellite loci in Eastern white pine, *Pinus strobus L.* », *Heredity* 90, 2003, p. 247–252 ; D. Ally, K. Ritland, S. P. Otto, « Can clone size serve as a proxy for clone age ? An exploration using microsatellite divergence in *Populus tremuloides* », *Molecular Ecology* 17 (22), 2008, p. 4897–4911.

pourrait que les taux de mutation soient aussi élevés qu'ailleurs, mais que l'hétérogénéité génétique qui en découle soit éliminée par sélection somatique [1]. Ally *et al.* constatent que la *fitness* sexuelle, c'est-à-dire la capacité de se reproduire sexuellement, se dégrade à long terme, mais cela prouve seulement que la clonalité est délétère si l'on suppose que la croissance végétative n'est pas en soi véritablement constitutive de la *fitness*.

Les phytoécologistes sont donc confrontés à un dilemme. Doivent-ils compter les genets ou les ramets ? Ils savent que leurs prédictions sur la dynamique évolutive des espèces examinées peuvent varier grandement en fonction de leur choix. Bien sûr, ils peuvent toujours faire les deux, attendre de nombreuses années, puis voir quelle prédiction était la plus proche de l'estimation. Non seulement cela prend énormément de temps et n'est pas pratique, mais cela dépouille le concept d'organisme individuel de son utilité prédictive. Peut-être l'écologue pourrait-elle se consoler en sachant au moins quelle unité compter la prochaine fois. Mais peut-elle être certaine que le même calcul sera pertinent pour d'autres espèces ? Et dans la même espèce ? Et dans la même population à une date ultérieure ? Dans la cinquième partie, nous verrons pourquoi de telles hypothèses ne sont probablement pas soutenables en général.

Dans cette section, nous avons abordé deux points de vue divergents sur l'individualité des plantes. Ceux qui adoptent la perspective du genet identifient la totalité d'un clone comme un individu végétal et considèrent la croissance

1. M. Pineda-Krch, K. Lehtilä, « Cell lineage dynamics in stratified shoot apical meristems », *Journal of Theoretical Biology* 219 (4), 2002, p. 495–505.

clonale comme un corrélat plus ou moins fiable de la *fitness* des plantes, tandis que ceux qui défendent une perspective de niveau inférieur maintiennent que les modules ou ramets sont les individus végétaux, et que la croissance végétative constitue en réalité la *fitness* végétale. Afin de bien évaluer ces perspectives, il est nécessaire de réfléchir à la façon de résoudre le problème analogue chez les organismes unitaires.

Dans la troisième partie, je présente plusieurs critères formels qui ont été utilisés avec beaucoup de succès pour définir l'individualité des organismes unitaires, et j'explique pourquoi ils ne parviennent pas à résoudre le conflit à propos de l'individualité végétale.

## LES CRITÈRES CLASSIQUES D'INDIVIDUATION ET L'ÉCHEC DES PLANTES EN TANT QU'INDIVIDUS

Quiconque veut compter les organismes doit prendre des décisions sur les choses à considérer comme de simples parties d'organismes, ainsi que sur les choses à traiter comme des agrégats d'organismes, plutôt que comme des organismes à part entière. Il n'y a pas de consensus général quant à la façon correcte de porter ces jugements, ni même quant à la possibilité d'une conception unitaire unique, mais plusieurs options populaires sont en lice[1]. Chacune des conceptions décrites ci-après agit comme un critère d'individualité, en identifiant une propriété essentielle que tous les organismes doivent posséder. L'une des raisons pour lesquelles il est éclairant d'interroger l'individualité des plantes est que les définitions habituelles y sont inapplicables. Nous avons alors le choix de mettre en défaut

---

1. Voir E. Clarke, « The problem of biological individuality », *Biological Theory* 5 (4), 2010, p. 312–325, pour un examen approfondi.

les plantes ou bien les définitions. Je vais choisir de rejeter les définitions plutôt que de prétendre que la notion d'individu ne s'applique pas aux plantes, mais il vaut la peine de prendre le temps d'expliquer exactement ce que sont ces définitions et pourquoi elles échouent lorsqu'il s'agit d'individuer les plantes.

## La séparation germen-soma

Selon ce point de vue, un individu biologique se caractérise essentiellement par sa division du travail reproductif, de sorte que certaines parties sont stériles et n'exercent que des fonctions somatiques (comportements nécessaires à la survie et à la croissance), mais pas reproductives [1]. Cette définition inclut tous les organismes unitaires en tant qu'individus, ainsi que de nombreuses colonies d'insectes sociaux et d'autres groupes de niveau supérieur qui témoignent d'une division du travail reproductif, comme les groupes de rats-taupes nus. Les entités qui manquent d'indépendance en matière de

---

1. A. Weismann, « The continuity of the germ-plasm as the foundation of a theory of heredity », *Essays upon Heredity and Kindred Biological Problems*, Clarendon Press, Oxford, 1885, p. 161–254 ; L. W. Buss, « Evolution, development, and the units of selection », et *The Evolution of Individuality, op. cit.* ; R. E. Michod, *Darwinian Dynamics*, Princeton, Princeton University Press, 1999 ; R. E. Michod, A. M. Nedelcu, « On the reorganization of fitness during evolutionary transitions in individuality », art. cit. ; R. E. Michod, M. D. Herron, « Cooperation and conflict during evolutionary transitions in individuality », *Journal of Evolutionary Biology* 19 (5), 2006, p. 1406–1409 ; P. Godfrey-Smith, *Darwinian Populations and Natural Selection*, Oxford, Oxford University Press, 2009 ; T. Fagerström, « The meristem–meristem cycle as a basis for defining fitness in clonal plants », art. cit. ; J. Martens, « Organisms in evolution », *History and Philosophy of the Life Sciences* 32, 2010, p. 373–400.

reproduction et qui ne peuvent donc améliorer leur *fitness* (inclusive) qu'en contribuant au succès d'un ensemble plus vaste sont considérées, de ce point de vue, comme faisant partie d'un organisme de niveau supérieur.

Cette définition manque les plantes parce que, comme nous l'avons vu plus haut, toutes se caractérisent par une embryogenèse somatique, plutôt que par une différenciation somatique délimitée. Les mutations qui se produisent dans à peu près n'importe quelle partie de la plante peuvent être transmises aux générations de plantes suivantes, à la fois mitotiquement – par croissance adventive ou stolons – et méiotiquement – si elles se propagent *in fine* dans les ovules ou le pollen spécialisés. Aucune partie des plantes ne constitue une impasse évolutive complète, à l'inverse des cellules nerveuses ou de certaines fourmis ouvrières.

La séparation soma-germen est probablement le critère le plus répandu pour définir l'organisme individuel, mais il n'offre aucune raison de privilégier l'une ou l'autre position démographique sur l'individualité de la plante.

### Le goulot d'étranglement dans le développement

Autre définition très populaire, cette perspective identifie l'individu à tout le produit mitotique qui suit une étape de goulot d'étranglement dans un cycle de vie [1]. Les organismes des espèces qui recourent nécessairement à la sexualité comptent comme des individus selon ce critère, car un zygote fécondé est toujours unicellulaire. Mais le développement à partir d'une semence produite par

1. R. Dawkins, *The Extended Phenotype*, Oxford, Oxford University Press, 1982 ; J. Maynard Smith, E. Szathmá'ry, *The Major Transitions in Evolution*, Freeman, New York, 1995 ; P. Godfrey-Smith, *Darwinian Populations and Natural Selection*, *op. cit.*

apomixie, comme chez les plantes autocompatibles, ou par parthénogenèse comme chez les pucerons, tombe également sous cette définition. La perspective du goulot d'étranglement permet de tenir compte des sociétés d'insectes et de séparer des jumeaux identiques en tant qu'individus, à condition que l'embryon se divise en parties suffisamment petites[1]. La définition n'est cependant pas très utile pour les plantes. Les reproductions apomictiques et sexuées comprennent un stade unicellulaire, alors que la reproduction végétative implique toujours une propagule multicellulaire comme un stolon ou un bulbe. Nous pourrions donc interpréter la perspective du goulot d'étranglement en considérant que les nouveaux individus végétaux naissent de graines et que toutes les autres formes d'expansion intermédiaires ne sont que de la croissance. Cette perspective se rapproche de celle du genet, mais en diffère, puisque cette dernière pose que seul le développement à partir de semences produites sexuellement, pas par apomixie, produit de nouveaux individus, du moins en théorie.

Néanmoins, Dawkins, un éminent défenseur du goulot d'étranglement, comprend les choses autrement. Au sujet des plantes clonales en particulier, il conteste que l'ensemble du produit mitotique d'une graine soit un organisme individuel, au motif que les voies multicellulaires sont trop efficaces pour transmettre les mutations. Il affirme que l'unité appropriée est la cellule lorsque les niveaux de mosaïcisme sont élevés[2]. Le point de vue du goulot d'étranglement ne tranche donc pas sans équivoque le

---

1. J. S. Huxley, *The Individual in the Animal Kingdom*, Cambridge, Cambridge University Press, 1912.
2. R. Dawkins, *The Extended Phenotype, op. cit.*, p. 260.

statut des plantes – tout dépend de la motivation qui le sous-tend.

La définition du goulot d'étranglement rencontre un autre problème dans la mesure où les plantes n'ont pas un, mais deux stades cellulaires uniques dans leur cycle de vie. Elles alternent deux générations multicellulaires – un gamétophyte et un sporophyte – avec deux stades unicellulaires entre les deux (une spore et un gamète ou zygote). L'une ou l'autre forme domine selon les types de plantes. La définition de l'individu en termes de goulot d'étranglement semble impliquer la reconnaissance des gamétophytes et des sporophytes comme des individus distincts, ce qui entraine des conséquences fâcheuses pour la notion de ressemblance parent-enfant [1].

Le détour par les goulots d'étranglement ne nous permet donc pas non plus de résoudre le dilemme du démographe.

## La Reproduction sexuée

La sexualité est le processus qui engendre les genets, raison pour laquelle ce critère identifie l'individu au genet : la totalité du produit mitotique d'un zygote fécondé sexuellement [2]. Beaucoup ont objecté que ce critère se révèle inutile dans des groupes comme les bactéries où la sexualité, telle qu'elle est normalement comprise, n'existe pas [3]. De plus, la définition doit prendre en compte que la

---

1. P. Godfrey-Smith, *Darwinian Populations and Natural Selection*, *op. cit.*, p. 78.
2. J. S. Huxley, « Upon animal individuality », art. cit.; D.H. Janzen, « What are dandelions and aphids? », art. cit.; Cook, *The Biology of Seeds in the Soil. Demography and Evolution in Plant Populations*, *op. cit.*
3. P. Godfrey-Smith, *Darwinian Populations and Natural Selection*, *op. cit.*

reproduction sexuée et la reproduction asexuée représentent en réalité les deux extrêmes d'un continuum, plutôt que des alternatives discrètes[1]. Par ailleurs, *quel* aspect précis de la sexualité est déterminant? La syngamie ou la méiose par exemple? Plus généralement, il est difficile de juger si une conception sexuée peut offrir une justification supplémentaire à la perspective en termes de genet, ou si elle se contente de la reformuler. Quels sont les arguments en faveur d'une conception sexuée?

Janzen motivait sa conception sexuée par l'idée que les individus devraient être génétiquement uniques[2]. Si tel était le cas, d'autres mécanismes améliorant également le caractère unique du génome d'un organisme devraient être reconnus. La mutation somatique et la sélection peuvent agir de façon à ce que les ramets deviennent génétiquement distincts les uns des autres, même s'ils descendent mitotiquement d'un même zygote. La polyploïdie incarne une autre source de nouveauté génétique qui ne dépend pas de la sexualité, bien que lorsqu'elle est transmise sexuellement, elle puisse créer de nouveaux organismes nettement plus uniques génétiquement que ce que peut engendrer la recombinaison normale à elle seule[3]. La polyploïdie peut créer des organismes tellement génétiquement différents de leurs parents qu'ils sont incapables de se reproduire avec des organismes de l'espèce de leurs ascendants. La conception sexuée est probablement plus populaire chez les botanistes que chez les autres acteurs

1. K. Sterelny, P. E. Griffiths, *Sex and Death : an Introduction to Philosophy of Biology*, op. cit.

2. D.H. Janzen, « What are dandelions and aphids? », art. cit. Voyez cependant R. Gorelick, H. H. Q. Heng, « Sex reduces genetic variation : a multidisciplinary review », *Evolution* 65 (4), 2011, p. 1088–1098, qui s'appuient sur l'importance de la réinitialisation épigénétique.

3. K.J. Niklas, *The Evolutionary Biology of Plants*, op. cit.

du débat sur l'individualité, mais dans la mesure où elle répète le point de vue du genet plutôt que de le situer sur des bases théoriques plus solides, elle ne contribue en rien à la controverse genet/ramet. On peut toutefois explorer avec succès les motivations qui sous-tendent une vision sexuée et constater que d'autres considérations génétiques sont susceptibles d'importer autant que la sexualité. Si la sélection somatique peut rendre les ramets génétiquement uniques, tout comme la sexualité rend les genets uniques, alors les deux unités restent en jeu en tant qu'individus potentiels.

### Les limites physiques

De nombreux auteurs ont soutenu que les organismes individuels sont toujours physiologiquement discrets, spatialement délimités et/ou localisés [1]. Relativement peu de soubassements théoriques ont été proposés à ce point de vue supposé proche d'une notion quotidienne ou intuitive selon laquelle les organismes sont délimités et sans trous. De ce point de vue, les colonies d'insectes sociaux et les regroupements de pucerons ne sont pas des individus.

Les plantes aclonales sont souvent bien individualisées physiquement. Les arbres, les plantes et les arbustes présentent des contours assez clairs, ils sont souvent

---

1. D. L. Hull, « A matter of individuality », *Philosophy of Science* 45 (3), 1978, p. 335–360 ; D. L. Hull, « Individuality and selection », *Annual Review of Ecology, Evolution, and Systematics* 11 (1), 1980, p. 311–332 ; C. Brasier, « A champion thallus », *Nature* 356 (6368), 1992, p. 382–383 ; J. S. Huxley, *The Individual in the Animal Kingdom, op. cit.* ; S. J. Gould, *The Flamingo's Smile : Reflections in Natural History*, London, Penguin books, 1991 ; K. Sterelny, P. E. Griffiths, *Sex and Death : an Introduction to Philosophy of Biology, op. cit.* ; E. G. Leigh, « The group selection controversy », *Journal of Evolutionary Biology* 23, 2010, p. 6–19 ; L. W. Buss, *The Evolution of Individuality, op. cit.*

enveloppés d'écorce et se terminent par des feuilles à une extrémité et des racines à l'autre. Les plantes clonées, cependant, peuvent maintenir ou non des connexions physiques entre leurs ramets. La conception en termes de limites physiques indiquerait que les genets ne sont des individus que lorsque leurs ramets restent attachés. Ce problème compliqué ne peut être réglé par simple observation. Les forêts de trembles semblent composées d'arbres séparés physiquement, mais si nous regardons sous terre, nous voyons un réseau de drageons de propagation qui les relient. De plus, ces liens sont plutôt hasardeux. Les drageons sont régulièrement rompus par l'affaissement du sol ou par les activités des animaux fouisseurs. Un individu délimité aujourd'hui peut devenir une simple collection d'individus demain.

Des groupes de parties phylogénétiquement distinctes, comme les chimères végétales créées par greffage, peuvent constituer des organismes individuels selon ce point de vue. Beaucoup de cépages, par exemple, sont en fait des chimères : une vigne a été greffée ou fusionnée avec la tige d'une autre. Le greffage se produit aussi naturellement. Le peuplier faux-tremble greffe souvent ses racines sur des genets non apparentés. Dans le site étudié par Jelinkova *et al.*, les greffes interclonales se sont révélées aussi fréquentes que les greffes intraclonales [1].

La conception en termes de limites n'est pas une option aisée au sujet des plantes. Elle rend les individus végétaux quelque peu contingents et arbitraires, mais permet de prononcer des verdicts clairs : parfois les genets seront les

---

1. H. Jelinkova, F. Tremblay, A. DesRochers, « Molecular and dendrochronological analysis of natural root grafting in *Populus tremuloides* (*Salicaceae*) », *American Journal of Botany* 96 (8), 2009, p. 1500.

individus, parfois les ramets. Parfois, il s'agira même de groupes multigenets.

### La réponse immunitaire

Selon ce point de vue, les parents se distinguent de leur progéniture et des autres organismes par la réponse immunitaire ou l'alloreconnaissance[1]. Les plantes diffèrent des vertébrés par leur absence de système immunitaire adaptatif, mais elles peuvent quand même organiser une réponse immunitaire contre ce qui menace leur intégrité. Chaque cellule possède une immunité innée basée sur des protéines qui peuvent reconnaître un « soi modifié »[2]. Ceci permet à la cellule de répondre défensivement aux parasites et aux herbivores. Ces protéines sont probablement aussi utilisées pour empêcher l'autofécondation[3].

Les plantes présentent également diverses formes de « résistance induite » qui déclenchent une réponse immunitaire dans leurs parties non endommagées. Les signaux sont transportés entre les cellules par l'intermédiaire

1. L. Loeb, « Transplantation and individuality », *The Biological Bulletin* 40 (3), 1921, p. 143 ; L. Loeb, « The biological basis of individuality », *Science* 86, 1937, p. 1–5 ; P. B. Medawar, *The Uniqueness of the Individual*, Dover Publications, New York, 1957 ; T. Pradeu, « What is an organism ? An immunological answer », *History and Philosophy of the Life Sciences* 32, 2010, p. 247–268 ; A. I. Tauber, « The biological notion of self and non-self », *The Stanford Encyclopedia of Philosophy*, 2009. http : //plato.stanford.edu/entries/biology-self/ ; F. M. Burnet, *Self and Not-self. Cellular Immunology*, Cambridge, Cambridge University Press, 1969 ; E. Metchnikoff, *Immunity in Infective Diseases*, trad. angl. F.G. Binnie, Cambridge, Cambridge University Press, 1905.

2. J. D. G. Jones, J. L. Dangl, « The plant immune system », *Nature* 444 (7117), 2006, p. 323–329.

3. J. B. Nasrallah, « Recognition and rejection of self in plant self-incompatibility : comparisons to animal histocompatibility », *Trends in Immunology* 26 (8), 2005, p. 412–418.

de récepteurs transmembranaires, mais aussi entre différents genets par transport aérien de composés volatils[1].

Si l'on interprète la conception en matière de réponse immunitaire comme individuant les organismes en fonction d'une immunité partagée, alors la communication non ciblée de la résistance induite signifie que les individus végétaux peuvent être très vastes : aussi vastes que la portée du vent qui souffle les molécules volatiles des hormones.

La version immunitaire de Pradeu spécifie cependant le critère en termes de rejet. Elle précise que tout ce qui n'est pas rejeté par le système immunitaire d'un organisme en dépit d'une contiguïté physique avec lui devrait être considéré comme une partie intégrante de cet organisme[2]. Sur cette base, la résistance systémique acquise ne confère pas d'individualité à des champs entiers de plantes à un moment donné. À la place, la conception en termes de réponse immunitaire se superpose à celle en termes de limites.

### Rejeter la catégorie ?

Pour conclure cette brève étude, les critères classiques de l'individualité ne nous aident pas à choisir entre la perspective végétale du ramet ou du genet. Les différents critères vont dans des directions différentes et, dans certains

1. G. E. Vallad, R. M. Goodman, « Systemic acquired resistance and induced systemic resistance in conventional agriculture », *Crop Science* 44 (6), 2004, p. 1920 ; A. Eyles *et al.*, « Induced resistance to pests and pathogens in trees », *New Phytologist* 185 (4), 2010, p. 893–908.

2. T. Pradeu, E. D. Carosella, « On the definition of a criterion of immunogenicity », *Proceedings of the National Academy of Sciences* 103 (47), 2006, p. 17858 ; T. Pradeu, « What is an organism ? An immunological answer », art. cit.

cas, une seule définition nous entraine dans des directions différentes.

Une réponse plausible pourrait être qu'au moins pour certaines plantes (les plus modulaires), aucune notion unique de l'individu biologique ne s'applique. Peut-être l'organisme individuel n'existe-t-il pas dans le règne végétal ? Cette conclusion n'aide d'aucune façon ceux qui doivent compter les individus afin de générer des modèles précis et prédictifs des dynamiques sélectives. De nombreuses approches pourraient représenter correctement ces dynamiques – par exemple, lorsque les modèles de niveau supérieur et inférieur sont des isomorphismes mathématiques les uns des autres [1]. Mais lorsque deux modèles d'évolution des plantes ne sont pas mathématiquement isomorphes, parce que prendre soit les genets soit les ramets pour des individus a des conséquences empiriques différentes, le temps démontrera quel modèle est correct. Nous voulons être en mesure de dire quelque chose de général à propos duquel il s'agira.

Donc, si j'ai le choix entre abandonner les critères ou abandonner la pertinence du concept d'organisme pour les plantes, je vais sérieusement envisager l'échec des critères classiques. En d'autres termes, je soutiendrai que, finalement, ces définitions n'identifient pas les propriétés essentielles des individus biologiques. D'un autre côté, je ne souhaite pas me débarrasser totalement de ces critères : leur popularité donne à penser qu'ils parviennent aux résultats escomptés. Ma stratégie consistera à examiner de plus près les critères classiques pour tenter de découvrir les raisons de leur succès dans les domaines non végétaux.

---

1. B. Kerr et P. Godfrey-Smith, « Individualist and multi-level perspectives on selection in structured populations », *Biology & Philosophy* 17 (4), 2002, p. 477–517.

Voici une esquisse de l'argumentaire à venir : tout d'abord, je soutiendrai que les critères classiques remplissent leur objectif en approchant les mécanismes qui limitent le niveau hiérarchique auquel la sélection peut agir. Je pense que ce que les critères identifient est cet effet des mécanismes qui opèrent vraiment et que, par conséquent, si nous trouvons des mécanismes à l'effet analogue dans les plantes, nous devrions les appeler mécanismes d'individuation, aussi différents paraissent-ils. Ensuite, dans la cinquième partie, je décrirai les types de mécanismes auxquels je pense et qui sont à mon sens à la racine du dilemme du démographe.

# ONTOLOGIE ET ÉTHIQUE DU VÉGÉTAL

## INTRODUCTION

L'ontologie s'entend au sens large comme l'étude philosophique de l'être, qui implique aussi parfois le temps, le monde ou le devenir. Plus spécifiquement, elle peut être envisagée comme la recherche des caractéristiques ou modes des êtres en eux-mêmes, au-delà de la manière dont ils nous apparaissent empiriquement. En ce sens, l'ontologie entretient des liens étroits avec la métaphysique. Ainsi, la réflexion ontologique sur le végétal consiste d'une part à s'intéresser à ses modes d'existence, en ne se limitant pas à ce que les sciences peuvent nous en apprendre. D'autre part, elle nous amène à repenser la façon d'aborder le monde, l'âme, le devenir, etc. dans leur relation aux plantes. L'éthique s'intéresse quant à elle à la façon dont nous accordons de la valeur à certaines entités ou actions dans le cadre de nos droits, responsabilités et devoirs envers elles. Longtemps la sphère éthique s'est circonscrite aux seuls rapports entre les humains. Depuis peu, nos devoirs et responsabilités s'expriment également envers des animaux, parfois même dotés de droits. Mais qu'en est-il des plantes et de la liaison éventuelle de leurs modes d'être à leur statut moral ?

L'ontologie occidentale s'est très peu penchée sur la vie végétale et l'a plus rarement encore envisagée comme sujet d'étude. Les végétaux, purement oubliés ou ramenés à leur statut objectivé de ressources ou de spécimens naturalistes, ont été confrontés à une forme d'exclusion de la pensée philosophique. Invisibilisés dans le paysage dans lequel ils se fondent, ils en constituent pourtant l'une des conditions cruciales, non seulement parce qu'ils représentent une part significative de la vie sur Terre, mais aussi parce qu'ils rendent simplement celle-ci possible. Ce constat appelle une réflexion ontologique et éthique.

Cet appel silencieux a été entendu au XXIᵉ siècle par quelques penseurs qui se sont donné pour tâche de revisiter nos concepts et positions philosophiques traditionnels dans une perspective végétale. Trois textes ont été sélectionnés dans cette partie. Le philosophe Michaël Marder a écrit plusieurs articles[1] sur le thème de la philosophie de la vie végétale et un livre remarqué, *Plant Thinking*[2], publié en 2013 et reçu par certains critiques, de l'aveu de l'auteur lui-même, comme un canular. Pour Marder, cette impossibilité de prendre au sérieux une véritable philosophie de la vie végétale vient confirmer à quel point est profondément ancrée notre exclusion occidentale de la vie végétale et notre impossibilité à la remettre en question.

Dans son article sur l'âme végétative, traduit et reproduit ici, Marder remarque que le végétal a le plus souvent été réduit à son unique fonction nutritive. On peut y voir le reflet de sa valeur alimentaire projetée dans l'essence même de la plante. Dans la tradition chrétienne, les plantes ne prennent sens qu'à travers l'alimentation, et leur dimension spirituelle ne s'acquiert par exemple, à la limite, que dans la transsubstantiation du pain (le blé) et du vin (la vigne) en corps et sang du Christ. La tradition chrétienne ne

1. Voir bibliographie.
2. M. Marder, *Plant-Thinking a Philosophy of Vegetal Life*, New York, Columbia University Press, 2013.

reconnait pas la valeur de la vie végétale pour elle-même. Comme le souligne la Genèse, les végétaux existent *pour* nourrir les animaux et les humains. L'humain reçoit pour tâche de nommer les animaux de la Terre, mais pas les plantes. Ces dernières ne semblent pas particularisées d'un point de vue spécifique, ne résultant pas d'une création spéciale, mais semblent plutôt engendrées par le pouvoir de la terre elle-même[1]. Le statut des plantes diffère ainsi de celui des animaux, caractérisés par une création impliquant le souffle de la vie. Dans la tradition grecque et chrétienne, l'âme, le souffle, la respiration et la vie se trouvent en effet étroitement associés. Les plantes ne respirant pas (au sens animal), elles n'ont pas été animées par le souffle divin, n'ont pas d'âme et ne semblent donc pas vivre.

Avec les avancées de la science moderne, le concept d'âme, nous l'avons vu, devient une entité métaphysique dispensable. Les plantes étaient quant à elles déjà exclues au moins depuis la philosophie antique en raison de leur immanence trop radicale. Comment dès lors comprendre cet oxymore, « l'âme de la plante », dans une lecture contemporaine de la métaphysique ? Selon Marder, c'est au cœur de ce paradoxe que nous pouvons revitaliser concrètement, matériellement même, le sens (non) métaphysique de l'âme végétative comme principe de toute vie. Cette revitalisation atténue les finalités utilitaires et l'objectivation extrême de la plante par les sciences. La plante cristallise une série d'oppositions que Marder souligne, à l'instar de Corbin dans son traité *La douceur*

---

1. *Genèse*, Chapitre 1 et 2. Cette difficulté n'a échappé ni à St Augustin ni à Thomas d'Aquin qui la discute dans la question 69 de la première partie de sa *Somme Théologique* en reprenant l'opinion de son prédécesseur.

*de l'ombre*[1]. À la fois inerte et symbole de la puissance exubérante de la vie, familière et étrange, présente et invisible, la plante perturbe l'ordre de la pensée. Sans cesse tirée du côté du monde minéral ou du monde animal, elle ne trouve pas sa propre place. Prisonnière, ou plutôt exilée, du dualisme du sujet et de l'objet, ses activités demeurent incomprises, soit mécanisées soit anthropomorphisées à l'excès. Mais la différence qui nous sépare du monde végétal est-elle vraiment seulement une question de degré ? N'y a-t-il pas une véritable fracture ontologique qui demanderait à être réfléchie dans sa positivité ? La plante mérite mieux que la caractérisation aristotélicienne ou heideggérienne d'animal déficient[2]. Sans forme déterminée, ni même visée, par sa plasticité même, la plante ne s'accomplit jamais en une forme adulte et fixée, associée par Hegel à une forme de perfection[3]. À l'inverse de la dévalorisation métaphysique, Marder dénonce la fétichisation païenne de la plante qui constitue un autre problème, car elle surinvestit sa phénoménalité immanente en la nimbant d'un mystère indicible. Comment éviter ces écueils ?

Les manques d'identité et de différenciation de la plante avec son environnement ne constituent pas tant une faiblesse qu'une force à partir du moment où on les conçoit comme des puissances créatrices de notre monde. Le végétal incarne alors le devenir plutôt que le défaut de l'être. Par cette attitude positive, nous pouvons aussi en apprendre plus sur nous-mêmes, par exemple en nous interrogeant

1. A. Corbin, *La douceur de l'ombre*, *op. cit.*
2. M. Heidegger, *Les concepts fondamentaux de la métaphysique (1929-1930)*, Paris, Gallimard, 1992.
3. G. W. F. Hegel, *Philosophie de la nature*, trad. fr. B. Bourgeois, Paris, Vrin, 2004.

dans une optique existentiale sur ce que nous partageons, en tant qu'humains, d'un tel rapport d'être au monde. Tout comme nous l'avons vu du point de vue de la biologie, du point de vue de l'âme ou de l'esprit nous conservons également une trace de la plante. Marder invite ainsi à une relecture de la phénoménologie contemporaine en suggérant chez la plante une forme d'intentionnalité originaire non consciente. Il s'appuie ainsi sur les fondations nietzschéennes du désir végétal comme condition de possibilité de toute forme de psychisme supérieur, graduellement sublimé en idées et pensées. Le désir végétal apporte dès lors un éclairage philosophique latéral sur l'interprétation de comportements végétaux dans les termes d'une mémoire, d'un apprentissage, voire d'une intelligence rudimentaire.

Dans son livre *La Vie des plantes, une métaphysique du mélange* (publié en 2015), le philosophe Emanuele Coccia considère le végétal sous l'angle privilégié du devenir par son intrication au monde qu'effleurait déjà Marder. Reprenant la critique de leur exclusion en raison de leur altérité, Coccia insiste sur les processus constitutifs de notre monde auxquels contribuent les plantes. D'un point de vue évolutif et écologique, les végétaux sont à l'origine de la vie telle que nous la connaissons sur Terre. Au-delà d'une philosophie de l'écologie à partir de laquelle penser le point de vue des plantes, c'est à une nouvelle philosophie de la nature depuis leur point de vie que Coccia nous invite. Or les philosophes, surtout depuis le XIXᵉ siècle, ont laissé les phénomènes naturels aux sciences pour rendre leur discipline avant tout humaine. Il en résulte un refoulement philosophique du vivant. Comme le suggère le titre de son livre, l'existence végétale, par les conditions de possibilité de la vie (et donc *in fine* de la pensée) qu'elle instaure, accède pourtant à un statut métaphysique. Ce dernier serait de nature cosmogonique. Mais dans la même veine que chez Marder, ce principe cosmogonique se révèle dans son immanence : l'aptitude à la photosynthèse qui est source de notre atmosphère respirable. Comme l'écrit Coccia : « on ne peut séparer ni physiquement ni métaphysiquement la plante du monde ». Plutôt qu'un concept purement transcendant, Coccia nous propose de revenir à la nature de la terre, de l'air et de ce qui y pousse pour penser le monde. L'impossibilité de comprendre l'environnement terrestre sans comprendre le fonctionnement de la vie végétale est un fait scientifique qui doit se doubler d'une leçon ontologique pour en déployer le sens et la portée. Coccia nous propose ainsi une théorie de la feuille, de son être, de son pouvoir unificateur et régulateur qui se manifeste par la matérialité d'un climat dont elle est l'une des origines. Par ce lien au climat, concept dont le sens a pris pour les terriens du XXIe siècle une ampleur dramatique et quotidienne, Coccia nous indique que sa métaphysique ne sert pas seulement à contempler le monde à travers de vertes spéculations, mais aussi à le vivre en le pensant autrement. Le monde n'est pas unifié par une substance métaphysique, il l'est par le résultat d'un mélange global, dynamique et perpétuel. En effet, les feuilles mélangent, recyclent, filtrent, distillent, produisent, absorbent sans cesse l'atmosphère qui est dès lors autant contenue en elles que l'inverse.

À l'encontre de la tradition philosophique qui pensait le règne végétal seulement selon un rapport utilitaire d'appropriation, alimentaire ou autre, Coccia nous invite à le repenser selon notre profonde relation de dépendance à son égard. Et même, selon la profonde relation de dépendance du monde terrestre à son égard. On aperçoit dès lors comment une telle philosophie implique un horizon éthique inclusif et plus respectueux de toutes les formes de vie non humaines et de leurs conditions abiotiques d'existence. Mais il ne s'agit pas de regrouper l'ensemble de la communauté des vivants dans un vaste réseau œcuménique figé. Les vivants se développent toujours réciproquement au détriment d'autres vivants dont ils se nourrissent ou prennent la place. Tel est aussi le sens du mélange. À cet égard, la vie végétale autotrophe fait figure d'exception dans son autonomie par rapport au monde animal. Paradoxalement jugée la plus hétéronome par son essentialisation utilitaire, la plante est infiniment plus autonome que n'importe quel animal, humain ou non-humain, vis-à-vis du monde. Sans doute l'hybridation la plus monstrueuse de ces deux tendances s'incarne-t-elle dans les désirs humains les plus fous de terraformation végétale de planètes extraterrestres. Les plantes sont en effet, par la photosynthèse, à la base de la production d'énergie ainsi que de la matière organique qui recouvre désormais la roche-mère de la Terre. Terre qui doit ainsi son nom et son origine au travail productif des végétaux. Là réside la différence entre une planète quelconque et un véritable monde. Plutôt que de considérer la plante comme hétéronome ou autonome à l'égard de son environnement, nous pouvons reformuler ce problème lui-même dans la mesure où les plantes *sont* le monde. Le milieu n'est pas un contenant prérequis qui précède le vivant, car la vie végétale génère et façonne le milieu autant que l'inverse. Se poser la question de l'autonomie de la plante envers son environnement n'a de sens que dans la mesure où nous sommes prisonniers de nos dualismes. Les plantes, que ce soit par leur cognition sans cerveau ou leur métabolisme ouvert sur l'environnement rebattent les cartes de l'ontologie classique. Si un corps « pense » avec son milieu, que deviennent en retour les questions traditionnelles du rapport (autonome) de l'esprit humain au corps et à l'environnement ? Certes, nous sommes des animaux hétérotrophes avec un cerveau, mais dans quelle mesure la part végétative en nous influence-t-elle aussi notre rapport au monde sur un mode en partie semblable à celui des plantes ? Par le développement d'une philosophie de la nature végétale, ce sont les limites mêmes qui séparaient l'être, la pensée et leurs conditions de possibilités qui se trouvent ébranlées.

Ontologie et éthique des plantes sont étroitement liées. En effet, comment accorder de l'attention et de la valeur à ce dont on ne saisit pas le mode d'être ; pourquoi s'intéresser au mode d'être de ce qui n'a pas de valeur ? Comme mentionné, une nouvelle ontologie et une nouvelle philosophie de la nature pensées dans une perspective végétale présentent un horizon éthique. Or l'éthique, comme la philosophie en général, s'est construite dans une exclusion du végétal et plus largement du non-humain. À partir du xxᵉ siècle, l'animal retrouve graduellement une place à part entière dans la sphère morale [1]. Mais il n'est pas certain que la même démarche à l'égard de l'inclusion des plantes puisse être prolongée dans la logique de nos responsabilités et de nos devoirs. Que ce soit dans la perspective utilitariste d'évitement de la souffrance, de maximisation du bonheur ou du plaisir du plus grand nombre d'individus ou dans celle du respect du bien-être, la plante ne semble pas pouvoir trouver sa place. Ces approches, dans une certaine

---

1. H.-S. Afeissa, *La communauté des êtres de nature*, Paris, Éditions MF, 2010.

mesure, subjectivisent l'animal afin de le rendre semblable à l'humain au sein d'un système de valeurs partagées. Le but n'est pas ici de juger de la pertinence de telles approches pour l'éthique animale, mais simplement de souligner qu'elles ne peuvent pas être transposées aux végétaux. Si les végétaux sont susceptibles d'être victimes de préjudices ou au contraire que leurs conditions de vie peuvent être respectées et même favorisées, ce n'est vraisemblablement pas à l'aune de capacités à ressentir de la souffrance, du bien-être ou encore des émotions au sens de l'animal. De même, leur manque d'individualité structurelle et la difficulté à les dénombrer ne permettent pas d'appliquer une logique strictement utilitariste à une éthique végétale. Face à ces difficultés, le risque de zoocentrisme ou même d'anthropomorphisme est grand. Si ce dernier constitue parfois une solution de facilité à des motivations écologistes et morales louables, il peut très vite instrumentaliser les végétaux dans une optique de naturalisation non critique de la morale. Quelles sont dès lors les alternatives ?

Du point de vue de l'éthique du vivant contemporaine, des conceptions dites biocentriques ou écocentriques existent. Le biocentrisme reconnaît une valeur intrinsèque à tout ce qui vit. L'écocentrisme rapporte la préoccupation morale aux conditions de possibilité et de maintien des écosystèmes dans lesquels se perpétuent des formes de vie données. Selon cette dernière perspective, les animaux comme les végétaux peuvent avoir une valeur, mais ce n'est pas tant pour ce qu'ils sont que ce qu'ils *font* dans l'environnement et l'écosystème qu'ils doivent être protégés d'une action humaine hégémonique et non moralement réfléchie. De la même manière, certaines structures abiotiques des réseaux écosystémiques (rivière, tourbière, sol) se trouvent incluses à la sphère pratique, et désormais juridique. En ce sens, repenser notre rapport au monde végétal en raison de nos pratiques agricoles intensives ou de nos techniques de déforestation s'avère autant une question d'éthique de l'environnement que d'éthique des plantes. Mais la plante, bien qu'elle soit à la base des écosystèmes et même du monde que nous connaissons, ne se confond pas pour autant avec l'environnement. Contrairement à une structure abiotique du milieu (auquel elle peut prendre part), une plante possède en plus un *telos*. Par ses finalités et normes propres, elle dispose d'un système minimal de valeurs qui conditionne et oriente ses activités. Ceci lui permet d'éviter ce qui lui est néfaste et de rechercher ce qui est propice à son développement, sa reproduction et sa survie. Par-là, ne mériterait-elle pas aussi une forme de respect intrinsèque en tant qu'organisme ? Est-il vraiment moralement neutre de détruire gratuitement trois fleurs sauvages si l'on sait qu'à l'échelle de notre action cela n'aura aucun impact notable sur l'environnement ? Évidemment, il ne s'agit pas d'affirmer qu'une plante vaut un humain ou un animal, mais sa vie n'a-t-elle pour autant aucune valeur ? Comment pratiquer une éthique de l'environnement efficace si les organismes végétaux sont exclus par principe de notre sphère morale ?

Dès le dernier tiers du XXᵉ siècle, des penseurs occidentaux du droit ou de l'éthique de l'environnement ont indirectement abordé ces questions [1]. Toutefois, le

---

1. L'article de Christopher Stone, publié en 1972, *Should trees have standings ? – Towards legal rights for natural objects*, est ainsi fondateur et emblématique de ce mouvement. Cet article a récemment été traduit et préfacé en français : C. Larrère, *Les arbres doivent-ils pouvoir plaider ?*, Lyon, Le passage clandestin, 2017.

végétal y était rarement central, ou alors pensé sous le mode de la manifestation de l'écosystème ou de l'environnement à préserver comme « objet naturel ». Il n'empêche que ces réflexions pionnières, sans doute aidées par la conscientisation écologique et les (re)découvertes de la complexité des comportements végétaux, ont initié quelques débats et questionnements moraux sur les plantes. Ainsi le comité d'éthique fédéral suisse des biotechnologies a été la première instance à rendre un rapport national sur la considération morale des plantes en 2008[1]. De façon cohérente avec ses réflexions ontologiques, Michaël Marder s'est également intéressé à des enjeux de l'éthique végétale abordés sous l'angle de l'agriculture et de la façon de se nourrir[2]. Pourtant, les plantes s'enracinant à la base de la chaine alimentaire, il est devenu presque banal de moquer toute tentative de considération morale à leur égard comme une tentative de réponse au « cri de la carotte ». Ces critiques naïves mettent l'accent sur l'idée de Marder selon laquelle la question morale à propos des plantes ne serait pas tant « que peut-on manger ? » que « comment doit-on manger ? », liant par-là l'éthique végétale à l'éthique biotechnologique (agriculture), la bioéthique (OGM) et l'éthique de l'environnement (exploitation et politique des territoires). D'une certaine façon, les intuitions éthiques du botaniste Francis Hallé,

---

1. Federal Ethics Committee on Non-Human Biotechnology (ECNH) 2008. *The dignity of living beings with regard to plants. Moral consideration of plants for their own sake.* En ligne sur : https ://www.ekah.admin.ch/inhalte/ekah-dateien/dokumentation/publikationen/e-Broschure-Wurde-Pflanze-2008.pdf, Sylvie Pouteau a recontextualisé ce travail dans son article traduit dans le présent volume.

2. M. Marder, « Is it ethical to eat plants ? », *Parallax* 19 (1), 2013, p. 29-37 ; « The Life of Plants and the Limits of Empathy », *Dialogue : Canadian Philosophical Review* 51 (2), 2012, p. 259-273.

qui très tôt déjà dénonçait la déforestation, peuvent également s'inscrire dans ce réseau plus large de pratiques[1]. En outre, l'intérêt anthropologique et philosophique pour des cultures non occidentales qui ont évolué sans ligne de démarcation radicale entre nature et culture ou humains et non humains[2] constitue également une source d'inspiration pour repenser le statut des plantes et la nature des rapports que nous entretenons avec elles. Matthew Hall, dans son livre *Plants as Persons*[3], s'inscrit précisément dans ce cadre d'une éthique des plantes à la fois soucieuse des connaissances scientifiques et du multiculturalisme. Contrairement à ce que son titre pourrait laisser penser, l'auteur, en tenant compte de philosophies et de cultures inclusives envers le végétal, ne cherche pas à transposer tels quels les cadres de la personnification des plantes et des animaux à notre culture occidentale. Il ne s'agit pas d'anthropomorphisme non critique, mais bien d'un travail d'histoire et de philosophie morale comparatif axé sur la considération de différentes cultures pour les plantes. Partant des racines grecques et chrétiennes de la philosophie, Hall élargit progressivement son étude aux courants bouddhistes, hindouistes, amérindiens, néo-païens. Tenant compte à la fois des acquis des sciences naturelles, de l'anthropologie et des savoirs ancestraux, il identifie les raisons de l'exclusion occidentale des plantes tout en proposant des pistes et alternatives pour les inclure

1. F. Hallé, *Éloge de la plante : pour une nouvelle biologie*, Paris, Seuil, 1999. *Plaidoyer pour l'arbre*, Arles, Actes Sud, 2005 ; *Du bon usage des arbres : Un plaidoyer à l'attention des élus et des énarques*, Arles, Actes Sud, 2011.

2. Voir l'ouvrage de l'anthropologue P. Descola, *Par-delà nature et culture*, Paris, Gallimard, 2005.

3. M. Hall, *Plants as persons. A philosophical Botany*, New York, SUNY, 2011.

davantage à nos pratiques. En effet, notre perception du monde, qui dépend elle-même de notre ontologie, conditionne notre action.

À partir de ce constat, Sylvie Pouteau, biologiste du végétal active dans le domaine de l'éthique des plantes [1], propose, dans la traduction de l'un de ses article paru en 2013 intitulé « Beyond "Second Animals" : Making Sense of Plant Ethics », de revoir en profondeur les bases mêmes de notre rapport éthique aux plantes grâce à une meilleure compréhension de leurs modes d'existence propres. Ontologiquement, les plantes se rapportent en effet à des processus vitaux plutôt qu'à des substances individualisables comme les animaux. L'auteur montre comment une simple transposition de l'éthique animale aux plantes s'avère dès lors source de crispation et de mécompréhension en raison de leur nature différente. Davantage à l'origine de raillerie et d'immobilisme que d'une prise de conscience, les tentatives pionnières en faveur d'une éthique végétale révèlent pourtant une discipline incontournable pour l'éthique de l'environnement.

L'omniprésence des végétaux et de la crise environnementale nous oblige à dépasser la simple assimilation moderne des plantes au concept vorace de Nature. Les racines de la mise à distance morale et de la domination du vivant non-humain se situent en effet à ce niveau. À tel point que lorsque des auteurs occidentaux comme

---

1. S. Pouteau, « Providing grounds for agricultural ethics : the wider philosophical significance of plant life integrity » *in* T. Potthast, S. Meisch (eds.), *Climate change and sustainable development*, Wageningen Academic Publishers, Wageningen, 2012, p. 154-159. S. Pouteau, « Plants as open beings : from aesthetics to plant-human ethics » *in* A. Kallhoff, M. Di Paola, M. Schörgenhumer (eds.), *Plant Ethics : Concepts and applications*, London, New York, Routledge, 2018, p. 82-97

Wandersee et Clary[1] constatent l'invisibilisation des plantes dans le paysage, ils lui trouvent une explication naturaliste basée sur la physiologie du système de traitement de l'information œil-cerveau, ignorant par-là totalement que des cultures humaines non occidentales sont parfaitement capables de discriminer spontanément les plantes de leur milieu[2]. Le zoocentrisme que dénonçait déjà Hallé dans son *Éloge de la plante* semble en réalité un corollaire méthodologique du naturalisme occidental. On peut aller plus loin en s'interrogeant sur les enjeux et les mécanismes « politiques », au sens philosophique du terme, de la hiérarchisation des règnes. Quelles dominations, quelles violences justifie-t-elle ? Placer la plante tout en bas d'une échelle des vivants et ne pas lui reconnaître la sensibilité ou une tendance à persévérer dans son être revient finalement à nier la vie et la mort des plantes. Cette logique accompagne un besoin utilitaire légitime d'exploitation du monde végétal. Il faut bien cultiver pour se nourrir, se vêtir, se chauffer. Mais le tort de nos sociétés est probablement de considérer cette logique instrumentale comme capable de révéler l'essence même de la plante au détriment de tout autre rapport. Là réside l'une des clefs de compréhension du désastre écologique profond dans lequel nous nous sommes enfoncés. En raison de la nature même des végétaux – à l'origine de la matière organique, à la base de la chaine trophique et de la pyramide alimentaire – le rapport utilitaire est certes indépassable. Toutefois, des philosophies inclusives envers la vie végétale peuvent nous permettre

1. J. H. Wandersee, R. M. Clary, « Advances in Research Towards a Theory of Plant Blindness », *Proceedings of the 6th International Congress on Education in Botanic Gardens at Oxford University*, London, Botanic Gardens Conservation International, 2006.

2. M. Hall, *Plants as persons*, *op. cit.*

de tempérer ce rapport utilitaire et de le réinscrire parmi d'autres possibles. La plante n'est pas qu'une ressource. Même lorsqu'elle doit être considérée comme telle, elle ne devrait pas l'être n'importe comment. Sans cela, nous scions la branche sur laquelle nous sommes assis, nous creusons nos tombes avec nos dents.

MICHAEL MARDER

# L'ÂME DES PLANTES : L'INSAISISSABLE SENS
## DE LA VIE VÉGÉTATIVE [*]

Dans ce texte, je propose une approche ontologico-herméneutique de la question de la vie végétative. Je défends l'idée que la notion d'âme des plantes, malgré sa formation à partir de la tradition métaphysique qui d'Aristote à Nietzsche ne lui a attribué qu'une unique fonction, peut être mise à profit pour élaborer une philosophie post-métaphysique du végétal. Afin de servir de prolégomènes à une telle approche des plantes, je traite ici des significations multiples, de l'opacité et des potentialités inhérentes à leur forme de vie.

> Le fait même que les actes de l'âme végétative n'obéissent pas à la raison prouve qu'ils sont de nature inférieure – saint Thomas d'Aquin, *Somme théologique*

> Les psychologues ne traitèrent plus des activités végétatives – Franz Brentano, *Psychologie du point de vue empirique*

[*] M. Marder, « Plant-Soul : The Elusive Meanings of Vegetative Life », *Environmental Philosophy* 8 (1), 2011, p. 83–99. Traduit par Antoine Daratos.

Dans l'esprit des lecteurs actuels, invoquer « l'âme des plantes » a toutes les chances d'éveiller le soupçon. Pas seulement parce qu'il semble absurde d'attribuer une âme à un être autre qu'humain, mais également en raison de la profonde méfiance que nous avons acquise envers la charge métaphysique et théologique de ce terme désuet et archaïque : l'âme. En tant que philosophes rigoureux, nous sommes censés avoir débarrassé notre pensée de telles absurdités onto-théologiques. En cas de besoin, nous devrions employer des notions bien plus neutres, comme l'esprit (utilisé pour rendre le latin *anima*, même dans certaines traductions de saint Augustin), la subjectivité, ou encore la psyché – terme qui, bien qu'il désigne l'âme en grec, a acquis une forme de respectabilité en tant qu'objet d'étude de la psychologie. Pourquoi donc, dès lors, articuler ici l'un des concepts les plus métaphysiquement chargés avec l'un de ceux qui l'est le moins ? Il semblerait qu'à l'instar des références à l'âme superflues, sinon trompeuses, car évoquant une *Weltanschauung* [vision du monde] dépassée, le traitement philosophique de la flore à l'âge de la science ne soit pas nécessaire et doive être abandonné aux praticiens de la botanique. De fait, ce double constat trouve sa racine dans le rationalisme réductionniste qui a culminé dans ce que Max Weber a appelé le « désenchantement du monde », ce moment où la supériorité incontestée accordée à la science va de pair avec le refus d'envisager la légitimité de tout ce qui ne se vérifie pas empiriquement. L'âme et les plantes, l'entité la plus éthérée et l'entité la plus terrestre, se trouvent dès lors unies dans leur exclusion du champ des discours philosophiques respectables depuis la fin de l'époque moderne.

La philosophie contemporaine désinvestit ces deux entités et par-là même les libère. Dans cette marge de liberté et d'abandon, laissées à elles-mêmes, chacune transforme l'autre. La plante corrobore la « vérité » de l'âme conçue comme non idéale, incarnée, finie et terrestre, alors que l'âme soutient l'idée d'une vivacité de la plante débordant toute compréhension réductivement conceptuelle. La reprise de la notion d'âme des plantes remet en question la signification que le phénomène de la vie revêt lors d'une extrême objectivation, lorsque la vie est traitée comme si elle était une image malléable de la mort. Dans la conjoncture historique actuelle, alors que la transformation à grande échelle de toutes les formes de végétation en sources de nourriture et de carburant – en matériau à brûler en tant que calories ou combustible – se déroule à un rythme qui ne cesse de s'accélérer, il est plus urgent que jamais de rendre compte de la signification de la vie végétative – de sa précarité, de sa vulnérabilité, mais également de son étonnante ténacité, de sa capacité de survie – tout en évitant l'écueil d'une détermination objective et définitive. Seul cet exercice herméneutique nous rendra capables d'évaluer les implications éthiques de notre manière de traiter – et de maltraiter – les plantes, ainsi que des échos que trouve la vie végétative dans les êtres dits « humains ».

### *L'opacité de la vie végétative : du mouvement à peine perceptible*

Les philosophes de la Grèce ancienne associaient la vie au mouvement de diverses manières. Or, les plantes ne se définissent-elles pas précisément par leur incapacité à se mouvoir, par leur enracinement dans la terre et par leur sédentarité ? Cette tendance à l'immobilité, comme l'appelle Bergson, n'épuise pas le mode d'existence des plantes, ainsi que l'indique l'étymologie du terme

« végétation », qui renvoie au terme latin médiéval *vegetabilis*, signifiant « croissant » ou « se développant », aux verbes *vegetare* (« animer », « vivifier ») et *vegere* (« être vivant », « être actif »), ainsi qu'à l'adjectif *vegetus*, dénotant la vigueur et l'activité. Le mot « végétal » est digne d'une admiration tout hégélienne dans la mesure où le langage investit cette unité sémantique de deux significations opposées, voire mutuellement exclusives. Alors que l'usage prédominant du verbe « végéter » véhicule une évaluation négative liée à la passivité ou à l'inactivité d'animaux ou d'êtres humains se comportant en plantes sédentaires, l'histoire souterraine du terme le relie à un sens diamétralement opposé, à savoir à l'abondance et à l'exubérance de la vie, à la vigueur et à l'activité. L'activité végétative se dissimule par ses modes d'apparaître en se présentant toujours sous couvert d'une forme de passivité, et donc en ne se donnant jamais à voir pour ce qu'elle est.

En dépit de son apparente immobilité, sur le plan conceptuel, la plante présente trois des quatre types de mouvement répertoriés par Aristote dans le *De Anima*, dans la mesure où elle est capable de se mouvoir en changeant d'état, en croissant, en se corrompant, sans pour autant pouvoir modifier sa position dans l'espace. Aristote ajoute immédiatement que « si l'âme n'est pas mue par accident, c'est par nature que le mouvement devra lui appartenir »[1], esquissant ainsi la possibilité théorique de l'existence d'une âme végétative. Que les plantes soient capables de mouvement ne paraît surprenant que tant qu'on identifie le mouvement avec le changement de position dans l'espace, ce qui est un présupposé analogue à la

---

1. Aristote, *Traité de l'âme*, trad. fr. E. Barbotin, Paris, Gallimard-Les Belles Lettres, 1989, 406a, 14-17.

réduction moderne de la théorie des quatre causes d'Aristote à la seule causalité efficiente. Dire que la plante « se meut » de manières adaptées à son être et dire qu'elle a une âme ne relève que d'une seule et même idée. Encore bien vivace chez Fichte, qui considère l'âme des plantes comme « le premier principe de mouvement dans la nature »[1], quoiqu'entièrement passif, déterminé du dehors, cette idée est devenue totalement obscure pour un esprit du XXᵉ siècle, ayant perdu toute familiarité avec l'ontologie de l'existence végétative. Tel est donc le premier sens de la vie des plantes : un mouvement d'un certain type et d'un certain rythme que nous avons coutume d'ignorer, car il est trop subtil pour être remarqué par nos appareils cognitifs et perceptifs dans une situation quotidienne.

Parmi la pluralité de définitions de l'âme données par Aristote dans le *De Anima*, l'une des plus concise est celle de l'âme comme « principe de vie animale »[2], *arkhē ton zoōn* (402a, 8). Elle est une *arkhē* de la vie animale au sens où elle agit comme sa *première* manifestation et comme une *autorité* qui organise et régit son développement ultérieur, le guidant, selon les termes de Plotin, « sans effort ni bruit » vers son épanouissement le plus propre[3].

1. J. G. Fichte, *Fondement du droit naturel selon les principes de la Doctrine de la science* (1796-1797, *Grundlage des Naturrechts*), trad. fr. A. Renaut, Paris, P.U.F., 1984. NDT : le passage d'où est tiré cette phrase ne figure pas dans l'édition française, il figure comme fragment XV de l'appendice de l'édition anglaise intitulé *Concerning the nature of animals* : J. G. Fichte, *The Science of Rights*, trad. ang. A. E. Kroeger, London, Routledge and Kegan Paul, 1970, p. 503.

2. NDT : Michael Marder s'appuie ici sur une traduction du grec *zoōn* par « vie animale » (*animal life*), excluant ainsi la possibilité qu'Aristote considère l'âme comme pouvant être une propriété des plantes. Toutefois, *to zoōn* peut également être traduit par « le vivant ».

3. Sur le double sens de l'*arkhē*, voir J. Derrida, *Mal d'archive*, Paris, Galilée, 1995.

Toutefois, cette définition – conforme au principe aristotélicien de l'entéléchie – n'induit-elle pas le refus de la
possibilité d'une âme des plantes en situant la psyché dans
la sphère de l'animalité ? En conséquence, il sera désormais
nécessaire de brouiller les frontières entre les catégories
de plante et d'animal, de les subsumer ensemble sous la
catégorie de « vie animale ». Ou bien nous faut-il faire
l'hypothèse que la plante a déjà semé le chaos et l'anarchie
dans la hiérarchie métaphysique en usurpant une *arkhē*
qui ne lui appartient pas, qui est propre à l'animal ? Aristote,
lui aussi, transgresse les distinctions conceptuelles lorsqu'il
qualifie les plantes et les animaux de « choses vivantes ».
Cependant, en l'absence d'une distinction qualitative, une
différenciation quantitative émerge de sorte que les plantes
peuvent être présentées comme participant plus faiblement
à la vie que les animaux. Nous aurions alors raison de
défendre une des solutions les plus évidentes au problème
philosophique et taxonomique du principe de la vitalité
– solution ayant entraîné la dévalorisation de la vie
végétative et la transformation des plantes en matière brute
destinée à la consommation animale et humaine, en un
« fonds disponible » – dans le jargon heideggérien – dans
lequel nous puisons inconsidérément afin de satisfaire nos
besoins. Afin de rétablir le bon ordre dans la métaphysique,
on en vient à traiter la vie des plantes comme une question
de degré : en tant qu'êtres vivants, on les considère comme
partageant plus de caractères avec les choses inanimées
qu'avec d'autres êtres vivants. La première manifestation
de la vie, antérieure à son « principe » tel que nous l'avons
formalisé, est également la plus réifiée. En admettant que
la plante soit un animal, elle est un animal déficient,
impassible et insensible, incapable de changer de position
dans l'espace : « Il semble que les plantes vivent », écrit

Aristote, « sans avoir le sentir ni le déplacement en partage (*metekhonta*) »[1]. Mais même un tel dénigrement comprend contre toute attente une certaine promesse pour l'ontologie non métaphysique des plantes. Privée du statut de premier principe, la vie végétative n'est pas interprétée comme l'origine inconditionnée et donc fictive de la vitalité, mais au contraire comme ce qui subsiste une fois soustraites les potentialités vitales propres aux autres genres d'âme. Elle est la vie mise à nu, dont on conclut à la présence par sa persistance, en l'absence des caractéristiques typiques de la vivacité animale. Elle est aussi une source de sens qui de même est nue, non anthropocentrique, et pourtant pleine de vie sur le plan ontologique.

Cette description privative des plantes, comme encore plus pauvres en monde (c'est-à-dire, plus intégralement passives) que ne le sont les animaux chez Heidegger, constitue très certainement une réaction de la pensée métaphysique à l'excès et à l'exubérance végétatifs qui échappent à la capture et à la domestication par la conceptualité philosophique. Pour parler de manière psychanalytique, le manque de ressources de la pensée lorsqu'elle est confrontée à la végétation est projeté sur l'objet castrateur de la métaphysique lui-même, escamotant ainsi la clarté conceptuelle désirée. Pseudo-Aristote (très probablement Nicolas de Damas) accentuera davantage, dans le *De Plantis*, ce langage de la privation, allant jusqu'à attribuer aux plantes une âme sans vie : « Or la plante ne fait pas partie des êtres dépourvus d'âme, puisqu'elle possède une partie de l'âme (*meros psukhēs*) ; et elle n'est pas non plus un être vivant (*zōon*), puisqu'elle ne possède pas la

---

1. Aristote, *Traité de l'âme*, trad. fr. I. Auriol, Paris, Pocket, 2009, 410b, 23-24.

sensation »[1]. L'auteur du *De Plantis* pousse la logique de la réduction de la vie jusque dans ses conséquences extrêmes, et il ne subsiste pour lui dans la plante que les lambeaux d'une âme non animale et inanimée. La plante n'est plus un être vivant mais « un être imparfait », *ateles pragma*[2], qui attend son accomplissement dans sa destruction productive et son utilisation à des fins humaines supérieures comme l'alimentation, la production d'énergie et la construction d'abris. Être une plante, dans la logique du *De Plantis*, revient à comporter un défaut ontologique en raison de la position des êtres végétatifs au bas de l'échelle téléologique, mais également parce que ces êtres ne correspondent pas complètement aux principales catégories métaphysiques comme la chose ou l'animal. Ce que l'on a traduit par « l'imperfection » de la plante désigne tout à la fois son absence de but, son apathie, son manque de finalité ou *telos*, un ensemble de caractéristiques attribuables à l'inadéquation de son être aux catégories utilisées dans le paradigme métaphysique en vigueur. Chacune de ces inflexions sémantiques de la notion d'incomplétude, destinées à expliquer la soi-disant déficience des plantes, devrait être étudiée, en particulier parce qu'elles constituent l'épicentre de la dévalorisation systématique de la vie végétative dans la pensée occidentale.

1. Pseudo-Aristote, *Des plantes*, trad. fr. M. Federspiel, M. Cronier, Paris, Les Belles Lettres, 2018, 815a, 26, traduction modifiée. NDT : la traduction anglaise sur laquelle s'appuie Marder traduit ici « *zōon* » par « *living creature* » que la traduction française rend par « animal ». L'édition de Loeb de 1936 sur laquelle Marder s'appuie induit donc une lecture beaucoup plus radicale selon laquelle la plante n'est pas un être vivant. Une édition anglaise récente plus complète et révisée existe : H. J. Drossaart Lulofs and E. L. J. Poortman, *Nicolaus Damascenus. De Plantis. Five Translations*, Leyde, Brill, 1989.

2. Pseudo Aristote, *Des plantes*, *op. cit.*, 816b, 28.

*L'intensification de l'opacité :*
  *la « faiblesse » de la vie végétative*

La croissance végétative ne connaît pas de fin intrinsèque, pas de limite, ni de sens de la mesure ou de la modération ; en un mot, elle est monstrueuse. La vie de la plante consiste en une pure prolifération dénuée de sens de la clôture, une réplication de soi dans une autre plante (ou partie d'une plante : la différence entre individu et partie ne s'applique pas ici) qu'elle engendrera. Nous aurons l'occasion de redéfinir la notion de vie végétative comme un accroissement de la vie en la considérant sous la double optique des capacités de l'âme végétative d'Aristote et de la volonté de puissance de Nietzsche. Pour le moment, il nous faut nous attarder sur une autre conception de la croissance sans limites des plantes, issue de la philosophie allemande, à savoir la critique hégélienne du mauvais infini comme une série qui ne s'achève pas dans une totalité. Dans la deuxième partie de l'*Encyclopédie*, consacrée à la philosophie de la nature, on trouve la conclusion implicite selon laquelle la linéarité de la croissance végétative et l'incapacité constitutive de la plante à revenir sur elle-même l'empêchent de posséder une quelconque forme d'âme. La relation et la référence à soi-même forment : « un cercle intérieur de l'âme, cercle qui se tient à l'écart de la nature inorganique. Mais, en tant que la plante n'est pas encore telle, il lui manque l'intériorité qui serait libre »[1]. Le caractère inachevé de la ligne tendant à l'infini (en l'occurrence, au mauvais infini) sans se refermer sur elle-même dans la circularité d'un retour condamne la plante à tendre vers l'extériorité sans établir la moindre intériorité, dimension que Hegel

---

1. G. W. F. Hegel, *Philosophie de la nature*, trad. fr. B. Bourgeois, Paris, Vrin, 2004, Add. B § 344.

associe à la psyché. Le contraste ne pourrait être plus
marqué entre la conception antique et la conception moderne
de l'âme, la première la concevant comme un principe
actif de vie et la seconde lui attribuant nécessairement un
espace d'intériorité. Et cependant, en dépit de cette
différence majeure, d'Aristote à Hegel, l'idée de l'insuffisance de la croissance linéaire en comparaison avec
l'achèvement circulaire (célébré par la philosophie grecque
en référence à la fois à la plus haute perfection de la pensée
se pensant elle-même et à la capacité inférieure du sentiment
de soi propre à l'âme animale) a été entérinée, affectant
négativement la valeur accordée à la vie végétative.

La croissance des plantes est également considérée
comme dénuée de buts, car l'âme végétative ne développe
pas de capacités supérieures, de capacités autres que celles
d'une alimentation et d'une propagation sans fin. Exclue
de la logique des moyens et des fins, elle ne peut être
achevée que du point de vue extérieur de ceux qui imposeront
*leurs* finalités à cet être, vivant, mais essentiellement dénué
des siennes propres. L'approche instrumentale qui découle
d'une telle conception comprend tout à la fois la justification
de la déforestation et la défense des forêts comme « les
poumons de la planète », étant donné qu'aucun des deux
arguments ne tient compte de la vie végétative *en tant que*
vie, indépendamment des fins externes qu'elle pourrait
être appelée à servir. Aristote lui-même aurait contesté
cette instrumentalisation éhontée d'un être doté d'une âme.
Pour lui, l'âme constitue le premier principe et la cause
finale, ce qui signifie que « dans les êtres vivants, l'âme
est vouée à la spontanéité naturelle. Car tous les corps
naturels sont des instruments de l'âme, aussi bien ceux
des animaux que ceux des plantes, puisque l'âme est ce

pour quoi les uns et les autres sont »[1]. Le corps d'une
plante existe pour son âme (et donc pour la plante elle-
même), et non pour *notre* bénéfice. En tant qu'instrument
ou organe, il est ce en quoi l'âme se met au travail (*ergon*),
accomplissant avec plus ou moins d'excellence (*arētè*) les
actions qui incombent à sa nature – dans ce cas, la génération,
la croissance et la nutrition. Même si l'on invoquait la
hiérarchie des fins établie par la téléologie aristotélicienne
pour suggérer que la finalité propre aux plantes n'est pas
exactement « finale », puisqu'elles se trouvent au bas de
cette hiérarchie téléologique, un tel argument ne saurait
justifier la destruction dialectique, la consomption et la
consommation des échelons inférieurs en chemin vers les
échelons supérieurs. Mais si, avec Hegel, on oublie
l'existence de l'âme végétative, que l'on réduit par-là la
plante à une pure et simple matérialité, à la parfaite
illustration d'une nature dénuée d'esprit et d'identité, on
justifiera rationnellement la destruction de son corps au
profit de l'Esprit, lequel a été jusqu'à présent séparé de
cette plate corporéité : « L'essence calme de la nature
dépourvue d'un Soi […] dans son fruit […] s'offre à la
vie ne se préoccupant que de soi ; cette nature atteint, dans
l'utilité qu'elle présente de pouvoir être mangée et bue,
son accomplissement suprême ; car elle y est la possibilité
d'une existence supérieure et y vient aux confins de l'être-là
spirituel »[2]. La vie de l'Esprit imprègne le corps de la
plante nourricière et l'anoblit à la condition que cette
dernière abandonne son indépendance matérielle vis-à-vis
du sujet de désir et se soumette à une sorte de destruction

1. Aristote, *Traité de l'âme*, trad. I. Auriol, 415b 16-21.
2. G. W. F. Hegel, *Phénoménologie de l'esprit*, trad. B. Bourgeois,
Paris, Vrin, 2006, p. 593.

productive dans le processus de consommation. La notion d'âme végétative ne devient dialectiquement plausible qu'au moment où les plantes, à l'image du reste de la nature organique et inorganique, ont été entièrement conquises par l'Esprit, ont été débarrassées des derniers vestiges de leur existence immédiate et ont été anoblies par cette instrumentalisation spirituelle. Cependant – pour en revenir à Aristote – aucun *telos*, supérieur ou inférieur, n'aurait été accompli si l'âme végétative n'avait pas été au travail dans le corps des plantes et, dans une large mesure, dans nos corps *avant* toute autre intervention « spirituelle ». Nous sommes par exemple en droit de nous demander si les capacités de la psyché qui ont été surajoutées à leurs homologues végétales consistent en autre chose qu'en une excroissance ou une variation à partir de ces dernières. Si l'on suppose que les parties supérieures de l'âme reposent sur les parties inférieures, de quoi héritent-elles alors de leur ascendance ? Comment l'être humain tire-t-il son identité de la plante, son autre le plus banal et le moins remarquable ?

La solution sommaire au problème de la vie végétative, consistant à l'interpréter comme qualitativement pauvre et à la situer à la frontière avec l'existence inanimée, force cette forme de vie à battre en retraite, la met en fuite, et augmente ainsi la distance qui sépare la philosophie de la plante. Dans le contexte de la philosophie aristotélicienne, la nature occulte de la vie des plantes découle du caractère relativement imperceptible des types de mouvement dont elle témoigne – changement d'état, croissance, corruption. Saint Thomas d'Aquin pense à la typologie d'Aristote lorsque, dans la *Somme Théologique*, il écrit que : « La vie reste cachée dans les plantes (*vita in plantis est occulta*) parce qu'elles n'ont ni le mouvement local ni la sensation, qui distinguent ce qui est animé de ce qui ne l'est pas »[1]. Les caractères qu'elle partage avec les choses inanimées, c'est-à-dire l'absence de sensibilité et de locomotion, dissimulent les processus vitaux qui sont à l'œuvre en elle, camouflant ainsi la vitalité sous le masque de la mort. Sans âme et pourtant vivante, la plante semble brouiller les distinctions conceptuelles et défier toutes les classifications communément admises pour discerner entre différentes classes en respectant la logique métaphysique du choix binaire. Avant saint Thomas, l'auteur du *De Plantis* oscillait de manière similaire entre la pure négation de la vitalité des plantes et l'idée d'une opacité essentielle de leur forme de vie. La vie animale apparaît au grand jour, telle qu'elle est, dans tout son éclat en tant que phénomène (*phanera*), claire et évidente (*prodelos*). La vie végétative, à l'inverse, est inaccessible, dissimulée (*kekrummene*), et on ne la voit pas (*emphanes*)[2]. Ses mouvements sont si subtils qu'il est facile de confondre un arbre en dormance l'hiver avec du bois mort, l'archétype de la matière inerte. Soulever la question de la vie végétative d'un point de vue phénoménologique, la tirer de sa dissimulation et la mettre en lumière, consiste déjà à la transgresser. Pour entrer en contact avec le mode d'existence des plantes, il faut acquérir un goût pour ce qui est dissimulé et retiré, y compris pour les différentes significations de cette existence, tant insaisissables qu'inépuisables. Le mode d'existence fugitif typique de la vie végétative imite l'activité de la *phusis* elle-même, laquelle, selon le fameux fragment n°123 d'Héraclite, « aime à se cacher », *kryptesthai philei*. La vie cryptique des plantes désigne par métonymie

1. Thomas d'Aquin, *Somme théologique, prima pars*, Q. 69 A2.
2. Pseudo-Aristote, *Des plantes, op. cit.*, 815a, 1.

la nature autodissimulatrice de la *phusis*, terme dérivé en grec de la racine *phuo*- et du verbe *phuein* (« générer » ou « grandir »), qui fait allusion au monde de la végétation [1].

Établir un parallèle entre le tout de la nature et la plante constitue une entrée en matière prometteuse pour la philosophie de la vie végétative. Chez Heidegger, l'émergence de la nature, ou la nature en tant qu'émergence, en tant que déferlement, est en même temps une retraite, un retrait donateur et une inépuisable générosité. La *phusis*, avec son mouvement pendulaire de décèlement, révélation et dissimulation, est l'autre nom – bien qu'incomplètement ontologisé – de l'Être, qui à la fois est et n'est pas identique à tout ce qui est *dans* l'Être et dont le sens est perdu à chaque tentative de le nommer. La vie et l'âme, de manière analogue, émergent d'abord dans la plante seulement pour s'en retirer après sa réification, l'inflation de sa dimension de chose et l'oubli de son caractère unique sur le plan ontologique. Mais, tandis que Heidegger donne un sens positif au mouvement négatif du retrait de l'être, en le présentant comme le revers inévitable de la vérité comme désabritement (*a-letheia*), les observations anciennes concernant le caractère cryptique de la vie dans la plante donnent lieu à sa déconcertante fétichisation.

Il convient de noter ici que l'écueil du fétichisme est inévitable dans toute approche ontologique de la vie végétative. Pour l'esprit fétichiste, bien que les plantes ressemblent à de simples choses, elles engendrent un mystérieux excès par rapport à d'autres entités inanimées. Cet excès, exceptionnel et miraculeux au sein d'un ordre réifié, est traité comme digne de vénération. Les premiers

---

1. M. Merleau-Ponty, *La Nature. Notes. Cours du Collège de France*, Paris, Seuil, 1995, p. 19-20.

cultes religieux de la fertilité représentent bien entendu la version la plus littérale de la vénération de quelque chose dans l'objet qui rend cet objet vivant et n'est pas tout à fait situable dans une vision de la réalité substantialisée, rigide et concrète. Enveloppée dans le mythe, la vie végétative est rendue encore plus numineuse et obscure, de sorte que sa signification est entièrement escamotée, rendue obscure et indiscernable. Alors que la phénoména-lisation complète de la vie ne laisse aucune marge à l'inter-prétation, car elle dévoile tout au grand jour, sa nouména-lisation fétichiste, symétriquement, interdit l'interprétation, dans la mesure où elle empêche complètement l'émergence de sens. Comme en témoigne l'existence végétative, la vie – perçue onto-phénoménologiquement – est le processus de la venue au jour qui n'est pas entièrement victorieux de l'obscurité.

Lorsqu'il remarque qu'« établir l'existence [de la vie de la plante] exige une recherche considérable », Pseudo-Aristote en appelle à ce que l'on nommerait aujourd'hui une « herméneutique de la vie végétative » afin de la tirer de son état de dissimulation sans pour autant déterminer de manière définitive sa signification. Pour arriver à ses fins, une telle herméneutique doit, d'une part, amorcer une critique de la philosophie qui a poussé la vie des plantes à battre en retraite, exacerbant ainsi la tendance propre à la vitalité végétale. D'autre part, elle a à défendre le fragile équilibre qui évite de verser dans les positions extrêmes que sont le fétichisme obscurantiste, qui nie la possibilité même d'un sens, et l'élucidation scientifique et phénoménologique de ce qui est en retrait. Aussi abstraite qu'elle puisse paraître, la dénégation philosophique de la vie végétative et de sa vivacité a eu des effets bien réels et tangibles sur l'approche humaine de l'environnement naturel, de sorte que les bois ne sont traités comme rien de plus qu'une masse de bois « produite » dans une énorme usine de taille planétaire. En effet, l'amalgame entre les bois et le bois n'a rien d'accidentel ; il présuppose la totalité de l'histoire conceptuelle de la matière. La matière acquit le statut de notion rigoureuse dans la pensée d'Aristote, laquelle intégra le terme désignant familièrement le bois, *hulē*, dans le vocabulaire philosophique naissant. Mais alors que pour Aristote, la *hulē* était encore pénétrée de la dignité de la causalité matérielle, pour la conscience scientifique moderne, elle ne désigne rien de plus qu'un matériau informe attendant l'imposition d'une forme depuis l'extérieur. Une telle histoire conceptuelle nous montre qu'il a suffi ensuite de projeter la notion appauvrie de matière sur sa source pré-philosophique (*hulē* ou bois) pour former un cercle vicieux nous confortant dans l'idée que les bois ne sont que du bois qui attend d'être « anobli », comme le dirait Hegel, sous forme de maison, de page d'un livre ou de bûche dans la cheminée. En réponse à cette identification de la vie végétative à la matière muette et inerte, il est nécessaire de faire un pas vers l'idée que cette forme de vie insaisissable constitue l'incarnation même de la limite de notre compréhension métaphysique, que cette vie est donc complexe, voilée, dissimulée avant tout *du point de vue de la métaphysique*. Il va de soi que l'idée que la plante est un des jalons témoignant de la finitude de la philosophie entraînera notamment sur le plan pratique une attitude radicalement différente face à l'environnement, lequel ne représentera plus un ensemble de ressources naturelles et de matières premières qu'il revient aux humains de gérer plus ou moins efficacement.

L'affirmation selon laquelle la vie des plantes serait « cachée » comporte toutefois un paradoxe supplémentaire.

Pour Aristote, comme pour Hegel, les plantes sont essentiellement superficielles; ignorant les échanges gazeux entre les plantes et l'atmosphère, le philosophe grec considérait leur âme comme incapable de souffle (*pneuma*) – un processus éthéré qui était communément considéré comme synonyme d'âme et qui témoignait du fait que les organes de la respiration, les poumons, étaient d'une certaine manière dissimulés[1]. Dans le même esprit, Hegel postulait une identité immédiate entre la vie intérieure de la plante et sa vitalité extérieure. Si les plantes ont quelque chose comme une âme, on peut y lire comme dans un livre ouvert, pour ainsi dire, puisque « la vitalité en général qu'elle [la plante] possède [...] ne s'y trouve pas à la manière d'un état dont la vie interne de la plante serait différenciée »[2]. Face à cette attribution aux plantes d'une absolue superficialité, d'une absence de profondeur, comment est-il possible que quelque chose soit caché? Une énigme comparable se trouve au cœur de la version ontologique de la phénoménologie élaborée par Heidegger, qui pense la dissimulation de l'Être non pas dans les profondeurs, mais à même les surfaces de l'ontique. Plutôt que de chercher un sens profond, à la manière d'une « archéologie du savoir », l'herméneutique rend explicite ce qui a toujours déjà été vaguement « compris », ce qui est trop proche de nous pour être considéré comme questionnable. Ce qui est caché ou distant s'avère pour

---

1. « C'est l'inconvénient dont souffre également le propos des vers que l'on qualifie d'orphique, où l'âme apportée par les vents en provenance du Tout, à ce qu'on dit, pénètre les vivants par la respiration. Or cela ne saurait être le cas des plantes, ni de certaines espèces animales puisque tous les vivants ne sont pas doués de respiration, ce qui a échappé à ceux qui soutiennent cela » (Aristote, *Traité de l'âme*, trad. I. Auriol, 410b 28-411a 3)

2. Hegel, *Philosophie de la nature, op. cit.*, Add. § 343.

nous le plus évident, considéré comme allant de soi, jamais remarqué à cause de sa familiarité intime. Au lieu de préserver un secret profondément enterré, le caractère dissimulé de la vie végétative renvoie à son évidence non interrogée, à ce qui survit en dépit du fait qu'il ne peut être assimilé et élucidé par des déterminations métaphysiques.

C'est justement en référence au « souffle » de la plante, alors qu'il est sur le point de réaliser une transition dialectique vers la philosophie de l'animalité, que Hegel intensifie le paradoxe et admet que « ce processus est quelque chose d'obscur, parce que la plante se retient, fermée, en elle-même (*verschlossenen Ansichhaltens der Pflanze*) » [1]. La plante est une réserve fermée dont la négativité désormais intensifiée retient, garde et cache ses enseignements – comme Socrate le remarque dans le *Phèdre* : « J'aime à apprendre ; or la campagne et les arbres ne souhaitent rien m'apprendre, tandis que les hommes de la ville le font, eux » [2] – et résiste passivement à toutes les tentatives visant à la comprendre. Contrairement à un animal, la plante n'a pas de voix (c'est ce qui explique sa réserve), et est incapable de déterminer spontanément sa place en se déplaçant librement (ce à quoi elle doit sa nature hermétique). Indifférente à la distinction entre l'intérieur et l'extérieur, elle est littéralement enfermée en elle-même, mais telle qu'elle fusionne avec son environnement extérieur de manière à en être totalement dépendante. En d'autres termes, elle reste pour toujours étrangère à elle-même, faisant ainsi obstacle à la pensée métaphysique qui traite uniquement d'identités et d'unités

---

1. Hegel, *Philosophie de la nature*, *op. cit.*, Add. § 347.
2. Platon, *Phèdre*, trad. fr. L. Brisson, Paris, Flammarion, 2012, 230d.

identiques à elles-mêmes et qui considère tout le reste comme obscur, hermétique et réservé. Mais c'est cette même réserve de la plante que l'Esprit exploite en parlant *pour* cette entité hermétique et obscure, en se faisant passer pour son porte-parole, et en comblant les lacunes de la non-identité, ou dans le jargon plotinien, de l'« altérité » du désir végétal, en subsumant la plante aux besoins de la consomption animale [1]. Désignant ainsi par métonymie l'ensemble de la nature, qui n'est initialement que l'autre de l'Esprit, la réalité de la plante est « spiritualisée » et élevée dans et par cette destruction productive caractéristique de l'*Aufhebung*. L'âme végétative, dont l'existence n'est pas reconnue, est supplantée par l'Esprit, qui revendique le droit absolu de s'approprier le corps muet de la plante, qu'il sublime ainsi en un corps divin, la chair et le sang du Christ, en conséquence de sa négation concrète dans les processus de fermentation : la transformation de raisins en vin et de blé en pain.

Indépendamment de toutes les machinations de l'Esprit, la réserve si bien défendue de la plante n'est pas pour autant rompue. Il serait plausible, dans une veine heideggérienne, d'attribuer la réserve de la vie végétative à sa provenance, à la vivacité originelle, comprise ontologiquement comme l'évènement appropriant (*Ereignis*) qui se retire et se défend de toute tentative humaine pour se l'approprier. Cette conclusion irait de pair avec l'insistance d'Aristote sur le statut original de l'âme des plantes, « une

---

1. « Le désir doit donc débuter non pas en elle [la partie de l'âme voisine du corps, celle que nous appelions la nature], mais dans le corps vivant […] L'on peut donc dire que le corps désire de lui-même, que, dans la nature, le désir vient d'un autre et existe pour un autre (le corps) ». (Plotin, *Énnéades*, trad. fr. É. Bréhier, Paris, Les Belles Lettres, 1927, IV. 4.20, 22-36).

sorte d'âme à l'origine des plantes (*phutois psukhè arkhè*) »[1]. Cette hypothèse à la fois aristotélicienne et heideggérienne perd néanmoins de vue une certaine inauthenticité implicite dans cette origine impure de la vie, la fragilité ou, comme l'appelle Hegel de manière moins charitable, la « faiblesse » de la vitalité végétale[2]. Le principe de vie est encore trop faible dans la plante, dont l'âme n'est ni différenciée du point de vue de ses capacités ni assez distincte de son extériorité, de son environnement. Mais ce qui constitue une faiblesse aux yeux de la métaphysique est en soi un facteur de force, à la fois parce qu'elle permet une résistance passive offerte à la pensée hégémonique de l'identité et parce qu'elle offre une forme d'indépendance vis-à-vis de la fiction d'une origine unitaire[3]. Parmi les anciens, Plotin est le penseur le plus ouvert à « l'impureté » originaire de l'âme des plantes, qu'il décrit tantôt comme « une ombre de l'âme, *skian psukhès* »[4] tantôt comme un « écho d'une puissance »[5]. Le sens communément attribué à la métaphore de l'ombre et de l'écho convient à l'hypothèse plotinienne selon laquelle la terre elle-même, étant vivante et dotée d'une âme, est la cause de la germination des graines cachées en son sein et qu'elle est dès lors plus proche de l'origine de la vie que la végétation qu'elle nourrit et porte. L'animisme antique, dans sa recherche d'une origine plus pure, est proche ici de la métaphysique. Il existe pourtant une autre

---

1. Aristote, *Traité de l'âme*, trad. I. Auriol, 411b 28-29.

2. Hegel, *Philosophie de la nature*, *op. cit*, Add. § 349.

3. J'utilise le concept de « faiblesse » à la suite des développements de Gianni Vattimo sur une « pensée faible » et un « affaiblissement de la métaphysique ».

4. Plotin, *Énnéades*, IV 4, 18, 7.

5. *Ibid*., IV 4, 22, 2.

manière d'hériter des formules de Plotin, de les renverser en situant la répétition et la similitude – l'ombre et l'écho – à la source de la vie conçue *comme* une reproduction dont l'origine est différée à l'infini. L'écho et l'ombre de l'âme ne sont alors plus de pâles copies, mais les représentations les plus fidèles de la psyché vivante dans le processus incessant du devenir.

Pour s'assurer que l'âme de la plante ne soit pas définitivement perdue dans l'objectification massive de la vie végétative qui s'accélère aujourd'hui, en ce début de XXIᵉ siècle, il est indispensable de transposer les catégories que Heidegger réservait au *Dasein* (autrement dit à l'existence humaine) à la nature dite « objective ». Cette transposition ne sera pas une simple translation, puisqu'elle ne saurait ignorer la différence qualitative qui existe entre la vie humaine et celle des plantes. En s'appuyant plutôt sur la notion de trace, elle se demandera : quels sont les aspects de l'analyse existentiale de Heidegger qui pourraient survivre à leur attribution à la nature végétative ? Comment et sous quelle forme pourraient-ils être maintenus ? Que signifierait un tel maintien ? Et qu'est-ce qui, de l'âme des plantes, vit en nous ?

Pour la philosophie de la déconstruction, la trace figure une faible présence, une empreinte inéluctablement liée à l'absence de la chose qui l'a laissée. Mais elle est aussi synonyme de survie, de la continuation d'une vie qui a été bouleversée par une rupture (un trauma, par exemple) augurant la mort. La double question de la survie mutuelle de l'âme des plantes dans les êtres humains et des qualités du *Dasein* au sein du monde de la végétation relève de cette économie d'une présence faible, car elle repère des traces de la plante dans l'humain et des traces de l'humain dans la plante. Nous ne pouvons nous empêcher de sentir une pointe de mystère dans ces questions qui demandent que nous discernions l'altérité végétative constitutive en nous, et qu'en même temps nous abandonnions l'illusion que le *Dasein* et le comportement ontologique sont des prérogatives exclusives des êtres humains, par opposition à toutes les autres manifestations de la vie qui seraient simplement ontiques. L'autre qui nous confère notre humanité ne doit pas nécessairement être – pour faire référence aux points de comparaison favoris d'Aristote dans *La Politique* – un dieu ou une bête, quelque chose de merveilleusement surhumain ou de lamentablement soushumain. Il se pourrait qu'il s'agisse de la forme d'altérité la plus banale et la plus discrète, à laquelle nous n'osons pas nous comparer : la plante.

### *Les potentialités des plantes :*
### *l'alimentation et ses vicissitudes*

Nous sommes partis de la question de la compréhension fondamentale de la vie comme mouvement et de l'attribution plutôt contre-intuitive du mouvement aux plantes. Aristote précise sa caractérisation de la vie de l'âme comme une capacité (*dunamis*) d'assimiler des nutriments et de réaliser au moins deux types de mouvement – la croissance et la corruption (*De Anima* 412a, 14-15). Si la vie dénote « le mouvement de la nutrition celui de la dégénérescence et de la croissance », alors, « à l'évidence, tous les végétaux vivent. Car manifestement, ils ont en eux une aptitude, c'est-à-dire une ressource en vertu de laquelle ils dépérissent et croissent en des directions contraires. Car croître ce n'est pas pousser vers le haut au détriment du bas, mais aller dans les deux directions à la fois, voire en toutes » [1].

---

1. Aristote, *Traité de l'âme*, trad. I. Auriol, 413a 26-30.

Rappelons ici que les capacités ne sont pas surajoutées à l'âme aristotélicienne, qui en est inséparable, et qu'elles dénotent des tendances actives, dynamiques et non des attributs passifs de la psyché. Être capable de quelque chose revient à y tendre activement ou, dans la reprise que fait Edmund Husserl d'Aristote, à posséder une intentionnalité – dans le cas qui nous occupe, une intentionnalité non consciente – qui est un *se diriger-vers* quelque chose, que ce soit de la lumière, des nutriments minéraux ou autre chose. Indépendamment de son contenu, l'affirmation selon laquelle la plante est *capable de* quelque chose attribue déjà à son existence des caractères qui ne sont pas entièrement passifs.

La *dunamis* de l'âme végétative, sa capacité de croissance, mais aussi de corruption et d'assimilation de nutriments, se déploie dans une extension en apparence sans limites, dans toutes les directions concevables et non seulement vers la lumière du soleil. La vie de la plante s'extériorise en une prolifération sauvage et incessante, un devenir-spatial et un devenir-littéral de l'intentionnalité. Le fait que cette intentionnalité *non* consciente se rapproche de l'*in*conscient est évident à la fois dans le schéma aristotélicien, dans lequel il n'y a pas de « différence […] » entre dormir sans interruption depuis le premier jour jusqu'au dernier, pendant mille ans ou tout le temps qu'on voudra, et vivre comme une plante »[1], et pour les lecteurs de Bergson, lequel, néanmoins, recommande que la définition du végétal « par la conscience endormie et l'insensibilité »[2] soit assez dynamique pour pouvoir tenir compte des cas dans lesquels « la mobilité et la conscience

---

1. Aristote, *Éthique à Eudème*, trad. fr. C. Dalimier, Paris, Flammarion, 2013, I 1216a 1-10.
2. H. Bergson, *L'évolution créatrice*, Paris, P.U.F., 2007, p. 113.

des cellules végétales ne sont pas à ce point endormies qu'elles ne puissent se réveiller quand les circonstances le permettent ou l'exigent »[1]. Il est donc possible pour la vie de la plante de sortir ne fût-ce qu'un instant de son obscurité et de contrer ainsi la tendance qui veut que la sensibilité animale et le comportement conscient retombent dans la torpeur et l'immobilité du végétal. Le fait que, dans le travail de Bergson, les taxonomies rigides cèdent la place à des devenirs fluides permet de rapprocher les différents types de tendances vitales (qu'elles soient animales ou végétales) des capacités dynamiques de l'âme aristotélicienne, dont on ne peut rendre compte dans les termes de la statique « échelle des êtres » où la philosophie médiévale les avait inscrites.

La vie végétative, par sa prolifération apparemment sans limites, témoigne d'une exubérance dans la croissance ainsi que d'un dépérissement tout aussi spectaculaire. Dans leur caractère excessif, ces tendances mettent au travail les capacités de l'âme des plantes sans jamais complètement les actualiser ou les achever. À l'aune de l'actualité, une telle vie est un échec, un projet inachevé, mais telle est également l'existence humaine si on la considère d'un point de vue existentiel. Bien que la vie végétative manque d'une finalité, Aristote, comme de nombreux philosophes à sa suite, s'est lancé à la poursuite de son insaisissable principe premier, d'une capacité de base de l'âme à partir de laquelle toutes les autres pourraient être déduites. Selon le *De Anima*, la *dunamis* générique de cette vie est la faculté d'alimentation, *to threptikon*, qui est analogue au sens haptique (au toucher) fondamental chez l'animal et qui se différencie subséquemment dans d'autres sens plus spécifiques (413b, 1-10). Se référant implicitement à ce

---

1. H. Bergson, *L'évolution créatrice, op. cit.*, p. 114.

texte d'Aristote, Nietzsche radicalise avec malice cette
réduction des capacités classiques quand, dans un fragment
daté de 1886-1887, il conclut : « "Nutrition" n'est que
dérivée : l'origine c'est : tout vouloir enfermer en soi » [1].
Il prend position par-là sur la question spéculative
aujourd'hui oubliée consistant à demander si oui ou non
les plantes sont sujettes à l'expérience du désir. Alors que
Platon et ses partisans étaient convaincus que les plantes
pouvaient être comptées parmi les êtres désirants, Aristote
refusait catégoriquement une telle position. C'est dans le
*Timée* que Platon donne les indications les plus parlantes
au sujet du désir végétal. L'âme d'un être vivant enraciné
(c'est-à-dire de la plante présentée comme un type inférieur
d'animal) est décrite comme partageant « des sensations
agréables et douloureuses et des désirs (*epithumiōn*) » [2],
malgré son incapacité à se mouvoir elle-même. L'argument
repose sur une supposition implicite, qui sera formulée
plus tard par Pseudo-Aristote, selon laquelle ce qui est
capable de s'alimenter est sujet aux sensations de faim, de
désir de nourriture et de satisfaction selon que les nutriments
sont ou non fournis à un moment donné. Selon ce point
de vue, le désir (et avant tout, le désir végétal dont nous
faisons également l'expérience lorsque nous avons faim
ou soif) est négatif, déterminé par un manque, et n'est
satisfait que temporairement, pendant les brefs moments
où l'organisme est rassasié. Dans le contexte de ce désir
déficient ou défectueux, l'exubérance de la vie végétative
n'est qu'un masque recouvrant une profonde absence
d'accomplissement, l'état par défaut de tous les êtres

1. F. Nietzsche, *Fragments posthumes*, 1886-1887 5 [64], dans
*Œuvres philosophiques complètes*, G. Colli, M. Montinari (éd.), Paris,
Gallimard, 1968-1997, (désormais cité FP).

2. Platon, *Timée*, trad. fr. A. Rivaud, Paris, Gallimard, 1985, 77b.

vivants affectés par leur environnement, dépendants de quelque chose qui leur est extérieur.

Mais devrions-nous accepter sans démonstration l'idée que la négativité est la pierre de touche du désir, y compris du désir végétal si tant est qu'il soit concevable ? Nietzsche prend le parti de Platon en attribuant le désir aux entités vivantes capables d'alimentation, mais contrairement aux platoniciens, il sépare cette faculté des sensations de plaisir et de douleur ou, plus largement, des connotations d'absence et de manque. Le désir nutritif nietzschéen est une expression d'une volonté de puissance débordante, une pure positivité de croissance et d'expansion dans laquelle rien ne manque. Même si son objet est un autre neutralisé et incorporé dans l'identique, la source la plus profonde de désir propre à tout être vivant (qui s'alimente en assimilant l'autre, en détruisant son altérité, et en lui soutirant ainsi son énergie) est la positivité de l'affirmation de soi ou l'augmentation de la force. Ayant formulé le problème au plus haut niveau d'abstraction, Nietzsche sous-entend que ce *modus operandi* fondamental de l'âme des plantes n'est jamais supplanté dans les organismes et les processus psychiques « supérieurs ». Au contraire, « [à] ce processus d'alimentation appartiennent, comme moyen de sa réalisation, ce qu'on appelle sentir, se représenter, penser »[1]. En une amplification ironique de l'aristotélisme et de l'hégélianisme, la capacité végétative d'alimentation ou, plus généralement, d'assimilation de l'altérité à l'identique, est graduellement sublimée en idées et pensées qui perfectionnent et spiritualisent les stratégies d'incorporation de l'autre. (Il faut repenser ici, d'une part, au *Geist* hégélien qui idéalise le principe nutritif de l'assimilation et le convertit en une

1. FP 1882-1884 24 [14].

méthode pour construire la totalité et d'autre part à l'affirmation d'Aristote selon laquelle, sans la faculté nutritive, la réceptivité de la sensation n'existerait pas). La philosophie elle-même n'est rien d'autre que la version la plus sophistiquée du *threptikon*, où l'acte de penser joue le rôle d'héritage vivant de la capacité fondamentale propre à l'âme des plantes. Même dans nos entreprises les plus hautes, nous restons des plantes sublimées.

Malheureusement, la brillante intuition de Nietzsche reste entachée par sa conception de la plante encore empoisonnée par la métaphysique, dont il reste manifestement prisonnier. Dans la narration par Heidegger de l'histoire de la philosophie occidentale, Nietzsche produit la dernière variation du platonisme en le renversant, en réévaluant les plus hautes valeurs platoniciennes (notamment les Idées) comme étant les plus basses. Le nom que donne ce penseur du XIXe siècle à l'Être est « la volonté de puissance », la source de la capacité d'alimentation de la plante ainsi que du désir d'assimiler l'autre qui sous-tend cette capacité. « L'alimentation », écrit Nietzsche comme pour compléter le passage cité ci-dessus, « [est une] simple conséquence de l'assimilation insatiable, de la volonté de puissance »[1]. À la base de la croissance et de la décomposition ontiques sans limites de la végétation, et de l'ontologie de la vie des plantes en tant que processus de prolifération incessant, se trouve l'insatiabilité du désir de s'approprier l'autre, de croître en force. Les plantes semblent agir selon ce désir au niveau le plus incarné, en s'étendant dans toutes les directions : croissant en hauteur, s'étendant horizontalement sur de larges surfaces, frayant un chemin à leurs racines profondément dans la croûte terrestre. La jungle,

---

1. FP 1885-1886 2 [76].

en particulier, est l'exemple favori de Nietzsche pour illustrer l'activité matérielle de l'invincible volonté de puissance des plantes (« Pourquoi donc les arbres d'une forêt vierge luttent-ils entre eux ? Pour le "bonheur" ? – Pour la puissance… ») [1]. Mais son erreur fatale consiste à subsumer la végétation sous la bannière du même et de l'identique, malgré l'absence d'un espace d'intériorité nettement délimité chez les plantes et par conséquent leur incapacité à incorporer quoi que ce soit dans leur âme qui fasse un avec leur corps. Le problème philosophique est que l'insatiabilité du désir de s'alimenter coïncide, dans la plante, avec l'absence d'un soi autonome auquel l'autre serait incorporé. De manière surprenante, Hegel a le mérite d'être plus sensible à cette question que Nietzsche et de proposer « une assimilation de l'Autre à soi, mais, […], aussi un aller-hors-de-soi » [2], une intériorité immédiatement identique au processus d'extériorisation. Cependant, pour Hegel, l'incapacité de la plante à établir une identité avec elle-même (à coïncider avec elle-même) au moyen de l'autre constitue un défaut, alors que pour la pensée post-métaphysique du végétal, il s'agit d'une vertu, d'une condition *sine qua non* pour la pensée de la différence et de la non-identité qui rejette l'appropriation impérialiste de l'autre.

De la nutrition à la volonté de puissance, en passant par l'assimilation et l'appropriation de l'autre dans l'identique : la chaine des réductions de la capacité fondamentale de l'âme des plantes remonte en une régression à l'infini au premier principe évanescent, rendant chaque nouveau terme toujours plus métaphysique que le précédent.

---

1. FP 1887-1888 11 [11].
2. Hegel, *Philosophie de la nature, op. cit.*, Add. § 343.

Nietzsche présente le dernier et le plus vital des maillons de cette chaine conceptuelle – la volonté de puissance – comme un désir d'accumulation de la force au service duquel l'autre a été placé : « La volonté d'accumuler des forces, spécifique du phénomène de la vie, de l'alimentation, de la reproduction, de la transmission héréditaire – de la société, de l'État, des mœurs, de l'autorité » [1]. L'exubérance de la vie végétative, sa prolifération, est ainsi soumise à une fin particulière, à la volonté de puissance, désirant l'accumulation de plus de puissance (de plus de vie). Nietzsche n'envisage pas l'hypothèse que les phénomènes de la vie, et parmi eux la vitalité des plantes, empêchent souvent l'accumulation de puissance, parce que ces êtres vivants, comme tous les autres, sont les passages, les débouchés ou les médiums pour l'autre, et parce que, plus précisément, ils ne sont que l'intersection d'échanges gazeux, ou des « points centraux » fichtéens dans les processus d'attraction et de répulsion chimiques. Et si l'âme des plantes et la pensée des plantes laissaient l'autre passer à travers elles sans qu'il ait à dévier de son altérité ? Et si elles croissaient de manière à jouer ce rôle de manière plus efficace, de manière à mieux accueillir l'autre ? Et si tout cela était accompli grâce à l'incomplétude essentielle de la croissance linéaire qui ne revient pas sur elle-même, mais est, depuis le départ, autre qu'elle-même ? Et si, enfin, ce respect inhérent pour l'altérité nous donnait accès à l'une des significations clés de la vie végétative ?

1. FP 1888-1889 14 [81].

EMANUELE COCCIA

# LA VIE DES PLANTES
## UNE MÉTAPHYSIQUE DU MÉLANGE[*]

## I. PROLOGUE

### Des plantes, ou de l'origine de notre monde

Nous en parlons à peine et leur nom nous échappe. La philosophie les a négligées depuis toujours, avec mépris plus que par distraction[1]. Elles sont l'ornement cosmique,

\* E. Coccia, *La vie des plantes. Une métaphysique du mélange*, Paris, Payot & Rivages, 2016.

1. La seule grande exception dans la modernité est le chef-d'œuvre de G. Fechner, *Nanna oder über das Seelenleben der Pflanzen*, Leipzig, L. Voss, 1848. Face à ce silence, commence à se lever la voix d'un petit nombre de chercheurs et intellectuels au point que certains parlent d'un *plant turn*. E. P. Miller, *The Vegetative Soul : From Philosophy of Nature to Subjectivity in the Feminine*, New York, State University of New York Press, 2002 ; M. Hall, *Plants as Persons : A Philosophical Botany*, New York, State University of New York Press, 2011 ; E. Kohn, *How Forests Think : Toward an Anthropology Beyond the Human*, Berkeley, California University Presss, 2013 ; M. Marder, *Plant Thinking : A Philosophy of Vegetal Life*, New York, Columbia University Press, 2013 ; M. Marder, *The Philosopher's Plant : An Intellectual Herbarium*, New York, Columbia University Press, 2014 ; J. Nealon, *Plant Theory : Biopower and Vegetable Life*, New York, Columbia University Press, 2015. À de rares exceptions près, cette littérature s'obstine à chercher dans la littérature purement *philosophique* ou anthropologique une vérité sur les plantes, sans entrer

l'accident inessentiel et coloré qui trône dans les marges
du champ cognitif. Les métropoles contemporaines les
considèrent comme les bibelots superflus de la décoration
urbaine. Hors les murs de la ville, ce sont des hôtes – des
mauvaises herbes – ou des objets de production de masse.
Les plantes sont la blessure toujours ouverte du snobisme
métaphysique qui définit notre culture. Le retour du refoulé,
dont il est nécessaire de nous débarrasser pour nous
considérer comme différents : hommes, rationnels, êtres
spirituels. Elles sont la tumeur cosmique de l'humanisme,
les déchets que l'esprit absolu n'arrive pas à éliminer. Les
sciences de la vie les négligent également. « La biologie
actuelle, conçue sur la base de ce que nous savons de

en communication avec la réflexion botanique contemporaine, qui, au
contraire, a produit de remarquables chefs-d'œuvre de philosophie de la
nature. Pour mentionner ceux qui m'ont le plus marqué : A. Arber, *The
Natural Philosophy of Plant Form*, Cambridge, Cambridge University Press,
1950 ; D. Beerling, *The Emerald Planet. How Plants Changed Earth's
History*, Oxford, Oxford University Press, 2007 ; D. Chamovitz, *What
a Plant Knows : A Field Guide to the Senses*, New York, Scientific
American-Farrar, Straus & Giroux, 2012 ; E. J. H. Corner, *The Life of
Plants*, Cleveland, World, 1964 ; K. J. Niklas, *Plant Evolution. An
introduction to the History of Life*, Chicago, The University of Chicago
Press, 2016 ; S. S. Tonzig, *Letture di biologia vegetale*, Milan, Mondadori,
1975 ; F. Hallé, *Éloge de la plante. Pour une nouvelle biologie*, Paris,
Seuil, 1999 ; S. Mancuso, A. Viola, *Verde brillante. Sensibilità e intelligenza
del mondo vegetale*, Florence, Giunti, 2013. L'attention aux plantes est
aussi centrale dans l'anthropologie américaine contemporaine, à partir
du foudroyant chef-d'œuvre (centré en vérité sur un champignon) de
A. Lowenhaupt Tsing, *The Mushroom at the End of the World : On the
Possibility of Life in Capitalist Ruins*, Princeton, Princeton University
Press, 2015 ; et des travaux de Natasha Myers, qui prépare également un
livre sur le sujet, voir notamment N. Myers et C. Hustak, « Involutionary
Momentum : Affective Ecologies and the Sciences of Plant-Insect
Encounters », *Differences : A Journal of Feminist Cultural Studies* 23
(3), 2012, p. 74-117.

l'animal, ne tient pratiquement aucun compte des plantes »[1] ;
« la littérature évolutionniste standard est zoocentrique ».
Et les manuels de biologie abordent « de mauvaise grâce
les plantes comme décorations sur l'arbre de la vie, plutôt
que comme les formes qui ont permis à cet arbre de survivre
et de grandir »[2].

Il ne s'agit pas simplement d'une insuffisance
épistémologique : « en tant qu'animaux, nous nous
identifions beaucoup plus immédiatement aux autres
animaux qu'aux plantes »[3]. Ainsi, les scientifiques,
l'écologie radicale, la société civile s'engagent depuis des
décennies pour la libération des animaux[4], et la dénonciation
de la séparation entre homme et animal (la machine
anthropologique dont parle la philosophie[5]) est devenue
un lieu commun du monde intellectuel. Personne au

---

1. F. Hallé, *Éloge de la plante*, *op. cit.*, p. 321. Avec Karl J. Niklas,
Francis Hallé est le botaniste qui s'est le plus efforcé de faire de la
contemplation de la vie des plantes un objet proprement métaphysique.

2. K. J. Niklas, *Plant Evolution : An Introduction to the History of
Life*, *op. cit.*, p. VIII.

3. W. M. Darley, « The Essence of "Plantness" », *The American
Biology Teacher* 52 (6), 1990, p. 356 : « *As animals, we identify much
more immediately with other animals than with plants* ».

4. Parmi les plus célèbres, voir P. Singer, *La Libération animale*,
Paris, Payot, 2012 ; et J. Safran Foer, *Faut-il manger les animaux ?*, Paris,
L'Olivier, 2011. Mais le débat est très ancien : voir les deux grandes
œuvres de l'Antiquité, celle de Plutarque, *Manger la chair*, Paris, Rivages,
2002 ; et celle de Porphyre, *De l'abstinence*, 3 vol., Paris, Les Belles
Lettres, 1975-1977. Sur l'histoire du débat, voir R. Lame, *Le Végétarisme
et ses ennemis. Vingt-cinq siècles de débats*, Paris, P.U.F., 2015. Le débat
animalier, qui est fortement imprégné d'un moralisme extrêmement
superficiel, semble oublier que l'hétérotrophie présuppose la mise à mort
d'autres vivants comme une dimension naturelle et nécessaire de tout
être vivant.

5. G. Agamben, *L'Ouvert. De l'homme et de l'animal*, Paris, Rivages,
2006.

contraire ne semble avoir jamais voulu mettre en question la supériorité de la vie animale sur la vie végétale et le droit de vie et de mort de la première sur la seconde : vie sans personnalité et sans dignité, elle ne mérite aucune empathie bénévole ni l'exercice du moralisme que les vivants supérieurs arrivent à mobiliser[1]. Notre chauvinisme animalier[2] se refuse à dépasser « un langage d'animaux qui se prête mal à la relation d'une vérité végétale »[3]. Et en ce sens, l'animalisme antispéciste n'est qu'un anthropocentrisme au darwinisme intériorisé : il a étendu le narcissisme humain au royaume animal.

Elles ne sont pas touchées par cette négligence prolongée : elles affectent une indifférence souveraine envers le monde humain, la culture des peuples, l'alternance des royaumes et des époques. Les plantes semblent absentes, comme égarées dans un long et sourd rêve chimique. Elles n'ont pas de sens, mais elles sont loin d'être verrouillées : aucun autre vivant n'adhère plus qu'elles au monde qui les entoure. Elles n'ont pas les yeux ou les oreilles qui leur permettraient de distinguer les formes du monde et multiplier son image dans l'iridescence de couleurs et de

---

1. Le débat sur les droits des plantes existe de manière très minoritaire, depuis au moins le célèbre chapitre XXVII de S. Butler, *Erewhon ou De l'autre côté des montagnes*, Paris, Gallimard, 1981 (intitulé *The Views of an Erewhonian Prophet concerning the Rights of Vegetables)*, jusqu'à l'article classique de C. D. Stone, « Should Trees have Standing ? Toward Legal Rights for Natural Objects », *Southern California Law Review* 45, 1972, p. 450-501. Sur ces questions, voir l'utile résumé des débats philosophiques dans M. Marder, *Plant-Thinking, op. cit.* ; et la position de M. Hall, *Plants as Persons, op. cit.*

2. W. M. Darley, « The Essence of "Plantness" », art. cit., p. 356. Voir aussi J. L. Arbor, « Animal Chauvinism, Plant-Regarding Ethics And The Torture Of Trees », *Australian journal of philosophy* 64 (3), 1986, p. 335-369.

3. F. Hallé, *Éloge de la plante, op. cit.*, p. 325.

sons que nous lui prêtons[1]. Elles participent au monde dans sa totalité en tout ce qu'elles rencontrent. Les plantes ne courent pas, ne peuvent pas voler : elles ne sont pas capables de privilégier un endroit spécifique par rapport au reste de l'espace, elles doivent rester là où elles sont. L'espace, pour elles, ne s'émiette pas dans un échiquier hétérogène de différences géographiques ; le monde se condense dans le bout de sol et de ciel qu'elles occupent. À la différence de la majorité des animaux supérieurs, elles n'ont aucune relation sélective avec ce qui les entoure : elles sont, et ne peuvent qu'être, constamment exposées au monde qui les environne. La vie végétale est la vie en tant qu'exposition intégrale, en continuité absolue et en communion globale avec l'environnement. C'est afin d'adhérer le plus possible au monde qu'elles développent un corps qui privilégie la surface au volume :

> Le ratio très élevé de la surface au volume dans les plantes est l'un de leurs traits les plus caractéristiques. C'est à travers cette vaste surface, littéralement étalée dans l'environnement, que les plantes absorbent les ressources diffuses dans l'espace nécessaires à leur croissance[2].

1. Sur la question des *sens* des plantes, voir D. Chamovitz, *What a Plant Knows, op. cit.* ; R. Karban, *Plant Sensing and Communication*, Chicago, The University of Chicago Press, 2015. La limite de ces recherches réside toutefois dans l'obstination à vouloir « retrouver » des organes « analogues » à ceux qui rendent possible la perception chez les animaux, sans s'efforcer d'imaginer, à partir des plantes et de leur morphologie, une autre forme possible d'existence de la perception, une autre manière de penser la relation entre sensation et corps.

2. W. M. Darley, « The Essence of "Plantness" », art. cit., p. 354. La question de la surface et de l'exposition au monde est centrale dans G. Fechner, *Nanna oder über das Seelenleben der Pflanzen, op. cit.* ; et dans F. Hallé, *Éloge de la plante, op. cit.* Sur la question de la relation au monde, voir le beau livre de M. Marder, *Plant-Thinking, op. cit.*, qui représente l'ouvrage philosophique le plus profond sur la nature de la vie végétale.

Leur absence de mouvement n'est que le revers de leur adhésion intégrale à ce qui leur arrive et à leur environnement. On ne peut séparer – *ni physiquement ni métaphysiquement* – la plante du monde qui l'accueille. Elle est la forme la plus intense, la plus radicale et la plus paradigmatique de l'être-au-monde. Interroger les plantes, c'est comprendre ce que signifie être-au-monde. La plante incarne le lien le plus étroit et le plus élémentaire que la vie puisse établir avec le monde. L'inverse est aussi vrai : elle est l'observatoire le plus pur pour contempler le monde dans sa totalité. Sous le soleil ou les nuages, en se mêlant à l'eau et au vent, leur vie est une interminable contemplation cosmique, sans dissocier les objets et les substances, ou, pour le dire autrement, en acceptant toutes les nuances, jusqu'à se fondre avec le monde, jusqu'à coïncider avec sa substance. Nous ne pourrons jamais comprendre une plante sans avoir compris ce qu'est le monde.

### L'extension du domaine de la vie

Elles vivent à des distances sidérales du monde humain comme la presque totalité des autres vivants. Cette ségrégation n'est pas une simple illusion culturelle, elle est de nature plus profonde. Sa racine se trouve dans le métabolisme.

La survie de la quasi-totalité des êtres vivants présuppose l'existence d'autres vivants : toute forme de vie exige qu'il y ait déjà de la vie au monde. Les hommes ont besoin de celle produite par les animaux et les plantes. Et les animaux supérieurs ne survivraient pas sans la vie qu'ils s'échangent réciproquement grâce au processus d'alimentation. Vivre est essentiellement vivre de la vie d'autrui : vivre dans et à travers la vie que d'autres ont su construire ou inventer. Il y a une sorte de parasitisme, de cannibalisme universel, propre au domaine du vivant : il se nourrit de lui-même, ne contemple que lui, en a besoin pour d'autres formes et d'autres modes d'existence.

Comme si la vie dans ses formes les plus complexes et articulées n'était jamais qu'une immense tautologie cosmique : elle se présuppose elle-même, ne produit qu'elle-même. C'est pourquoi la vie semble ne s'expliquer qu'à partir d'elle-même. Les plantes, elles, représentent la seule brèche dans l'autoréférentialité du vivant.

En ce sens, la vie supérieure semble n'avoir jamais eu de rapports immédiats au monde sans vie : le premier environnement de tout vivant est celui des individus de son espèce, voire d'autres espèces. La vie semble *devoir être milieu à elle-même, lieu à elle-même*. Seulement, les plantes, elles, contreviennent à cette règle topologique d'auto-inclusion. Elles n'ont pas besoin de la médiation d'autres vivants pour survivre. Elles ne la désirent pas. Elles n'exigent que le monde, la réalité dans ses composants les plus élémentaires : les pierres, l'eau, l'air, la lumière. Elles voient le monde avant qu'il ne soit habité par des formes de vie supérieures, voient le réel dans ses formes les plus ancestrales. Ou plutôt, elles trouvent de la vie là où aucun autre organisme n'y parvient. Elles transforment tout ce qu'elles touchent en vie, elles font de la matière, de l'air, de la lumière solaire ce qui sera pour le reste des vivants un espace d'habitation, un monde. L'autotrophie – c'est le nom donné à cette puissance de Midas alimentaire, celle qui permet de transformer en nourriture tout ce qu'on touche et tout ce qu'on est – n'est pas simplement une forme radicale d'autonomie alimentaire, c'est surtout la capacité qu'elles ont de transformer l'énergie solaire dispersée dans le cosmos en corps vivant, la matière difforme et disparate du monde, en réalité cohérente, ordonnée et unitaire.

Si c'est aux plantes qu'il faut demander ce qu'est le monde, c'est parce que ce sont elles qui « font monde ». Il est pour la très grande majorité des organismes le produit de la vie végétale, le produit de la colonisation de la planète par les plantes, depuis des temps immémoriaux. Non seulement « l'organisme animal est entièrement constitué par les substances organiques produites par les plantes »[1], mais « les plantes supérieures représentent 90 % de la biomasse eucaryote de la planète »[2]. L'ensemble des objets et des outils qui nous entourent vient des plantes (les aliments, le mobilier, les vêtements, le carburant, les médicaments), mais surtout la totalité de la vie animale supérieure (qui a caractère aérobie) se nourrit des échanges organiques gazeux de ces êtres (l'oxygène). Notre monde est un fait végétal avant d'être un fait animal.

C'est l'aristotélisme qui, le premier, a pris en compte la position liminaire des plantes en les décrivant comme un principe d'animation et de psychisme universel. La vie végétative (*psychê trophykê*) n'était pas simplement, pour l'aristotélisme de l'Antiquité et du Moyen Âge, une classe distincte de formes de vie spécifiques ou une unité taxonomique séparée des autres, mais bien un lieu partagé par tous les êtres vivants, indifféremment de la distinction entre plantes, animaux et hommes. Elle est un principe à travers lequel « la vie appartient à tous »[3].

1. J. Sachs, *Vorlesungen über Pflanzen-Physiologie*, Leipzig, Verlag Wilhelm Engelmann, 1882, p. 733.

2. A. Trewavas, « Aspects of Plant Intelligence », *Annals of Botany* 92 (1), 2003, p. 1-20, p. 16 pour la citation présente. Voir aussi son chef-d'œuvre, *Plant Behaviour and Intelligence*, Oxford, Oxford University Press, 2014.

3. Aristote, *De anima* 414a 25.

Par les plantes, la vie se définit d'abord comme *circulation* des vivants et, à cause de cela, se constitue dans la dissémination des formes, dans la différence des espèces, des royaumes, des modes de vie. Elles ne sont toutefois pas des intermédiaires, des agents du seuil cosmique entre vivant et non-vivant, esprit et matière. Leur arrivée sur la terre ferme et leur multiplication ont permis de produire la quantité de matière et de masse organique dont la vie supérieure se compose et se nourrit. Mais elles ont aussi et surtout transformé à jamais le visage de notre planète : c'est par la photosynthèse que notre atmosphère s'est massivement constitué d'oxygène [1] ; c'est encore grâce aux plantes, et à leur vie, que les organismes animaliers supérieurs peuvent produire l'énergie nécessaire à leur survie. C'est par et à travers elles que notre planète produit son atmosphère et fait respirer les êtres qui couvrent sa peau. La vie des plantes est une cosmogonie en acte, la genèse constante de notre cosmos. La botanique, en ce sens, devrait retrouver un ton hésiodique et décrire toutes les formes de vie capables de photosynthèse comme des divinités inhumaines et matérielles, des titans domestiques qui n'ont pas besoin de violence pour fonder des nouveaux mondes.

De ce point de vue, les plantes mettent à mal l'un des piliers de la biologie et des sciences naturelles des derniers siècles : la priorité du milieu sur le vivant, du monde sur la vie, de l'espace sur le sujet. Les plantes, leur histoire, leur évolution, prouvent que les vivants produisent le milieu dans lequel ils vivent plutôt que d'être obligés de s'y

---

1. T. M. Lenton, T. W. Dahl, S. J. Daines, B. J. W. Mills, K. Ozaki, M. R. Saltzman, P. Porada, « Earliest land plants created modem levels of atmospheric oxygen », *Proceedings of the National Academy of Sciences* 113 (35), 2016, p. 9704-9709.

adapter. Elles ont modifié à jamais la structure métaphysique du monde. Nous sommes invités à penser le monde physique comme l'ensemble de tous les objets, l'espace qui inclut la totalité de tout ce qui a été, est et sera : l'horizon définitif qui ne tolère plus aucune extériorité, le contenant absolu. En rendant possible le monde dont elles sont partie et contenu, les plantes détruisent la hiérarchie topologique qui semble régner dans le cosmos. Elles démontrent que la vie est une rupture de l'asymétrie entre contenant et contenu. Lorsqu'il y a de la vie, le contenant gît dans le contenu (et est donc contenu par lui) et *vice versa*. Le paradigme de cette imbrication réciproque est ce que les Anciens déjà appelaient souffle (*pneuma*). Souffler, respirer, signifie en effet faire cette expérience : ce qui nous contient, l'air, devient contenu en nous et, à l'inverse, ce qui était contenu en nous devient ce qui nous contient. Souffler signifie être immergé dans un milieu qui nous pénètre avec la même intensité avec laquelle nous le pénétrons. Les plantes ont transformé le monde en la réalité d'un souffle, et c'est à partir de cette structure topologique que la vie a donné au cosmos, que nous essaierons, dans ce livre, de décrire la notion de monde.

### Des plantes, ou de la vie de l'esprit

Elles n'ont pas de mains pour manier le monde, et pourtant il serait difficile de trouver des agents plus habiles dans la construction de formes. Les plantes ne sont pas seulement les artisans les plus fins de notre cosmos, elles sont aussi les espèces qui ont ouvert à la vie le monde des formes, la forme de vie qui a fait du monde le lieu de la figurabilité infinie. C'est à travers les plantes supérieures que la terre ferme s'est affirmée comme l'espace et le laboratoire cosmique d'invention de formes et de façonnage de la matière [1].

L'absence de mains n'est pas un signe de manque, mais plutôt la conséquence d'une immersion sans reste dans la matière même qu'elles façonnent sans cesse. Les plantes coïncident avec les formes qu'elles inventent : toutes formes sont pour elles des déclinaisons de l'être et non du seul faire et de l'agir. Créer une forme signifie la traverser avec tout son être, comme l'on traverse des âges ou des étapes de sa propre existence. À l'abstraction de la création et de la technique – qui savent transformer les formes à condition d'exclure le créateur et le producteur du processus de transformation – la plante oppose l'immédiateté de la métamorphose : engendrer signifie toujours se transformer. Aux paradoxes de la conscience qui ne sait figurer des formes qu'à condition de les distinguer de soi et de la réalité dont elles sont les modèles, la plante oppose l'intimité absolue entre sujet, matière et imagination : imaginer c'est devenir ce qu'on imagine.

Il ne s'agit pas exclusivement d'intimité et d'immédiateté : la genèse des formes atteint dans les plantes une intensité inaccessible à tout autre vivant. À la différence des animaux supérieurs, dont le développement s'arrête une fois l'individu arrivé à sa maturité sexuelle, les plantes, elles, ne cessent

---

1. C'est la raison pour laquelle les plantes sont une source d'inspiration importante pour le design. Voir le livre de R. Bruni, *Erba Volant. Imparare l'innovazione dalle piante*, Turin, Codice Edizioni, 2015. Sur l'ingénierie et la physique végétale, voir les ouvrages fondamentaux de K. J. Niklas, *Plant Biomechanics. An Engineering Approach to Plant Form and Function*, Chicago, The University of Chicago Press, 1992 ; *Plant Allometry. The Scaling of Form and Process*, Chicago, The University of Chicago Press, 1994 ; K. J. Niklas et H.-C. Spatz, *Plant Physics*, Chicago, The University of Chicago Press, 2012.

de se développer et de s'accroître, mais surtout de construire de nouveaux organes et de nouvelles parties de leur propre corps (feuilles, fleurs, partie du tronc, etc.) dont elles ont été privées ou dont elles se sont débarrassées. Leur corps est une industrie morphogénétique qui ne connaît pas d'interruption. La vie végétative n'est que l'alambic cosmique de la métamorphose universelle, la puissance qui permet à toute forme de naître (se constituer à partir d'individus qui ont une forme différente), de se développer (modifier sa propre forme dans le temps), de se reproduire en se différenciant (multiplier l'existant à condition de le modifier), et de mourir (laisser le différent l'emporter sur l'identique). La plante n'est pas qu'un transducteur qui transforme le fait biologique de l'être vivant en problème esthétique et fait de ces problèmes une question de vie et de mort.

C'est aussi pour cela que, avant la modernité cartésienne qui a réduit l'esprit à son ombre anthropomorphique, les plantes ont été considérées, pendant des siècles, comme la forme paradigmatique de l'existence de la raison. D'un esprit *qui s'exerce dans le façonnage de soi*. La mesure de cette coïncidence était la semence. Dans la semence, en effet, la vie végétative démontre toute sa rationalité : la production d'une certaine réalité a lieu à partir d'un modèle formel et sans aucune erreur [1]. Il s'agit d'une rationalité analogue à celle de la praxis ou de la production. Mais plus profonde et radicale, car elle concerne le cosmos dans sa totalité et non exclusivement un individu vivant : c'est la rationalité qui engage le monde dans le devenir

1. Sur la notion de semence dans la philosophie de la nature de la modernité, voir le très beau livre de H. Hirai, *Le Concept de semence dans les théories de la matière à la Renaissance. De Marsile Ficin à Pierre Gassendi*, Turnout, Brepols, 2005.

d'un vivant singulier. En d'autres termes, dans la semence, la rationalité n'est plus une simple fonction du psychisme (qu'il soit animal ou humain) ou l'attribut d'un seul étant, mais un fait cosmique. Il est le mode d'être et la réalité matérielle du cosmos. Pour exister, la plante doit se confondre avec le monde, et elle ne peut le faire que dans la forme de la semence : l'espace dans lequel l'acte de la raison cohabite avec le devenir de la matière.

Cette idée stoïcienne devint, à travers les médiations de Plotin et d'Augustin, l'un des piliers de la philosophie de la nature à la Renaissance.

> L'intellect universel, écrivait Giordano Bruno, remplit tout, illumine l'univers et dirige convenablement la nature dans la production de ses espèces ; et il est à la production de choses naturelles ce que notre esprit est à la production ordonnée des espèces rationnelles [...]. Les Mages le disent très fécond en semences, ou plutôt le semeur, parce que c'est lui qui imprègne la matière de toutes les formes et qui, suivant leur destination ou leur condition, les figure, les forme, les combine dans des plans si admirables qu'on ne les peut attribuer ni au hasard ni à aucun principe qui ne sait pas distinguer et ordonner [...]. Plotin le dit père et générateur, parce qu'il distribue les semences dans le champ de la nature et qu'il est le plus proche dispensateur de formes. Pour nous, il s'appelle l'artiste interne, parce qu'il forme la matière et la figure du dedans, comme du dedans du germe ou de la racine, il fait sortir et développe le tronc, du tronc les premières branches, des branches principales les dérivées, de celles-ci les bourgeons ; du dedans, il forme, il figure, il innerve, en quelque sorte, les feuilles, les fleurs, les fruits ; et, du dedans, à certaines époques, il ramène ses humeurs des feuilles et des fruits aux branches dérivées, des branches

dérivées aux premières branches, de celles-ci au tronc, du tronc à la racine [1].

Il ne suffit pas de reconnaître, comme l'a fait la tradition aristotélicienne, que la raison est le lieu des formes (*locus formarum*), le dépôt de toutes celles que le monde peut héberger. Elle en est aussi la cause formelle et efficiente. S'il existe une raison c'est celle que définit la genèse de chacune des formes dont le monde se compose. À l'inverse, une semence est l'exact opposé de la simple existence virtuelle d'une forme avec laquelle on la confond souvent. La graine est l'espace métaphysique où la forme ne définit plus une pure apparence ou l'objet de la vision, ni le simple accident d'une substance, mais un destin : à la fois l'horizon spécifique – mais intégral et absolu – de l'existence de tel ou tel individu, et aussi ce qui permet de comprendre son existence et tous les événements dont elle se compose comme des faits *cosmiques* et non purement subjectifs. Imaginer ne signifie pas poser une image inerte et immatérielle devant ses yeux, mais contempler la force qui permet de transformer le monde et une portion de sa matière en *une vie singulière*. En imaginant, la semence rend nécessaire une vie, elle laisse apparier son corps avec le cours du monde. La semence n'est que le lieu où la forme n'est pas un contenu du monde, mais l'être du monde, sa forme de vie. *La raison est une semence car à la différence de ce que la modernité s'est obstinée à penser*, elle n'est pas l'espace de la contemplation stérile, elle n'est pas l'espace d'existence intentionnelle des formes, mais la force qui fait exister une image comme destin spécifique

1. G. Bruno, *De la causa, principio et uno*, G. Aquilecchia (éd.), Turin, Einaudi 1973, p. 67-68 ; trad. fr. dans G. Bruno, *Cause, principe et unité*, trad. fr. E. Namer, Paris, P.U.F., 1982, p. 89-91.

de tel ou tel individu ou objet. La raison est ce qui permet à une image d'être un destin, espace de vie totale, horizon spatial et temporel. Elle est nécessité cosmique et non caprice individuel.

### Pour une philosophie de la nature

Ce livre entend rouvrir la question du monde à partir de la vie des plantes. Le faire signifie renouer avec une tradition ancienne. Ce que, de manière plus ou moins arbitraire, nous appelons philosophie est né et se comprenait, à l'origine, comme une interrogation sur la nature du monde, comme un discours sur la physique (*peri tês physeôs*) ou sur le cosmos (*peri kosmou*). Le choix n'avait rien d'un hasard : faire de la nature et du cosmos les objets privilégiés de la pensée signifiait affirmer implicitement que la pensée ne devient philosophie qu'en se confrontant à ces objets. C'est face au monde et à la nature que l'homme peut vraiment penser. Cette identité entre monde et nature est loin d'être banale. Car *nature* désignait non pas ce qui précède l'activité de l'esprit humain, ni l'opposé de la culture, mais ce qui permet à tout de naître et de devenir, le principe et la force responsables de la genèse et de la transformation de n'importe quel objet, chose, entité ou idée qui existe et existera. Identifier nature et cosmos signifie tout d'abord faire de la nature, non pas un principe séparé mais ce qui s'exprime dans tout ce qui est. Inversement, le monde n'est pas l'ensemble logique de tous les objets, ni une totalité métaphysique des êtres, mais la force physique qui traverse tout ce qui s'engendre et se transforme. Il n'y a aucune séparation entre la matière et l'immatériel, l'histoire et la physique. Sur un plan plus microscopique, la nature est ce qui permet d'être au monde, et à l'inverse, tout ce qui lie une chose au monde fait partie de sa nature.

Depuis plusieurs siècles, sauf à de rares exceptions, la philosophie ne contemple plus la nature : le droit de s'occuper et de parler du monde des choses et des vivants non humains revient principalement et exclusivement à d'autres disciplines. Plantes, animaux, phénomènes atmosphériques communs ou extraordinaires, les éléments et leurs combinaisons, les constellations, les planètes et les étoiles ont été définitivement expulsés du catalogue imaginaire de ses objets d'étude privilégiés[1]. À partir du XIXe siècle, une immense part de l'expérience de chacun a été l'objet d'une certaine censure : depuis l'idéalisme allemand, tout ce qu'on appelle *sciences humaines* a été un effort policier à la fois désespérant et désespéré pour faire disparaître ce qui relève du naturel du domaine du connaissable.

Le « physiocide » – pour utiliser le mot forgé par Iain Hamilton Grant[2] – a eu des conséquences plus néfastes que le simple partage des connaissances entre les différentes corporations savantes. Il est désormais tout à fait naturel pour quelqu'un qui se prétend philosophe, de connaître les plus insignifiants événements du passé de sa nation alors qu'il ignore les noms, la vie ou l'histoire des espèces

---

1. L'on pourrait objecter que ce n'est pas la première fois. D'après la tradition, c'est Socrate qui, le premier, imposa à la philosophie de « négliger la nature dans sa totalité, [pour] s'occuper de questions morales *(peri ta ethika)* » (Aristote, *Métaphysique*, 987b 2). C'est grâce à lui que Platon a eu la force de « révoquer la philosophie des cieux pour la poser dans les villes, et l'introduire dans les maisons [pour] enquêter sur la vie, les mœurs, le bien et le mal » (Cicéron, *Tusculanes* V, IV 10). Voir aussi *Academica* I, IV, 15.

2. Voir, par exemple, I. H. Grant, « Everything is Primai Germ or Nothing is : The Deep Field Logic of Nature », *Symposium : Canadian Journal of Continental Philosophy* 19 (1), 2015, p. 106-124.

animales et végétales dont il se nourrit quotidiennement[1]. Mais, outre cet analphabétisme de retour, le refus de reconnaître toute dignité philosophique à la nature et au cosmos produit un étrange bovarysme : la philosophie cherche à tout prix à être humaine et humaniste, à être incluse parmi les sciences humaines et sociales, à être une science – mieux, une *science normale* –, comme toutes les autres. En entremêlant de faux présupposés, des velléités superficielles et un moralisme écœurant, les philosophes se sont transformés en adeptes radicaux du *credo* protagoréen : « L'homme est la mesure de toute chose »[2]. Privée de ses objets suprêmes, menacée par d'autres formes de savoir (peu importe qu'il s'agisse des sciences sociales ou des sciences naturelles), la philosophie s'est transformée en une sorte de Don Quichotte des connaissances contemporaines, engagée dans une lutte imaginaire contre des projections de son esprit ; ou en un Narcisse replié sur les spectres de son passé, devenus des souvenirs vides de musée de province. Contrainte de s'occuper non pas du monde, mais des images plus ou moins arbitraires que les hommes ont produites dans le passé, elle est devenue une forme de scepticisme, souvent moralisé et réformiste[3].

---

1. La mise en place du spécialisme dans les universités est construite sur un dispositif d'ignorance réciproque : être un spécialiste ne signifie pas disposer de plus de connaissance sur un sujet, mais avoir obéi à l'obligation juridique d'ignorer les autres disciplines.

2. M. Untersteiner, *I Sofisti. Testimonianze e Frammenti*, vol. I, Florence, La Nuova Italia, 1949, p. 148, B2.

3. Les tentatives admirables de l'anthropologie pour rapatrier *ex-post* la nature à l'intérieur des sciences humaines en épiant tout mouvement qui permettrait de l'humaniser à nouveau ou de la *socialiser* semblent en ce sens l'expression la plus naïve de l'esprit d'escalier. Car dans toutes ces tentatives, la nature demeure l'espace du *non-humain*, sans qu'il soit précisé ni de quoi l'humain serait le nom (comment en être certain, après

Les conséquences vont plus loin. Ce sont principalement les sciences dites « naturelles » qui ont souffert de ce bannissement. En réduisant la nature à tout ce qui est antérieur à l'esprit (qui donc est qualifié d'*humain*) et qui ne participe aucunement à ses propriétés, ces disciplines se sont obligées à transformer la nature en un objet purement résiduel, oppositionnel, incapable à jamais d'occuper la place de sujet. Nature ne serait que l'espace vide et incohérent de tout ce qui précède l'émergence de l'esprit et suit le big bang, la nuit sans lumière et sans parole qui empêcherait tout miroitement et toute projection.

Cette impasse est le résultat d'un refoulement obstiné : celui du vivant, et du fait que toute connaissance est déjà une expression de l'être de la vie. Ce n'est jamais immédiatement que nous pouvons interroger et comprendre le monde, car le monde est le souffle des vivants. Toute connaissance cosmique n'est qu'un *point de vie* (et non seulement un *point de vue*), toute vérité n'est que le monde

---

Darwin ?), ni en quoi le non-humain s'opposerait à l'homme (la raison ? la parole ? l'esprit ?). Le non-humain n'est alors qu'un nouveau nom, plus sophistiqué, aux résonances plus anciennes : « bêtes », « irrationnel », « *amens* ». Déjà, Platon avait mis en garde contre cette répartition (*Politique*, 263d) : « Si, parmi les autres animaux, il en est un qui soit doué d'intelligence, comme paraît être la grue ou quelque bête du même genre, et que la grue par exemple distribue les noms comme tu viens de le faire, elle opposerait sans doute les grues comme une espèce à part aux autres animaux, se faisant ainsi honneur à elle-même, et, groupant tout le reste, y compris les hommes, en une même classe, elle ne leur donnerait sans doute pas d'autre nom que celui de bêtes ». Le présupposé protagoréen semblerait informer et inspirer aussi le mouvement opposé d'assimilation, celui qui s'obstine à assimiler les animaux à l'homme où les attributs considérés comme spécifiquement humains appartiendraient à d'autres espèces animales. Dans ce cas aussi, on a préalablement décidé les contours de l'humain et considéré le naturel comme son reste, quitte à se précipiter pour nier ensuite ce même partage dialectique. Comment alors « nous tenir en garde contre toutes les fautes de ce genre » ?

dans l'espace de médiation du vivant. L'on ne pourra jamais connaître le monde en tant que tel, sans passer par la médiation d'un vivant.

Au contraire, le rencontrer, le connaître, l'énoncer signifie toujours vivre selon une certaine forme, à partir d'un certain style. Pour connaître le monde il faut choisir à quel degré de la vie, à quelle hauteur et à partir de quelle forme on veut le regarder et donc le vivre. Il nous faut un médiateur, un regard capable de voir et vivre le monde là où nous n'y arrivons pas. La physique contemporaine n'échappe pas à cette évidence : ses médiateurs sont les machines qu'elle érige en position de sujets supplémentaires et prosthétiques, pour les cacher immédiatement, en refusant de les reconnaître comme la projection des yeux de la physique, et donc capables d'observer le monde d'une seule perspective [1]. Les microscopes, les télescopes, les satellites, les accélérateurs ne sont que des yeux inanimés et matériels qui lui permettent d'observer le monde, d'avoir un regard sur lui. Mais les machines dont la physique fait usage sont des médiateurs souffrant d'une presbytie, constamment en retard, et trop éloignés des profondeurs du cosmos : elles ne voient pas la vie qui les habite, l'œil cosmique qu'elles-mêmes incarnent. La philosophie, d'ailleurs, a toujours choisi des médiateurs myopes, capables de se concentrer uniquement sur la portion de monde immédiatement limitrophe. Demander à l'homme ce que

1. C'est l'un des grands enseignements de l'œuvre de Bruno Latour, à partir de ses chefs-d'œuvre, *La Science en action* (Paris, La Découverte, 1989) et *Nous n'avons jamais été modernes* (Paris, La Découverte, 1991). Sur la question de la médiation technique d'un point de vue aussi moral, voir le beau livre de P.-P. Verbeek, *Moralizing Technology : Understanding and Designing the Morality of Things*, Chicago, The University of Chicago Press, 2011.

signifie être-au-monde – comme l'ont fait Heidegger [1] et toute la philosophie du XXᵉ siècle – signifie reproduire une image extrêmement partielle du cosmos.

Il ne suffit pas non plus (comme nous l'a appris Uexküll) [2] de déplacer le regard vers les formes les plus élémentaires de la vie animale : la tique, le chien domestique, l'aigle ont déjà au-dessous d'eux une infinité d'autres observateurs du monde. Les plantes sont les vrais médiateurs : elles sont les premiers yeux qui se sont posés et ouverts sur le monde, elles sont le regard qui arrive à le percevoir dans toutes ses formes. Le monde est avant tout ce que les plantes ont su en faire. Ce sont elles qui ont *fait* notre monde, même si le statut de ce faire est bien différent de celui de toute autre activité des vivants. C'est donc aux plantes que ce livre va poser la question de la nature du monde, son extension, sa consistance. Aussi, la tentative de refonder une cosmologie – la seule forme de philosophie qui puisse être considérée comme légitime – devra commencer par une exploration de la vie végétale. Nous poserons que le monde a la consistance d'une atmosphère, et que ce sont les feuilles qui peuvent en témoigner. Nous demanderons aux racines d'expliquer la véritable nature de la Terre. Enfin, c'est la fleur qui nous apprendra ce qu'est la rationalité, mesurée non plus comme capacité ou puissance universelle, mais comme force cosmique.

1. Sur cette question, voir le classique de W. Biemel, *Le Concept de monde chez Heidegger*, Paris-Louvain, Vrin-Nauwelaerts, 1950. Sur la notion de monde en philosophie, voir le chef-d'œuvre de R. Brague, *La Sagesse du monde. Histoire de l'expérience humaine de l'univers*, Paris, Fayard, 1999.

2. J. von Uexküll, *Milieu animal et milieu humain*, Paris, Rivages, 2010.

## II. Théorie de la feuille

### L'atmosphère du monde

#### Feuilles

Ferme, immobile, exposée aux phénomènes atmosphériques, jusqu'à s'y confondre. Suspendue en l'air, sans aucun effort, sans avoir besoin de contracter un seul muscle. Être oiseau sans pouvoir voler. La feuille est la première grande réaction à la conquête de la terre ferme, le résultat principal de la terrestrisation des plantes, l'expression de leur passion pour la vie aérienne.

Tout concourt à son existence, de la structure anatomique du tronc à la physiologie générale de la plante, en passant par son histoire, celle de tous les choix de l'évolution au fil des millénaires. Tout est présupposé et téléologiquement renfermé dans cette surface verte qui s'ouvre au ciel. L'arrivée dans l'espace aérien a obligé les plantes à un bricolage infini de formes, de structures et de solutions évolutives. La structure à tronc est avant tout l'invention d'une « mezzanine » qui permet de vaincre la force gravitationnelle sans perdre la relation au sol et à l'humidité terrestre. L'exposition directe et constante à l'air et au soleil a rendu nécessaire la construction d'une structure résistante et perméable.

C'est sur les feuilles que repose non seulement la vie de l'individu auquel elles appartiennent, mais aussi la vie du royaume dont elles sont l'expression la plus typique, voire toute la biosphère. « Le monde entier des vivants, que ce soient les plantes ou les animaux, est soutenu et est rigidement conditionné par l'énergie que les plastes arrachent au soleil pour construire les liens qui maintiennent ensemble la molécule de glucose. La vie sur terre – celle, autonome, du monde végétal non moins que celle, parasitaire, du monde animal – est donc rendue possible par l'existence et par la capacité opératoire des plastes chlorophylliens »[1] présents dans les feuilles. Les feuilles ont imposé à la grande majorité des vivants un milieu unique : l'atmosphère.

Nous avons l'habitude d'identifier les plantes aux fleurs, leurs expressions les plus fastueuses ; ou au tronc des arbres, leur formation la plus solide. Mais la plante est d'abord et avant tout feuille[2]. « Les feuilles ne sont pas

1. S. S. Tonzig, *Sull'evoluzione biologica. (Ruminazioni e masticature)*, ms privé (propr. G. Tonzig), p. 18.

2. Il s'agit d'une idée qui remonte à Goethe et à son *Essai sur la métamorphose des plantes*, Stuttgart, Cotta, 1831, p. 97 : « Que la plante croisse, fleurisse ou porte des fruits, ce sont pourtant toujours les mêmes organes qui remplissent l'intention de la Nature avec des destinations diverses et sous des formes souvent très modifiées. Le même organe qui sur la tige s'est étalé sous l'état *de feuille* et a pris les formes les plus diverses se contracte ensuite en un calice, s'élargit de nouveau en pétales, se contracte pour produire l'étamine et se dilate enfin une dernière fois pour passer à l'état de fruit ». Voir aussi L. Oken, *Lehrbuch der Naturphilosophie, Dritter Theil. Erstes und zweites Stück, Pneumatologie. Vont Ganzen im Einzelnen,* Frommann, Iéna, 1810, p. 72 : « Une feuille est une plante entière avec tous les systèmes et les formations, avec les fibres, les celles, les tiges, les nœuds, les rameaux, le cortex ». Sur l'histoire de ce débat, voir le classique d'A. Arber, *The Natural Philosophy of Plant Form, op. cit.* ; et ses essais « The Interpretation of Leaf and Root in the Angiosperms », *Biological Review* 16, 1941, p. 81-105 ; et « Goethe's Botany », *Chronica Botanica* 10 (2), p. 63-126. Voir aussi le texte de H. Uittien, « Histoire du problème de la feuille », *Recueil des travaux botaniques néerlandais* 36 (2), 1940, p. 460-472. Pour une discussion plus moderne de la question, voir *Axioms and Principles of Plant Construction Proceedings of a Symposium held at the International Botanical Congress, Sydney, Australia, August 1981*, R. Sattler (ed.), Dordrecht, Springer, 1982 ; N. R. Sinha, « Leaf Development in Angiosperms », *Annual Review Plant Physiology and Molecular Biology* 50, 1999, p. 419-446 ; et H. Tsukaya, « Comparative Leaf Development in Angiosperms », *Current Opinion in Plant Biology* 17, 2014, p. 103-109.

simplement la partie principale de la plante. Les feuilles
sont la plante : tronc et racine sont des parties de la feuille,
la base de la feuille, la simple prolongation par laquelle
les feuilles, tout en restant hautes en l'air, se soutiennent
et s'approvisionnent en nourriture du sol. […] La plante
entière s'identifie dans la feuille, dont les autres organes
sont juste des appendices. C'est la feuille qui produit la
plante : ce sont les feuilles qui forment la fleur, les sépales,
les pétales, les étamines, les pistils ; et ce sont aussi aux
feuilles de former le fruit » [1]. Saisir le mystère des plantes
signifie comprendre – de tout point de vue et non des seules
perspectives génétique et évolutive – les feuilles. En elles
se dévoile le secret de ce que l'on appelle : le climat.

Le climat n'est pas l'ensemble des gaz qui enveloppent
le globe terrestre. Il est l'essence de la fluidité cosmique,
le visage le plus profond de notre monde, celui qui le révèle
comme l'infini mélange de toutes les choses, présentes,
passées et futures. Le climat est le nom et la structure
métaphysique du mélange. Afin qu'il y ait du climat, tous
les éléments à l'intérieur d'un espace doivent être à la fois
mélangés et reconnaissables – unis non par la substance,
la forme, la contiguïté, mais par une même « atmosphère ».
Si le monde est *un*, il ne l'est pas parce qu'il n'y aurait
qu'une substance ou une morphologie universelle. Au
niveau climatique, tout ce qui est, et a été, constitue *un*
monde. Un climat est l'être de l'unité cosmique. Dans tout
climat la relation entre contenu et contenant est constamment
réversible : ce qui est lieu devient contenu, ce qui est
contenu devient lieu. Le milieu se fait sujet et le sujet

Pour une synthèse sur la biologie de la feuille, voir le très beau livre de
S. Vogel, *The Life of a Leaf*, Chicago, The University of Chicago Press,
2012.

1. *Ibid.*, p. 31.

milieu. Tout climat présuppose cette inversion topologique constante, cette oscillation qui défait les contours entre sujet et milieu, celle qui inverse les rôles. Le mélange n'est pas simplement la composition des éléments, mais ce rapport d'échange topologique. C'est lui qui définit l'état de fluidité. Un fluide n'est pas un espace ou un corps défini par l'absence de résistance. Il n'a rien à voir avec les états d'agrégation de la matière : les solides aussi peuvent être des fluides, sans devoir passer à l'état gazeux ou liquide. Fluide est la structure de la circulation universelle, le lieu dans lequel tout vient au contact de tout, et arrive à se mélanger sans perdre sa forme et sa propre substance.

La feuille est la forme paradigmatique de l'ouverture : la vie capable d'être traversée par le monde sans être détruite par lui. Mais elle est aussi le laboratoire climatique par excellence, la cornue qui fabrique et libère dans l'espace l'oxygène, l'élément qui rend possibles la vie, la présence et le mélange d'une variété infinie de sujets, corps, histoires et existences mondaines. Les petits limbes verts qui peuplent la planète et capturent l'énergie du soleil sont le tissu connectif cosmique qui permet, depuis des millions d'années, aux vies les plus disparates de s'entrecroiser et de se mélanger sans se fondre réciproquement l'une dans l'autre.

L'origine de notre monde n'est pas dans un événement, infiniment distant dans le temps et l'espace, à des millions d'années-lumière de nous – elle ne se trouve pas plus dans un espace dont nous n'avons plus aucune trace. Elle est ici, maintenant. L'origine du monde est saisonnière, rythmique, caduque comme tout ce qui existe. Ni substance ni fondement, elle n'est pas plus dans le sol que dans le ciel ; mais à mi-distance entre l'un et l'autre. Notre origine n'est pas en nous – *in interiore homine* –, mais en dehors, en plein air. Elle n'est pas quelque chose de stable ou d'ancestral, un astre aux dimensions démesurées, un dieu, un titan. Elle n'est pas unique. L'origine de notre monde ce sont les feuilles : fragiles, vulnérables et pourtant capables de revenir et revivre après avoir traversé la mauvaise saison.

Sylvie Pouteau

# PAR-DELÀ DE « SECONDS ANIMAUX » : DONNER SENS À UNE ÉTHIQUE POUR LES PLANTES *

*Résumé* : Se soucier de notre impact sur les plantes, encore rarement exprimé, devrait pourtant être fondamental dans le champ de l'éthique environnementale. Nous examinons ici comment l'éthique des plantes résulte de l'avancée des sciences végétales tout en se heurtant aux limites théoriques inhérentes à ce domaine, lesquelles sont révélées par un article de la Constitution suisse sur « la dignité des créatures ». Fait intéressant, la question de la dignité de la plante a été réinterprétée comme une person-nification, ou plus exactement comme une animalisation des plantes. Ce trait d'humour s'explique quand on réalise que, d'un point de vue scientifique, la plante est un « second animal ». Ceci signifie qu'elle ne diffère pas de l'animal par nature, mais seulement par degrés, qu'il s'agisse d'un degré de vie ou de tout autre critère ayant valeur éthique.

* S. Pouteau, « Beyond "Second Animals" : Making Sense of Plant Ethics », *Journal of Agricultural and Environmental Ethics* 27 (1), 2014, p. 1–25. Traduit par Vincent Choisnel et relu par l'auteure.

Or d'un point de vue éthique, les plantes ne peuvent être défendues qu'en vertu de leur nature propre, et non en comparaison à des références externes : le statut éthique des plantes ne peut être indexé sur celui des animaux. Pour contourner les travers d'un fétichisme douteux et fonder une éthique des plantes juste, nous jugeons indispensable de modifier les fondements théoriques des sciences végétales. Le sens commun nous rappelle que plantes et animaux appartiennent à des champs de perception et d'expérience radicalement différents, cette différence s'exprimant généralement par la notion de règne. Dans cette étude, nous développons l'argument éthique de l'incommensurabilité entre les animaux et les plantes en raison de leur indifférenciation (non-division entre un intérieur et un extérieur). Autrement dit, les plantes vivent comme des « non-*topos* » dont la forme d'existence est indifférenciée (ou non divisée), illimitée et non centrée. Pour conclure, nous estimons que l'originalité ontologique des plantes ne peut être reconnue qu'à la condition d'un changement majeur : passer d'une pensée-objet à une pensée-processus et d'une éthique égocentrée à une éthique « égo-périphérique ».

*Mots-clés* : Animal – Biocentrisme – Statut épistémique – Plante – Post-ego – *Topos*.

Diverses raisons justifient d'envisager une éthique des plantes. Premièrement, les plantes contribuent grandement à façonner notre paysage extérieur et intérieur. Nous les trouvons partout autour de nous, même dans les espaces urbains, rues, parcs et magasins. Deuxièmement, les plantes nous fournissent des biens vitaux. Nous en dépendons clairement pour notre survie biologique (nourriture, énergie, médecine), écologique (climat, biodiversité) et psychospirituelle (loisirs, esthétique). Troisièmement, les plantes sont actuellement à l'avant-scène de controverses majeures sur les enjeux agricoles et environnementaux : OGM [1], droits de propriété intellectuelle sur les semences et les espèces végétales, agrocarburants, déforestation. Quatrièmement, les plantes sont les vecteurs de nouvelles politiques publiques. Nous aspirons à davantage de nature en ville (murs végétalisés, jardins partagés) et sommes invités à soutenir une transition technologique verte (énergies renouvelables, matériaux verts).

À chaque fois que nous interagissons avec des plantes, nous pourrions nous demander : « Que signifie respecter la nature ? ». Pas besoin de nous imaginer des plantes exotiques dans une forêt éloignée ou au sommet d'une montagne. Il suffit que nous prêtions attention à nos rencontres quotidiennes avec elles dans les rues, dans les jardins ou dans un champ tout proche. Comment bien vivre et interagir avec les plantes ? Comment prendre soin d'elles, mais pas seulement sur un plan technique ? Beaucoup de gens trouveront ces questions étranges et prétendront que nous manquons en fait d'intuitions morales pour les plantes. Ils pourraient contester toute obligation particulière de respecter les plantes. Apprendre à connaître les plantes sur un plan botanique et appliquer une science solide serait tout ce dont nous aurions besoin pour interagir et prendre soin d'elles. Toute préoccupation extrinsèque devrait être traitée sur la base de considérations strictement utilitaires, par exemple, le préjudice potentiel subi par les êtres humains en raison de la modification ou de la disparition de certaines plantes. En d'autres termes, il nous est permis d'apprécier

1. OGM : organismes génétiquement modifiés.

et de respecter les plantes pour ce qu'on en tire, mais pas pour leur propre intérêt.

Cependant, affirmer que nous manquons d'intuitions morales envers les plantes mérite un examen anthropologique et sociologique plus approfondi. En effet, dans les sociétés traditionnelles, les plantes bénéficient (ou bénéficiaient) souvent d'une portée sacrée et d'un statut moral [1]. Dans les sociétés actuelles, même si les plantes ne disposent d'aucun statut moral, elles rencontrent généralement un intérêt esthétique et de l'empathie. La publicité et les événements publics tirent souvent parti de cette empathie, par exemple, lors du lancement en 2012 d'une « Journée de la célébration des plantes (*Fascination of plants day*) » sous l'égide de l'Organisation européenne des sciences végétales (EPSO) [2]. Son objectif était d'inviter le public à découvrir les récentes avancées en sciences végétales, et par là même, de rendre les biotechnologies végétales plus attractives. En effet, dans les pays européens (et d'autres), le public s'oppose largement aux plantes génétiquement modifiées [3]. Parmi les raisons invoquées, la technologie est considérée comme fondamentalement contre-nature parce qu'elle représente une violation des barrières entre espèces et une altération de l'intégrité de la vie végétale – ce qui équivaudrait à « se prendre pour Dieu ». Le plus souvent, ces préoccupations intrinsèques sont jugées

---

1. M. Hall, *Plants as persons : a philosophical botany*, Albany (NY), SUNY Press, 2011.

2. EPSO : *European Plant Science Organisation*. La manifestation internationale « *Fascination of plants day* » est rééditée chaque année depuis 2012.

3. Eurobaromètre spécial « Biotechnologie » de la Commission européenne : http://ec.europa.eu/public_opinion/archives/ebs/ ebs_341_fr.pdf.

irrationnelles et infondées, surtout au sein de la communauté scientifique. Néanmoins, elles semblent indiquer que la société moderne dans son ensemble éprouve une sensibilité morale pour les plantes. Remarquons que la nation suisse a été la première à intégrer ces préoccupations dans sa Constitution, estimant que la dignité de toutes les créatures vivantes – y compris les plantes – devait être respectée. Depuis son adoption en 1992, la prescription suisse a ouvert la possibilité de solliciter des recommandations publiques sur la question de l'intégrité de la vie végétale. Dans le même temps, un nombre croissant de chercheurs ont fait valoir la complexité et l'agentivité remarquables des plantes [1]. Dernièrement, un nouveau domaine de recherche appelé « sciences plantes-humaines » a émergé pour englober les avancées les plus récentes des sciences végétales dans un cadre explicitement humaniste. Ces sciences plantes-humaines soutiennent fondamentalement que les plantes sont des êtres sociaux dotés d'une forme d'intelligence et d'agentivité, et qu'en tant que telles, elles méritent une considération éthique [2].

La vie végétale et l'éthique des plantes bénéficient d'un intérêt croissant. Il ne s'agit plus uniquement d'une question

1. F. Hallé, *Éloge de la plante : pour une nouvelle biologie*, Paris, Seuil, 1999. A. Trewavas, « Aspects of plant intelligence », *Annals of Botany* 92 (1), 2003, p. 1-20. E. D. Brenner, R. Stahlberg, S. Mancuso, J. Vivanco, F. Baluska, E. Van Volkenburgh, « Plant neurobiology : an integrated view of plant signaling », *Trends in Plant Science* 11(8), 2006, p. 413-419. M. Hall, *Plants as persons, op. cit.* K. L. F. Houle, « Animal, vegetable, mineral : ethics as extension or becoming ? The case of becoming plant », *Journal for Critical Animal Stu*dies 9(1/2), 2011, p. 89-116 ; « Devenir plante », *Chimères* 76(Écosophie), 2012, p. 183-194.

2. J. C. Ryan, « Passive flora ? Reconsidering nature's agency through Human-Plant Studies (HPS) », *Societies* 2(3), 2012, p. 101-121.

privée, même si elle n'a pas encore atteint le grand public.
Mais à ce stade, nous pouvons nous demander si la vie des
plantes restera un sujet de préoccupation limité à un petit
nombre de personnes. Les sciences plantes-humaines et
d'autres approches pourront-elles influencer la perception
du public et les prises de décision globales à propos de la
manipulation des plantes ? Nous examinons ici comment
l'évolution des sciences végétales et le développement
d'une éthique du vivant conditionnent l'enjeu d'une éthique
des plantes. L'objectif est d'explorer comment la science
contribue de façon complexe à la considération morale
des plantes, c'est-à-dire comment les sciences végétales
fournissent matière à la réflexion éthique en dépit des
barrières érigées par leurs prémisses mécanistes et nominalistes. Nous analyserons tout d'abord comment une
considération morale des entités non humaines est devenue
possible dans un cadre philosophique moderne, scientifiquement informé et anthropocentré ; puis, comment les plantes
s'inscrivent à l'intérieur de ce cadre. Nous aborderons
ensuite les difficultés théoriques en décrivant l'irruption
de la question de l'éthique des plantes dans l'espace public
suisse et en identifiant les seuils critiques liés au statut
ontologique des plantes. Il s'agira plus précisément d'étudier
l'indexation nominaliste des plantes sur les animaux et de
comprendre pourquoi une référence externe est possible
pour la science, mais pas pour l'éthique. Afin de prendre
en compte cette tension non résolue, mais néanmoins
productive, entre l'éthique et la science, nous proposerons
de changer le statut ontologique des plantes en les
reconnaissant comme des entités autoréférentielles qui
possèdent leurs propriétés distinctives. Cette proposition
nous conduira à réévaluer la notion de « règne végétal »

sur des bases réalistes, c'est-à-dire non nominalistes, et à montrer que les plantes s'avèrent incommensurables avec les animaux.

### Par-delà la raison humaine : accorder un statut moral aux êtres non humains

#### La théorie kantienne de la valeur intrinsèque : être comme des dieux dans un monde mécaniste

L'avènement de la Modernité s'accompagne d'un changement radical de positionnement des êtres humains par rapport au monde naturel. Ce changement se reflète à la fois dans les théorisations de la science et de l'éthique qui agissent de concert dans l'établissement de l'anthropocentrisme comme nouvelle synthèse philosophique. Du point de vue scientifique, le monde est une machine universelle dont les instruments sont des structures et des fonctions. Ces présupposés sont condensés au plus haut degré dans la théorie kantienne de la valeur intrinsèque [1], laquelle établit simultanément la légitimité morale d'une logique instrumentale et ses limites. Ainsi, la théorie kantienne prolonge clairement la distinction ontologique introduite par Descartes entre objets et sujets. En effet, elle affirme qu'il existe, d'une part des moyens de valeur instrumentale (les objets), et d'autre part des fins ultimes de valeur intrinsèque (les sujets). Alors que la notion de valeur instrumentale est contingente et dépend d'un évaluateur subjectif, la valeur intrinsèque représente une valeur absolue qui appartient à la nature et à la constitution essentielle de la personne.

---

1. I. Kant, *Fondements de la métaphysique des mœurs* [1785], Paris, Vrin, 1992.

La raison, autrement dit l'intelligence consciente, fonde les êtres humains comme des fins ultimes. Pour la pensée de Descartes comme pour celle de Kant, la raison fournit la capacité de comprendre, c'est-à-dire d'opérer mentalement et d'imiter concrètement ce que « l'Horloger » ou le « Créateur intelligent » est censé exécuter mécaniquement. Georges Canguilhem[1] a fait remarquer que l'imitation fonctionne en réalité en sens inverse : c'est le Dieu cartésien qui est devenu un substitut de l'horloger humain, ainsi que nous pouvons aisément le déduire des écrits de Descartes :

> Je suppose que le corps n'est qu'une statue ou machine de terre que Dieu forme tout exprès pour la rendre la plus semblable à nous qu'il est possible. En sorte que non seulement il lui donne au-dehors la couleur et la figure de tous nos membres, mais aussi qu'il met au-dedans toutes les pièces qui sont requises pour faire qu'elle marche, qu'elle mange, qu'elle respire, et enfin qu'elle imite toutes celles de nos fonctions qui peuvent être imaginées procéder de la matière et ne dépendre que de la disposition des organes[2].

La définition moderne du sujet moral le conçoit comme un agent en puissance, qui a la capacité rationnelle d'agir mécaniquement. Loin de se distancier d'une vision mécaniste du monde, cette nouvelle dignité de l'être humain n'en est que plus fortement encore tributaire. La (techno) science représente un instrument sans précédent de la mise en œuvre d'une telle vision.

---

1. G. Canguilhem, *La connaissance de la vie*, Paris, Vrin, 1965, réédition Vrin 2009.

2. R. Descartes, « L'homme » [1662, trad. fr. 1664] in *Œuvres complètes*, Paris, Vrin, 1996, p. 2-4.

## *Rouvrir la question morale pour des raisons à la fois éthiques et scientifiques*

Si la théorie kantienne est essentiellement une adaptation morale du paradigme mécaniste de la science et que l'entreprise scientifique repose intrinsèquement sur un anthropocentrisme instrumentalisateur, alors est-il possible, de manière scientifiquement éclairée, de prendre soin de l'environnement en intégrant des préoccupations intrinsèques pour des êtres non humains ? En effet, des fins ultimes (qui ne peuvent elles-mêmes être instrumentalisées) impliquent nécessairement des fins instrumentalisatrices, de sorte que la valeur intrinsèque et la valeur instrumentale sont en réalité indissociables. Modifier l'un des deux termes dans la répartition de la valeur ébranle obligatoirement tout l'échafaudage, jusqu'à la division cartésienne entre sujets et objets [1]. En fin de compte, c'est le principe mécaniste universel à la racine de la Modernité qu'il nous faudrait remettre en question. Mais un tel changement ne peut être conçu, et encore moins imposé, sans arguments extrêmement solides. Ces derniers relèvent de deux grands types de contributions.

En premier lieu, la théorie anthropocentrique comporte ses propres contradictions internes en raison de cas marginaux. En effet, tous les êtres humains ne disposent pas de la raison. La raison seule ne suffit donc pas à conférer à tous les êtres humains un statut juridique sur la base morale d'un ratiocentrisme. D'autres critères, comme les intérêts hédoniques et vitaux (par opposition à la douleur et à la dégénérescence), doivent être invoqués pour prendre

---

1. J. B. Callicot, « Intrinsic value in nature : a metaethical analysis », *Electronic Journal of Analytical Philosophy* 3, http : //ejap.louisiana. edu/EJAP/1995.spring/callicott. 1995.spring.html, 1995.

en compte moralement ces personnes qui réclament l'intercession d'autres agents moraux pour bénéficier d'un traitement adapté à leur cas[1]. Cependant, écarter certains êtres humains par l'introduction de ces critères alternatifs à la raison signifie désormais que l'exception humaine n'est plus légitimement exceptionnelle : les êtres non humains dépourvus de raison doivent également être considérés. Les tentatives d'extension de la théorie kantienne à la nature non humaine ont ainsi ouvert de nombreux débats ; et la notion de valeur intrinsèque elle-même a été soumise à la critique[2].

En second lieu, le paradigme mécaniste de la science contient également une contradiction interne, car il n'est pas en mesure de rendre justice à l'auto-organisation, l'autonomie et l'histoire. Les êtres vivants, tant individuellement que socialement, ne cessent de se développer, d'interagir et de s'adapter pour créer des capacités à la fois nouvelles et complexes. La science elle-même a réfuté l'idée d'une nature non humaine uniquement passive et mécanique. Elle a démontré que l'épanouissement des êtres humains et non humains exigeait beaucoup plus de facteurs que la seule raison. Ainsi, contrairement à la pensée dominante, la science ne serait pas seulement un obstacle. Elle peut même intrinsèquement susciter une nouvelle conscience éthique pour les plantes et pour la nature non humaine en général. Néanmoins, nous sommes en droit de nous demander si explorer les contradictions internes de la science à des fins morales ne l'accule finalement pas à ployer sous le fardeau de ses propres prémisses mécanistes.

---

1. K. E. Goodpaster, « On being morally considerable », *Journal of Philosophy* 75 (6), 1978, p. 308-325.

2. J. B. Callicot, « Intrinsic value in nature », art. cit.

Comme l'expriment en termes pragmatistes Émilie Hache et Bruno Latour :

> Il est impossible de rouvrir la question morale sans changer la théorie de la science [1].

### Changer la théorie de la science : avons-nous besoin d'une nouvelle éthique ou d'une nouvelle biologie ?

La rationalité prémoderne s'appuyait sur une pensée mythique et religieuse où la nature était conçue comme habitée et/ou animée par des dieux, des âmes et des esprits. La rationalité moderne, faisant quant à elle table rase de cet arrière-plan magique, nous a laissé une machinerie dépouillée, désenchantée, mais néanmoins superbe. Bien sûr, nous n'avons jamais vraiment cru que la nature était une machine, sauf pour rechercher et produire des biens. Ainsi que le souligne Latour, « nous n'avons jamais été modernes » [2]. Pourtant, nous ne sommes plus disposés à aborder la nature uniquement par un système de croyances ni à nous en remettre à des récits mythiques et religieux pour asseoir nos jugements moraux. Nous ressentons aussi le besoin de développer une confiance scientifique dans nos intuitions morales (aussi faibles soient-elles). Nous avançons ici l'idée que, d'un point de vue moral, la science moderne constitue un dispositif comparable à l'« *épochè* » dans la phénoménologie d'Edmund Husserl [3], c'est-à-dire

---

1. É. Hache, B. Latour, « Morale ou moralisme ? Un exercice de sensibilisation », *Raisons politiques* 34 (2), 2009, p. 143-165.

2. B. Latour, *Nous n'avons jamais été modernes. Essai d'anthropologie symétrique*, Paris, La découverte, 1991.

3. E. Husserl, *Idées directrices pour une phénoménologie* [1913], trad. fr. P. Ricœur, Paris, Gallimard, 1950, réédition Gallimard 1985.

un niveau zéro à partir duquel construire une perspective morale comme si elle était entièrement nouvelle. Peut-être devions-nous d'abord priver la nature de sa valeur essentielle par un *black-out* moral, ou une « *épochè* » morale, pour pouvoir ensuite, à bon droit, lui accorder un intérêt nouveau et la requalifier par une rationalité plus à même de répondre aux exigences d'une recherche scientifique rigoureuse. En suivant cette proposition, la métaphore de la machine n'est alors plus seulement un dispositif heuristique. Elle devient aussi une méthode critique qui, par une rigueur intense, voire même rationaliste, recherche une nouvelle conscience éthique.

À travers la tension continue entre aspirations prémodernes et modernes, nous avons progressivement pris conscience que nous sommes entourés d'êtres au statut indéfini. Ces êtres descriptibles comme des « autres inappropriés » selon la formule de Donna Haraway, ne peuvent être pleinement saisis par, ou selon, les définitions ontologiques et relationnelles classiques [1]. Par la science et son approche matérialiste, des qualifications entièrement nouvelles du monde naturel sont devenues possibles et même nécessaires. Jusqu'ici, la nature avait été valorisée principalement pour des motifs essentialistes. Aujourd'hui encore, mettre l'accent sur la raison semble s'inscrire dans la suite logique des origines grecques et chinoises de la philosophie contemplative [2] qui négligeait, voire méprisait,

1. D. J. Haraway, « The promises of monsters : a regenerative politics for inappropriate/d others » *in* L. Grossberg, C. Nelson, P. A. Treichler (eds.), *Cultural Studies*, New York, Routledge, 1991.
2. H. Zwart, « Biotechnology and naturalness in the genomic era : plotting a timetable for the biotechnology debate », *Journal of Agricultural and Environmental Ethics* 22 (6), 2009, p. 505-529.

les qualités organiques et les fonctions corporelles en raison de leurs liens à un quotidien matériel et trivial. À l'encontre de cette tendance, l'étude scientifique des ressorts biologiques du « mouvement » au sens général du terme – notamment le comportement, la sensibilité et la croissance – a révélé une multitude de propriétés organiques qui ont modifié notre perception de la matière organique elle-même. Découvrir que des entités différentes partagent une proximité organique a permis de soulever un nouveau type de question, tant du point de vue scientifique qu'éthique. Par exemple, nous avons constaté qu'un système nerveux central s'avère essentiel pour éprouver de la douleur. Les découvertes neurobiologiques ont complètement changé notre compréhension de la douleur et ont donc aussi modifié notre considération pour les êtres capables de la ressentir, y compris les animaux. Néanmoins, les nouvelles découvertes de la médiation cérébrale de la sensibilité n'ont imposé aucun changement drastique à la théorie scientifique. En effet, nous pouvons toujours nous représenter les animaux (supérieurs) comme des êtres humains, par exemple, des enfants ou des personnes handicapées mentales, et continuer de prétendre que leurs corps sont (ou fonctionnent comme) des machines.

En dépit des énormes progrès réalisés dans le domaine des connaissances biologiques, la vie végétative et organique demeure un concept assez obscur et abstrait, le plus souvent conçu sur des bases essentialistes et mécanistes. En 1907 déjà, Henri Bergson diagnostiquait que la pensée logique était adaptée à la matière solide, mais pas à la nature mouvante et évolutive de la vie [1]. La vie elle-même nous

---

1. H. Bergson, *L'évolution créatrice*, Paris, Félix Alcan, 1907, réédition Félix Alcan, 1925.

confronte à l'impérieuse nécessité de dépasser nos modes de pensée bien au-delà de ce que nous n'aurions jamais imaginé. Georges Canguilhem pousse la position pragmatiste de Bergson un peu plus loin en écrivant que nous ne sommes pas condamnés à choisir entre une pensée morte, mais cristalline, et un mysticisme vivant, mais obscur ; pour donner sens à la biologie, il nous faut nécessairement tirer la pensée de la vie de *l'expérience* de la vie [1]. En contradiction avec la fixité imposée par l'apriori ontologique des objets purs, la vie s'affirme elle-même comme processus et comme dynamique. On ne peut comprendre la vie organique sans reconnaître sa relation fondamentale au devenir et, si l'on souscrit à la théorie de l'évolution, à un « devenir autre ». Après environ 150 ans, la théorie de l'évolution attend toujours une pensée capable d'approcher les formes dynamiques du monde naturel qui changent et se (re)créent constamment. Les êtres vivants ne se résument pas à une collection figée d'objets ou de machines newtoniennes, mais se prolongent à la fois logiquement et ontologiquement dans des formes d'existences plus vastes. Cette image dynamique se révèle plus embrouillée, puisque plantes et microorganismes prolifèrent sans cesse et n'ont pas de frontières de solides newtoniens comme les animaux. Les êtres non animaux englobent des formes d'existence plus larges, non seulement génétiquement, mais aussi organiquement. C'est pourquoi tant que les plantes seront considérées à partir des mêmes bases théoriques que les animaux, nous nous heurterons à coup sûr à un manque de bases réalistes (non nominalistes), pourtant nécessaires pour ouvrir à bon droit la question éthique. Cette difficulté

1. C. Canguilhem, *La connaissance de la vie*, Paris, Vrin, 1965, réédition Vrin, 2009.

majeure sera explorée dans les sections suivantes. Comme nous le verrons, elle nous conduira à proposer une transformation de la théorie biologique en une biothéorie postmoderne apte à concilier la théorie de l'évolution avec ses implications dynamiques et un nouveau style d'éthique, une éthique biologique.

> *Par-delà la sensibilité animale :*
> *la question de la vie organique et végétative*

>> *Être vivant… comme des animaux :*
>> *comment les plantes sont devenues un sujet*
>> *pour la science*

Depuis Aristote, plantes et animaux ont été conçus comme obéissant à des principes d'organisation distincts. Mais avec l'émergence des sciences végétales au XVIIIe siècle, une ontologie radicalement nouvelle est apparue, et dans la foulée un statut épistémique nouveau pour les plantes. Le philosophe François Delaporte, à travers ses recherches en histoire des sciences inspirées par Michel Foucault, a documenté la façon dont les sciences végétales se sont élaborées en attribuant aux plantes le même statut théorique qu'aux animaux [1]. La découverte d'une constitution similaire de matière organique du corps végétal et animal en représente une étape majeure. Ce gain de complexité des plantes a soudainement suscité l'intérêt pour de nouveaux sujets d'investigation scientifique. À rebours de la méthode générale de la science, les chercheurs en sciences végétales ont dû se référer au supérieur pour expliquer l'inférieur. À dessein et non par hasard, c'est-

---

1. F. Delaporte, *Le second règne de la nature : essai sur les questions de la végétalité au XVIIIe siècle*, Paris, Flammarion, 1979.

à-dire en appliquant une méthodologie explicite, ils forgèrent leurs questions de recherche de similitudes et de différences en référence à l'animal : les plantes ont-elles des poumons, un estomac, une bouche, des veines et un cerveau ? Comment respirent, mangent, croissent et s'accouplent-elles ? Deux démarches principales opposées cognitivement se trouvèrent mises en concurrence : la méthode analogique et la méthode expérimentale. Cependant, toutes deux convergèrent vers une position unique :

> Quiconque tient un discours sur la nature de la plante doit donc supposer que celle-ci n'est ni complètement différente d'un animal ni sa fidèle reproduction[1].

Après le XVIIIe siècle, l'unification de la biologie en tant que discipline scientifique fondée sur la théorie de l'évolution acheva de renforcer l'indexation du statut théorique des plantes sur celui des animaux. Les plantes furent clairement établies dans la communauté des êtres vivants, car elles partagent un ancêtre commun avec les animaux et sont constituées des mêmes composants, tels les cellules et les gènes. L'unification de la biologie selon le critère de vie représente donc en même temps une unification des genres. S'il existe bel et bien des différences vitales entre les espèces, celles-ci ne seraient *in fine* que de degrés. D'un point de vue théorique, et dans la mesure où le critère de vie est invoqué, les plantes sont par nature – et logiquement – des sortes d'animaux. Et si l'animal reste toujours évolutivement « le premier animal après l'homme » selon la terminologie de Karen Houle[2], nous pouvons alors nous demander si la plante ne serait pas devenue – théoriquement parlant – le second animal après l'homme.

1. F. Delaporte, *Le second règne de la nature … op. cit.*, p. 34.
2. K. L. F. Houle, « Animal, vegetable, mineral », ar. cit.

La physiologie végétale a entrainé de nouvelles préoccupations morales en révélant la proximité organique des plantes et des animaux. En toute logique, étant donné le cadre théorique adopté, le débat éthique s'est focalisé sur ce qu'on jugeait important pour les animaux, en particulier la capacité à souffrir. Aussi la sensibilité et l'éthologie des plantes sont-elles devenues un nouveau sujet de controverse important[1]. Parmi les questions posées, outre la façon dont les plantes se nourrissent et s'accouplent, leur mouvement a mobilisé beaucoup d'attention. En effet, le mouvement peut s'interpréter comme la capacité des plantes à diriger leur activité afin d'échapper aux blessures et à la souffrance. L'analyse menée en histoire des sciences par Delaporte est très instructive à ce sujet. Premièrement, elle montre que la question d'une éthique des plantes n'est pas nouvelle ; deuxièmement, que depuis le début des sciences biologiques, les préoccupations éthiques pour les plantes et pour les animaux ont évolué parallèlement ; et troisièmement, que l'axe du questionnement éthique au sujet des plantes n'a pas radicalement changé depuis le XVIIIe siècle. En dépit de leurs emprunts argumentatifs mutuels, les problèmes végétaux et animaux ont pris des orientations contradictoires. D'un côté, on s'est efforcé d'établir un continuum entre les plantes et les animaux et de démontrer que les plantes, tout comme les animaux, possèdent une sensibilité, une agentivité, une autonomie et même une intelligence[2]. D'un autre côté, on a voulu établir une distinction claire entre les plantes et les animaux et rejeter les premières du côté des choses.

---

1. F. Delaporte, *Le second règne de la nature*, *op. cit.*
2. A. Trewavas, « Aspects of plant intelligence », ar. cit., p. 1-20. M. Hall, *Plants as persons*, *op. cit.* K. L. F. Houle, « Animal, vegetable, mineral », ar. cit. ; « Devenir plante », ar. cit. J. C. Ryan, « Passive flora ? », ar. cit.

*La dégradation comme prérequis à l'exploitation :*
*conflit(s) d'intérêts entre plantes et animaux*

Dignifier une chose en en dégradant une autre est une attitude typique de la culture occidentale. Depuis les esclaves et les femmes, jusqu'aux animaux, puis les plantes, le raisonnement persiste en visant à justifier des objectifs d'instrumentalisation déjà à l'œuvre dans la société. La dignité ne devient effective que dans la mesure où des personnes de second plan, « autres que les autres », peuvent se substituer aux personnes de premier plan. Les plantes ne sont vraisemblablement pas les dernières « autres » dans la liste – pensons aux algues, aux microorganismes, aux morts, à l'eau et à la terre – mais elles sont les plus proches ontologiquement, théoriquement et historiquement des « autres animaux ». Aussi bénéficient-elles et pâtissent-elles tout à la fois de cette proximité. On peut même se demander si l'animal n'est pas incidemment le meilleur ennemi des plantes – un conflit d'intérêts qui s'expliquerait par la nécessité d'élever le statut de la vie animale au-dessus de sa propre condition antérieurement dégradée.

La dégradation de la vie animale s'est pleinement incarnée dans la théorie cartésienne de l'animal-machine [1], mais sa logique préexistait déjà. Comme l'indique Canguilhem, l'animal-machine relève en fait d'un mode de justification récurrent pour instrumentaliser l'ensemble des êtres inférieurs. Dans le cas des animaux :

> Descartes fait pour l'animal ce qu'Aristote avait fait pour l'esclave, il le dévalorise afin de justifier l'homme de l'utiliser comme instrument [2].

De même, les machines existaient déjà avant l'avènement du mécanisme et de la technologie. Canguilhem rejoint

---

1. R. Descartes, *Discours de la méthode* [1637], Paris, Vrin, 1984.
2. G. Canguilhem, *La connaissance de la vie, op. cit.*, p. 142.

André Leroi-Gourhan en affirmant que la machine est avant tout un phénomène biologique parce qu'elle permet une extension des fonctions corporelles. Finalement, la technologie remonte inévitablement à la vie organique : le modèle de la machine vivante est l'organisme vivant lui-même. Le modèle biologique de l'animal-machine est donc cohérent sur un plan théorique, et ce, bien qu'il ne puisse pas rendre pleinement justice à la nature complexe des animaux. Malgré tout, dans le champ des sciences, le mécanisme offre de nouvelles bases concrètes pour débattre de ce qui serait autrement resté une question métaphysique centrée sur l'existence d'une âme animale. Cette contribution de la science permet d'expliquer pourquoi l'éthique animale n'a pas cherché à contredire le mécanisme en tant que tel et en a même tiré avantage pour affirmer l'existence d'une âme sensible aussi chez les animaux dont la condition est proche des êtres humains et mérite le respect. Ce cheminement, précisé ci-dessous par quatre arguments, conduit à transformer implicitement le paradigme de l'animal-machine en un paradigme de la plante-machine, à savoir une chose verte, mécanique et sans âme.

Premièrement, le champ émergent de la biologie a fourni une arène où le paradigme de l'automate pouvait être mis à l'épreuve du paradigme de la vie autonome. Il devenait ainsi possible d'évaluer la vie sensible sur des bases non plus seulement essentialistes, mais aussi concrètes et organiques. La controverse, qui a opposé, d'un côté, une interprétation mécaniste et déterministe et, de l'autre, une interprétation autopoïétique, auto-orientée et autonome des réactions et des comportements animaux, tourne en grande partie autour de la notion de réflexe [1]. L'enjeu porte sur la capacité à auto-orienter le mouvement et à apprécier

---

1. G. Canguilhem, *La formation du concept de réflexe aux XVIIᵉ et XVIIIᵉ siècles*, Paris, P.UF., 1955, réédition Paris, Vrin, 1994.

des valeurs d'une manière directionnelle et autonome ; autrement dit, la capacité à percevoir et créer des significations et à s'adapter plutôt qu'à réagir de façon mécanique. Les données accumulées par l'éthologie et la neurobiologie ont permis de relier l'extérieur à l'intérieur, c'est-à-dire les comportements aux propriétés d'un système nerveux central. Elles démontrent ainsi que la sensibilité et l'intelligence sont étroitement interconnectées.

Deuxièmement, la réévaluation du statut de la sensibilité et la compréhension renouvelée du comportement sensoriel apportent la preuve que les animaux ont leurs propres intérêts et orientations hédoniques. L'idée de bien-être animal et le développement de l'éthique animale s'en trouvent ainsi confortées. Les animaux sont des êtres sensibles qui peuvent ressentir de la douleur, de la peur et divers types d'émotions à l'instar des êtres humains. C'est pourquoi le pathocentrisme, qui revendique une considération morale des animaux sur le critère de la sensibilité, propose que les animaux (supérieurs) soient inclus dans le cercle moral aux côtés des êtres humains [1].

Troisièmement, insister sur la sensibilité aboutit à ne considérer la vie en tant que telle, dans sa nature végétative, que comme moyen mis en œuvre par la sensibilité pour utiliser efficacement la matière végétale. Les plantes n'ayant ni cerveau ni système nerveux central, tous les attributs qui permettent à la vie animale et humaine d'accéder à la dignité semblent leur manquer : animation, perception, émotion, sensibilité et souffrance. Au prétexte de dignifier la sensibilité animale, le pathocentrisme se limite à recycler l'argument même auquel il s'oppose dans le cas des

---

1. P. Singer, *Animal liberation*, New York, HarperCollins Publishers, 1975.

animaux, en réduisant la vie végétative à de la mécanique. Par exemple, Florence Burgat affirme que la souffrance représente le socle même de la vie [1]. Au-dessous de ce prétendu socle, le monde végétal n'est que mécanique : les plantes sont conditionnées mécaniquement par leur environnement. Élisabeth de Fontenay suit la même ligne de pensée lorsqu'elle affirme qu'il faut en finir avec la « réduction des bêtes à des machines ou à des végétaux » et l'idée que « l'homme peut disposer des animaux qu'il élève comme il cultive "les pommes de terre" » [2]. Dans cette phrase, le lien entre machines et plantes n'est pas sans présupposés, pas plus que le choix de la pomme de terre n'est purement anecdotique : non seulement la pomme de terre apparaît difforme et sale, mais en plus elle n'est que l'extrémité d'une plante bien plus grande. En fait, elle ressemble davantage à un animal mort ou à une chose qu'à une plante vivante. L'exemple de la patate convient donc parfaitement pour réduire la plante à un animal comateux, c'est-à-dire à une chose insensible, ou plus radicalement, à de la simple matière organique.

Quatrièmement, même si la dévalorisation des plantes par leur absence de sensibilité semble, à première vue, logiquement découler de la considération morale récemment accordée aux animaux, elle est en réalité plus ancienne. Le pathocentrisme renforce simplement une position apparue dès le XVIIIe siècle qui argumentait que Dieu ne pouvait être injuste au point d'avoir créé des êtres capables d'éprouver de la douleur, et pourtant incapables de fuir ou

1. F. Burgat, *Liberté et inquiétude de la vie animale*, Paris, Kimé, 2006.
2. É. de Fontenay, « Les bêtes dans la philosophie et la littérature », dans D. Müller, H. Poltier (éd.), *La dignité animale*, Genève, Labor et Fides, 2000, p. 37-68, *cit.* p. 41-42.

de se protéger. En même temps, s'exprimait aussi un besoin pressant d'apporter une justification morale à l'exploitation des plantes par les êtres humains. Recourant à un argument similaire à celui de Canguilhem, Delaporte explique :

> On fait pour le végétal ce que Descartes avait fait pour l'animal [...] on le dévalorise pour permettre à l'homme de l'utiliser[1].

En effet, dans un siècle de grands développements agricoles, l'émergence des sciences végétales ne peut être dissociée ni du contexte socio-économique ni du besoin d'acquérir des connaissances pour accroître l'instrumentalisation des plantes. À l'époque moderne, les systèmes de production végétale ont largement répandu l'idée que les plantes étaient avant tout une ressource ou une matière première répondant aux besoins humains : alimentation, chauffage, décoration, construction, etc. Depuis quelques années, les nouvelles utilisations des plantes comme « usines vertes » pour produire des agrocarburants et différents biomatériaux s'ajoutent simplement à cette instrumentalisation générale, rendant, apparemment, encore plus futile ou vaine l'idée de limiter l'exploitation des plantes. Pour les systèmes de production végétale et l'économie verte en général, maintenir les plantes en dehors de la sphère des préoccupations morales est évidemment crucial. En outre, les plantes en tant que « biomasse » ou « biomatériau » ne sont plus seulement des ressources ou des matériaux, mais aussi – au moins potentiellement – des « déchets » ou des « rebuts », c'est-à-dire des entités floues échappant à toute définition ontologique. En prenant en compte cette dégradation supplémentaire des plantes, nous pouvons

---

1. F. Delaporte, *Le second règne de la nature*, *op. cit.*, p. 194.

prévoir que le cœur des prochaines discussions ne sera peut-être pas tant leur capacité à souffrir – bien que cela puisse être également une question importante – que ce que signifie vivre sans cerveau ni système nerveux central.

### Biocentrisme : vers une reconnaissance de la vie végétative sensible et florissante ?

Chez les êtres humains et les animaux, la vie en soi, c'est-à-dire la vie végétative, n'attire aucune attention particulière et donc rien de particulier à défendre chez les plantes. Même relativement aux fœtus et aux personnes comateuses, les plantes sont uniquement mentionnées pour signifier qu'elles ne possèdent pas la valeur de ces humains marginaux réduits à la condition de légumes [1]. Mais la vie végétative humaine n'est en aucun cas similaire à celle des légumes, car la première possède ou a possédé un jour le potentiel d'une vie sensible et raisonnable, c'est-à-dire une vie de l'âme. De là, le plaidoyer de Kenneth Goodpaster en faveur de la reconnaissance d'intérêts autres qu'hédoniques ou cognitifs constitue une étape majeure vers une reconnaissance de la vie comme bien non réductible à la sensibilité ou à la raison [2]. Si vivre représente un bien en soi, nous devons alors reconnaître que tous les organismes ont des intérêts vitaux et que, pour cette raison, ils méritent une considération morale. Le critère de vie fournit matière à un élargissement de la théorie pathocentrique vers une théorie biocentrique englobant tous les êtres vivants. Dans ces conditions les animaux ne sont plus privilégiés. Les

1. Par exemple : J. Feinberg, « The rights of animals and unborn generations » in W. J. Blackstone (ed.), *Philosophy and environmental crisis*, Athens, University of Georgia, 1974, p. 43-68.

2. K. E. Goodpaster, « On being morally considerable », *Journal of Philosophy* 75 (6), 1978, p. 308-325.

plantes elles aussi sont clairement capables de lutter et de se préserver : elles défendent leur vie par leur propre effort vital sans que personne doive leur dire de grandir et de proliférer.

La reconnaissance d'intérêts vitaux indépendants de la sensibilité ou de la conscience est radicalement nouvelle par sa mise en évidence de la puissance inégalée de la vie (organique) en tant que principe créateur de valeurs. Ce principe détient le pouvoir de conduire le processus évolutif dans sa globalité jusque dans la sphère morale. L'évolution peut cependant être comprise de différentes façons, rattachables aux notions spinoziennes de *natura naturata* et de *natura naturans*. Deux grandes orientations du biocentrisme en ressortent. La première, représentée par Paul Taylor, n'aborde pas la dimension historique et créative de la vie[1]. Dans l'analyse de Taylor, la vie représente un critère que les organismes vivants possèdent comme un bien propre, au même titre que la couleur verte. Sur le plan théorique, la vie ne diffère pas de la sensibilité ou de la raison. Dans ce contexte, la communauté biocentrique reste une collection d'objets organiques associables sans remise en cause de la vision dominante d'une hiérarchisation dans la nature. De fait, en introduisant la notion de « valeur inhérente », définie comme une valeur intrinsèque non absolue, Taylor laisse entendre que tous les êtres vivants ne se classent pas au même niveau sur une échelle de considérabilité, et que des intérêts conflictuels peuvent être arbitrés en l'absence d'un sens commun.

Au contraire, Holmes Rolston fait valoir avec force que le critère de vie joue un rôle similaire au critère de raison dans la théorie kantienne et qu'il confère une valeur

---

1. P. W. Taylor, « The ethics of respect of nature », *Environmental Ethics* 3(3), 1981, p. 197-218.

absolue à tous les êtres vivants [1]. La notion de sujet moral devient alors extensible à tous les êtres vivants. Nous pouvons considérer les êtres doués de vie comme des « agents vitaux », tout comme les êtres doués de raison sont des agents moraux. Dans le biocentrisme de Rolston, la vie n'est pas un critère ou un bien qu'un individu distinct possède en propre, comme la raison ou la sensibilité, mais un processus dynamique et créatif qui entraîne les êtres vivants dans une perspective historique et évolutive. L'inséparabilité du critère de vie et de l'historicité est primordiale. En effet, ce critère se démarque de la notion kantienne de valeur intrinsèque, laquelle est fondamentalement anhistorique et conçue selon une perspective statique. L'une des conséquences est que la vie ne peut être restreinte aux seuls organismes actuellement vivants. Elle s'étend historiquement à des formes d'existence plus vastes, incluant les organismes, les espèces, les écosystèmes et la Terre :

> Les choses n'ont pas leurs natures distinctes simplement en elles-mêmes et pour elles-mêmes, mais sont tournées vers l'extérieur et s'intègrent dans une nature plus large […] La valeur-en-soi est dissoute pour devenir valeur-dans-l'ensemble. La valeur s'insinue dans le système, et nous perdons notre capacité à identifier l'individu comme *locus* unique de valeur [2].

1. H. Rolston III, « Value in nature and the nature of value » *in* R. Attfield, A. Belsey (eds.), *Philosophy and natural environment*, Cambridge, Cambridge University Press, 1994.

2. H. Rolston III, « What do we mean by the intrinsic value and integrity of plants and animals ? » *in* D. Heaf, J. Wirz (eds.), *Genetic engineering and the intrinsic value and integrity of animals and plants. Proceedings of an Ifgene workshop*, Hafan (UK), Ifgene, 2002, p. 5-10, **cit. p. 8.**

En se fondant sur la dimension historique et sociale de la vie, l'analyse de Rolston nous amène à la conclusion que la valeur dans la nature n'est pas un absolu, mais un processus partagé qui trouve son expression première dans la vie elle-même. La vie apparaît ainsi comme une fontaine créatrice, un principe intégrateur qui se valorise lui-même à travers ses propres productions et dispense de la valeur à tout. En mettant l'accent sur l'intégralité de la vie, le biocentrisme de Rolston tend à se confondre avec une position écocentrique qui valorise les systèmes intégrés. Cette perspective bute cependant sur la difficulté d'une prise en compte distincte des êtres. Faute d'introduire des éléments en faveur d'une autre forme de pensée, la position de Rolston sur les animaux et les plantes reste en fait assez proche du pathocentrisme. Les animaux possèdent un visage et un cerveau, tandis que les plantes sont de simples objets sans but qui vivent dénués de sensibilité[1]. Finalement, les connaissances évolutionnistes et écologiques s'avèrent elles aussi insuffisantes pour rendre compte d'intérêts véritablement vitaux, indépendants de la raison et de la sensibilité. Tant que les avancées de la biologie sont laissées de côté, la « vie » reste un concept intellectuel assez vague. Ce concept n'est pas en mesure de restituer la réalité de la vie organique manifestée par l'agentivité des plantes. Nous allons illustrer plus avant la difficulté à appliquer le biocentrisme aux plantes sans examiner au préalable la signification biologique de la vie.

---

1. H. Rolston III, « What do we mean by the intrinsic value and integrity of plants and animals ? » *op. cit.*

*La dignité des plantes en Suisse : le biocentrisme
à l'épreuve du réel*

*Würde der Kreatur dans l'article 120
de la Constitution suisse*

Un article de la Constitution suisse, adopté par référendum en 1992, a pour la première fois lancé le débat public autour de la question d'une éthique des plantes. Cet article stipule que « la dignité des créatures » (*Würde der Kreatur* en allemand) devrait être prise en compte dans le respect de la vie des animaux, des plantes et des microorganismes. Depuis lors, on a tenté plusieurs expertises de ce que pourrait effectivement signifier la dignité des plantes et des autres créatures et de quelle manière la prendre en compte. L'avocat Hanspeter Schmidt rappelle que la notion a été introduite par « un petit groupe d'experts législatifs pas très au clair quant à ce que devrait être la nature de [cette notion] dans le contexte de la Constitution suisse »[1]. Ce contexte explique sans doute pourquoi la formulation est problématique en soi. Pour la juriste Marie-Angèle Hermitte, l'article suisse constitue un cas de « personnification substantielle »[2]. Se référer à des entités non humaines dans des documents juridiques en utilisant des attributs, des comportements, des sentiments et des perspectives longtemps réservés aux seuls êtres humains peut finalement conduire à considérer ces entités comme des personnes

---

1. H. Schmidt, « The dignity of man and the intrinsic value of the creature (*Würde der Kreatur*) – conflicting or inter-dependent legal concepts in legal reality ? » *in* D. Heaf, J. Wirz (eds.), *The Intrinsic Value and Integrity of Plants in the Context of Genetic Engineering. Proceedings of an Ifgene workshop*, Hafan (UK), Ifgene, 2001, p. 19-23, *cit.* p. 22.

2. M.-A. Hermitte, « La nature, sujet de droit ? », *Annales. Histoire, Sciences Sociales* 1, 2011, p. 173–212.

morales. Hermitte rappelle qu'en droit, la dignité est un principe « indérogeable ». Ceci signifie que toute personne humaine doit proscrire tout comportement qui pourrait dégrader l'image idéale de l'humanité que se représente la société. Elle met donc en doute la pertinence du terme « dignité » dans le cas d'entités non humaines :

> On voit donc mal comment on pourrait imposer à un coquelicot de se conduire en coquelicot idéal[1].

Dans les usages, la dignité est un concept plutôt ubiquiste, car il excède les droits humains[2]. Le terme « dignité » dans l'expression « dignité de la créature » intègre au moins deux significations non interchangeables : la valeur inhérente et l'intégrité. Schmidt nous rappelle que, selon Cicéron, la dignité humaine comporte deux aspects, l'un relatif à un accomplissement (comme le rappelle Hermitte), l'autre intrinsèque ou par nature[3]. Cette seconde signification a été explicitement soulignée par le Conseil fédéral suisse dans ses discussions avec l'Organisation mondiale du commerce : le terme *Würde der Kreatur* « est compris comme une valeur inhérente détenue par des organismes non humains et interdisant de les traiter comme des instruments en vue d'une fin »[4]. En outre, le Conseil fédéral a expliqué que *Würde der Kreatur* n'est pas une valeur absolue, ce qui est tout à fait conforme à ce que Taylor entendait par le terme de valeur inhérente[5]. Ces

---

1. M.-A. Hermitte, « La nature, sujet de droit ? », art. cit., p. 188.
2. S. H. E. Harmon, « Of plants and people. Why do we care about dignity ? », *EMBO reports* 10 (9), 2009, p. 946-948.
3. H. Schmidt, « The dignity of man and the intrinsic value of the creature », art. cit.
4. *Ibid.*, p. 19.
5. P. W. Taylor, « The ethics of respect of nature », art. cit.

déclarations du Conseil fédéral expliquent pourquoi un cadre biocentrique a été privilégié par rapport à l'article suisse. Par ailleurs, la secrétaire exécutive de la Commission fédérale d'éthique pour la biotechnologie dans le domaine non humain (CENH), Ariane Willemsen, nous rappelle que l'expression germanique *Würde der Kreatur* a été élaborée dans une tradition théologique, et initialement formulée dans la Constitution du canton d'Argovie en 1980[1]. Lors de sa première apparition dans la Constitution fédérale en 1992, la traduction dans les deux autres langues nationales (français et italien) et en anglais est restée fidèle à cet idiome théologique. Mais dans la Constitution révisée de 2000, la traduction française a été fortement modifiée, débouchant sur une formule d'inspiration plus scientifique : « l'intégrité des organismes vivants ». Schmidt explique que :

> La différence découle du refus du service linguistique français du Secrétariat fédéral d'utiliser l'expression "dignité de la créature", car cela constituait une expression "impossible" en français et que "l'intégrité des organismes vivants" reprenait le même sens[2].

Selon Schmidt, le terme « intégrité » pourrait avoir été choisi en vue de la protection de l'intégrité génomique. Cette interprétation souligne un autre aspect du contexte particulier d'émergence de l'article suisse dont l'origine remonte aux années 1960, au moment même où les impacts possibles de l'ADN recombinant éveillaient des

1. A. Willemsen, « Moral consideration of plants for their own sake » *in* K. Millar, P. Hobson West, B. Nerlich (eds.), *Ethical futures : bioscience and food horizons*, Wageningen, Wageningen Academic Publishers, 2009, p. 434-439.

2. H. Schmidt, « The dignity of man and the intrinsic value of the creature », art. cit., p. 20.

préoccupations sociales et des réclamations des parlementaires suisses pour un encadrement légal du génie génétique. L'objectif premier de l'article suisse était de poser des limites constitutionnelles à la recherche scientifique et à ses usages commerciaux en introduisant une protection contre l'utilisation abusive des technologies génétiques, non seulement pour les êtres humains, mais aussi pour l'environnement[1]. Cet objectif explique pourquoi les premiers colloques internationaux consacrés à la dignité des plantes sont nés d'une réflexion sur le génie génétique[2]. Ainsi, même si le terme « intégrité » n'était pas explicite dans la formulation initiale de l'article suisse, et même si le terme « dignité » lui a été préféré, gardons bien à l'esprit sa présence implicite dès le départ.

### Le rapport de la Commission fédérale d'éthique pour la biotechnologie dans le domaine non humain (CENH)

Pour instruire l'article juridique de la Constitution suisse, la CENH et la Commission fédérale pour les expériences sur animaux CFEA ont rédigé conjointement un rapport sur « la dignité de l'animal » en 2001. La CENH a également été mandatée par l'administration suisse pour préciser la portée de l'article relativement à la manipulation des plantes. Sept ans après le premier rapport, la Commission a donc publié un second rapport consacré à « la dignité

1. A. Willemsen, « Moral consideration of plants for their own sake », *op. cit.*

2. Il s'agit de deux colloques organisés par l'International Forum for Genetic Engineering (Ifgene) : « Intrinsic value and integrity of plants in the context of Genetic engineering » (Dornach, Suisse, 2001) et « Genetic engineering and the intrinsic value and integrity of animals and plants » (Edinburgh, Grande Bretagne, 2002).

des plantes »[1]. La plupart des experts de la CENH ont adopté une approche biocentrique, ce qui impliquait de reconnaître que les plantes individuelles, pas seulement les espèces ou les communautés végétales, ont intrinsèquement une valeur. Autrement dit, nous ne pouvons pas utiliser les plantes à notre guise : même de manière non arbitraire, même si plus largement la communauté végétale n'est pas en danger, même si nos actions ne menacent pas les espèces. Des actes de nuisances arbitraires, tels qu'étêter des fleurs au bord de la route, ont été proscrits à l'unanimité par la CENH. Mais la Commission a surtout centré son instruction sur les conséquences de la technologie génétique, ce qui s'explique par son mandat et le contexte historique dans lequel l'article suisse a vu le jour, ainsi que par le cadre scientifique plus général déjà évoqué. Selon la majorité des membres, la modification génétique en soi et le brevetage ne contreviennent pas à la dignité des plantes. Toutefois, ils recommandent que la modification génétique ne puisse pas affecter l'autonomie et la diversité des plantes, et que dans tout projet de recherche, ces prescriptions soient respectées. L'autonomie suppose la capacité de se reproduire et de s'adapter à l'environnement, laquelle doit être préservée dans le support génétique. Elle dépend également de la capacité à évoluer et à se diversifier, et nécessite que les structures relationnelles naturelles soient maintenues et protégées. Bien évidemment, les activités humaines autres que la recherche et les méthodes de sélection basées sur la technologie génétique – notamment

---

1. Commission fédérale d'éthique pour la biotechnologie dans le domaine non humain (CENH), *La dignité de la créature dans le règne végétal. La question du respect des plantes au nom de leur valeur morale*, https://www.ekah.admin.ch/inhalte/_migrated/content_uploads/ f-Broschure-Wurde-Pflanze-2008.pdf, 2008.

la production, la décoration, l'aménagement paysager –
pourraient également altérer les capacités individuelles de
reproduction et d'adaptation des plantes et leurs structures
relationnelles naturelles. Nous aurions donc pu nous attendre
à une application des recommandations de la CENH
également aux pratiques horticoles et agricoles. C'est
d'ailleurs la raison pour laquelle le rapport de la CENH
attisa de vives discussions.

### Le biocentrisme mis en échec
### par le nominalisme?

Sans grande surprise, les controverses autour du rapport
de la CENH s'illustrèrent sur le front de la sélection végétale
et de la recherche sur les OGM. Des chercheurs redoutèrent
que les recommandations suisses n'érigent des obstacles
ridicules et inutiles à la connaissance et à l'innovation
scientifiques[1]. Certains détracteurs jugèrent que la question
elle-même représentait une menace pour les droits humains
et une forme extrême d'anthropomorphisme. Elle pourrait
à la fois entraver les progrès de l'agriculture, alors même
que des quantités innombrables d'êtres humains meurent
de faim, et affaiblir la pertinence de la réflexion sur les
droits humains[2]. Revenant sur cette controverse
internationale, Willemsen a analysé de manière critique la

1. A. Abbot, « Swiss "dignity" law is threat to plant biology », *Nature*
452, 2008, p. 919. G. Naik, Switzerland's green power revolution :
ethicists ponder plants'rights, *Wall Street Journal*, October 10,
http://online.wsj.com/article/SB122359549477921201.html.

2. S. Lev-Yadun, « Bioethics. On the road to absurd land », *Plant
Signaling & Behavior* 3(8), 2008, p. 612. A. Sandberg, « The dignity of
the carrot », *Practical Ethics*, 24 avril 2008, http ://blog.practicalethics.
ox.ac.uk/2008/04/the-dignity-of-the-carrot/. S. H. E. Harmon, « Of plants
and people. Why do we care about dignity ? », *EMBO reports* 10 (9),
2009, p. 946-948.

position adoptée à la majorité par le comité. Elle a reconnu que la prescription de la Constitution suisse pourrait être restreinte en ce qui concerne la manipulation des plantes :

> Tant qu'il s'agit de plantes, la dignité des êtres vivants reste une construction sans contenu, sauf dans le cas de préjudices arbitraires infligés aux plantes [1].

Ainsi, relativement aux programmes scientifiques, « il est à peu près certain qu'aucun projet de recherche n'est considéré comme arbitraire » [2]. Ce constat revient à mettre la prescription entre parenthèses pour la recherche. De fait, aucune activité de production, agricole, sylvicole, horticole ou paysagère, ne peut être jugée arbitraire. Puisque rien ne peut valoir du côté des plantes, toute intention, quelle qu'en soit la nature, peut servir de justification morale au profit des êtres humains. Florianne Koechlin, membre de la CENH, a reconnu qu'au-delà des actes de vandalisme tels que la décapitation des fleurs sur le bord de la route, la condamnation du caractère arbitraire reposait sur peu de chose [3]. Elle a également souligné le désaccord du comité sur la signification du terme « arbitraire ». Elle et quelques autres membres ont estimé que ce terme devait s'appliquer au cas extrême : « l'instrumentalisation et l'industrialisation massives et totales des plantes » [4].

Si la théorie biocentrique conclut qu'il n'y a rien à faire valoir du côté des plantes, faut-il en déduire que les intérêts vitaux en tant que tels ne peuvent finalement pas être

---

1. A. Willemsen, « Moral consideration of plants for their own sake », *op. cit.*, p. 438.

2. *Ibid.*, p. 438.

3. F. Koechlin, « The dignity of plants », *Plant Signaling and Behavior* 4(1), 2009, p. 78-79.

4. *Ibid.*, p. 79.

reconnus ? Pour Willemsen, la manifestation progressive de la vie entrave sérieusement l'établissement d'une distinction nette entre les êtres vivants et les êtres non vivants. De ce point de vue, l'enjeu du biocentrisme peut être comparé à celui du concept d'espèce. Selon la théorie de l'évolution de Charles Darwin, nous ne pouvons plus concevoir une espèce comme une essence absolue, il nous faut désormais la considérer comme une combinaison contingente[1]. Des débats ultérieurs se saisirent de la position nominaliste de Darwin pour critiquer la notion platonicienne d'espèce, essentialiste (ou typologique), qui avait prévalu jusqu'alors. En recourant au même argument, Willemsen conclut :

> La "vie" doit alors être comprise comme une définition nominaliste et "être en vie" ne peut être moralement pertinent en soi. Il s'ensuit par conséquent qu'une position biocentrique ne peut plus être défendue[2].

En réalité, l'objectivité du critère de vie n'est pas aussi décisive. Beaucoup de débats entre scientifiques et philosophes sur la pluralité des définitions de la vie se poursuivent. Sur la seule base d'arguments méthodologiques et naturalistes, il est impossible de parvenir à une définition unifiée et univoque. Non seulement la manifestation progressive de la vie implique des degrés variables, mais la vie s'exprime aussi par des moyens variés dans différents types de systèmes vivants[3]. Par conséquent, la vie ne peut être définie comme une propriété ou un « bien » adimensionnel,

1. C. Darwin, *On the origin of species*, London, Murray, 1859.

2. A. Willemsen, « Moral consideration of plants for their own sake », art. cit., p. 439.

3. C. Malaterre, « On what it is to fly can tell us something about what it is to live », *Origins of Life and Evolution of Biospheres* 40 (2), 2010, p. 169-177.

tel que le suggère implicitement le biocentrisme de Taylor. Willemsen et d'autres auteurs [1] proposent de chercher d'autres critères pour contourner cette difficulté. Toutefois, le caractère flou de la vie ne suffit pas à lui seul à invalider définitivement le biocentrisme. En effet, le poids accordé à un critère ne dépend pas de son objectivité. De toute évidence, les critères de conscience et de sensibilité ne sont pas moins flous et nominalistes que le critère de vie. Ils n'en ont pas moins été considérés comme des arguments pertinents à l'appui des positions pathocentrique et ratio-centrique. Un deuxième argument, déjà évoqué ci-dessus, est qu'une position holistique comme le biocentrisme de Rolston permet d'invoquer la nature historique et dynamique de la vie pour justifier son caractère non spécifiquement localisable et l'absence de frontières définies entre vivant et non vivant : la vie est un processus partagé, et donc la valeur l'est aussi.

Indexer la question de la dignité des plantes sur la seule possibilité d'atteindre une définition aboutie de la vie, fût-elle nominaliste ou essentielle, n'a finalement pas lieu d'être. Le nominalisme lui-même doit aussi absolument être réévalué de façon critique et pragmatiste. Tout apparaît nécessairement en termes nominalistes pour celui qui entreprend d'analyser scientifiquement l'organisation du monde naturel. La classification taxinomique, illustrée de façon emblématique par le débat sur les espèces, en est probablement le meilleur exemple. Pourtant, les seules bases nominales ne permettent pas d'atteindre une définition définitive de ce que signifie *être* vivant, ou *être* une plante,

---

1. A. Willemsen, « Moral consideration of plants for their own sake », art. cit. H.-S. Afeissa, *La communauté des êtres de nature*, Paris, MF, 2010. V. Maris, *Philosophie de la biodiversité. Petite éthique pour une nature en péril*, Paris, Buchet-Chastel, 2010.

un animal, ou encore un humain. En effet, caractériser la plante comme un membre de la « communauté biocentrique » est une définition nominaliste. Mais si nous devions considérer la plante comme une fiction nominaliste, nous entendre sur le sujet réel de l'enquête morale deviendrait alors difficile. Toute la question de la dignité des plantes se désintégrerait en éléments ou en unités de biodiversité, c'est-à-dire en « combinaisons artificielles » selon les termes de Darwin :

> Nous aurons à traiter l'espèce de la même manière que les naturalistes traitent actuellement les genres, c'est-à-dire comme de simples combinaisons artificielles, inventées pour une plus grande commodité. Cette perspective n'est peut-être pas consolante, mais nous serons au moins débarrassés des vaines recherches auxquelles donne lieu l'explication (*essence*) absolue, encore non trouvée et introuvable, du terme espèce [1].

Dans la mesure où la vie et le fait d'« être en vie » constituent indubitablement une question majeure encore non résolue, nous devons en conclure que lui accorder une importance excessive dans le débat éthique a conduit à occulter une difficulté de fond. Comment cerner le sujet même de l'enquête ? Sur quelles bases devons-nous définir une plante ? En poursuivant l'analyse de la controverse issue du rapport de la CENH, nous allons voir que le critère de vie pose problème non seulement en raison de sa définition nominaliste, mais aussi parce qu'il rapporte la valeur de tous les êtres vivants à celle des animaux, et finalement à celle des êtres humains.

---

1. C. Darwin, *On the origin of species*, London, Murray, 1859, p. 484-485.

*Le mélange des genres : un drôle
d'animal déguisé*

Concernant l'enquête suisse, il va de soi que personne n'avait l'intention d'assimiler les plantes à des animaux. Pourtant, le contexte théorique d'émergence de la question de la dignité des plantes se prêtait à une interprétation en termes de personnification ou d'animalisation des plantes. Notons que le cadre biocentrique ne présente aucun ancrage dans la réalité psychosociale : il omet la différence fondamentale entre le statut théorique des plantes et le sens commun. En effet, sur des bases nominalistes, les plantes sont des « animaux de second ordre », c'est-à-dire des autres appropriés de manière inappropriée. Dans ces conditions, la question des plantes n'apparaît plus que comme une « sorte d'éthique pour l'éthique » ou comme un « rituel de purification intellectuel »[1]. À l'intérieur de ce contexte légaliste et scientiste, accorder aux plantes un statut moral ne peut qu'aboutir à les traiter littéralement comme des animaux (ou des êtres humains), comme si les deux questions étaient nécessairement inséparables. En témoigne le florilège de commentaires humoristiques sur Internet parodiant une animalisation ou une personnification des plantes, par exemple : « le cri silencieux de l'asperge » ou « le sanglot muet de la salade ». À la sémantique littéraire préexistante s'est ajouté tout un vocabulaire visant à décrire les états de détresse des plantes. Celles-ci sont alors figurées comme un genre (« le genre chlorophyllien », « le genre feuillu ») et gratifiées d'une âme, notamment par les termes « humiliation », « injure », « offense », « barbarie » (des véganes), « cruauté », « mortification », « esclavage ». De façon plus classique, l'animalisation et la personnification

---

1. A. Sandberg, « The dignity of the carrot », , art. cit.

ont également été utilisées pour dénoncer la transgression des espèces et les monstruosités permises par le génie génétique, comme la transformation d'arbres avec de l'ADN humain pour créer des « pierres tombales transgéniques »[1]. Enfin et surtout, la CENH ainsi que la nation suisse elle-même se sont vues décerner le prix Ig-Nobel de la paix, une parodie américaine des prix Nobel qui récompense des recherches improbables, c'est-à-dire des recherches jugées ridicules ou futiles : « des recherches qui d'abord vous font rire, mais qui ensuite vous font réfléchir »[2].

La caricature des plantes sous forme d'animaux ou d'êtres humains, que ce soit dans des bandes dessinées ou par des jeux de mots, provoque depuis longtemps des effets comiques ou terrifiants sur le public. Le rire et l'horreur sont les deux faces d'une même médaille : au moins jusqu'à un certain degré, les monstruosités peuvent être amusantes. Selon Bergson, le déclenchement du rire procède de la caricature de tendances mécaniques chez les êtres vivants. Le rire surgit lorsque la création ininterrompue de formes nouvelles devient rigide et répétitive, et ceci de façon plus ou moins subtile : manies, actes automatiques, trébuchements, redoublements, allitérations[3]. Les imitations (déguisements, tenues fantaisistes, pastiches, parodies) peuvent également être vues comme des répétitions qui résulteraient d'une confusion mentale ou d'un manque d'attention. La taxinomie a son propre répertoire répétitif dont l'un des sous-produits comiques est l'assimilation des plantes à

1. H. Ring, « The dignity of plants », Archinect.com, 23 mars 2009, https://archinect.com/features/article/86646/the-dignity-of-plants.

2. http://improbable.com/ig/.

3. H. Bergson, *Le rire. Essai sur la signification du comique*, Paris, Félix Alcan, 1900, réédition P.U.F., 1940, 2002.

des animaux théoriques. Un approfondissement de la façon complexe dont plantes et animaux, ou êtres humains, viennent à s'entremêler dans des discours tant humoristiques que critiques serait ainsi utile. Citons comme exemple une analyse de la littérature scientifique :

> Les métaphores utilisées dans les actualités et Internet, comme "les organes clonés sont cultivés", "les plantes génétiquement modifiées sont des assassins", etc. peuvent être regroupées ou classifiées selon des métaphores de rang supérieur comme "les clones sont des plantes" et "les plantes sont des êtres humains"[1].

La fusion des genres fonctionne dans les deux sens. Des défenseurs des animaux ont eux aussi été critiqués pour leur transformation des animaux en plantes. Avant même que le rapport de la CENH ne soit publié en Suisse, une parodie des droits des animaux appelée « droits des plantes » a vu le jour. Elle affirme, par exemple, que « les défenseurs des droits des plantes décrivent la consommation non nécessaire des plantes ou leur abattage sans discernement comme un génocide des plantes »[2]. La plaisanterie « la salade est un meurtre » est elle aussi souvent invoquée pour stigmatiser les véganes et les végétariens. Enfin, indexer les plantes sur les animaux ou les êtres humains, et *vice versa*, indique généralement que nous avons franchi la ligne du non-sens « vers des terres absurdes »[3]. Bien qu'apparemment fantaisiste, ce rire devrait pourtant être pris au sérieux, car il représente l'une des retombées les

---

1. B. Nerlich, D. D. Clarke, R. Dingwall, « Clones and crops : the use of stock characters and word play in two debates about bioengineering », *Metaphor and Symbol* 15 (4), 2000, p. 223-239, p. 223.

2. http://rationalwiki.org/wiki/Plant_rights.

3. S. Lev-Yadun, « Bioethics. On the road to absurd land », art. cit.

plus fécondes de l'expérience suisse. Le rire dénote une raideur de pensée qui resterait autrement cachée. Nous pouvons théoriquement travestir des plantes en animaux au nom de la science. Mais cela se révèle inefficace à des fins sociales et morales. L'expérience suisse nous démontre ainsi concrètement l'affirmation qu'« il est impossible de rouvrir la question morale sans changer la théorie de la science ».

### Être exclu, être inclus ou être hors-norme : en fin de compte, qu'est-ce qu'une plante ?

#### Fétichisme contre réalisme : la Modernité à la croisée des chemins

Une conclusion majeure ressort des sections précédentes. Aussi longtemps que les plantes seront conçues comme une catégorie de la biodiversité, elles ne resteront qu'une classe d'objets rapportés aux animaux, avec lesquels elles ne présentent que des différences de degrés. Quel que soit le critère moral ou le cadre éthique, qu'il s'agisse de biocentrisme ou d'anthropologie relationnelle [1], cette difficulté persistera en toile de fond en raison de son lien intrinsèque à la structure de la connaissance biologique. Un animal théorique se trouve toujours à l'arrière-plan de la plante, parce que plantes et animaux sont devenus constitutivement indissociables dans notre corpus théorique et scientifique. Étant donné ce contexte, nous nous heurtons inévitablement à une difficulté capitale dans la considération morale des plantes, puisqu'elle ne peut opérer que sur la

---

1. Voir notamment : A. Arz de Falco, D. Müller, *Les animaux inférieurs et les plantes ont-ils droit à notre respect ? Réflexions éthiques sur la dignité de la créature*, Genève, Hygiène et Médecine, 2002. J. C. Ryan, « Passive flora ? », art. cit.

base de références externes. Or, valoriser quelque chose sur la base de références externes relève en réalité du fétichisme. Marx a développé une théorie efficace du fétichisme à propos du marché. Le marché dote les marchandises d'une valeur propre, mais dans les faits, cette valeur provient du travail, des échanges et des relations sociales qui y ont été incorporés [1]. De même, tant que les plantes demeurent théoriquement inféodées à l'idée de communauté biotique, elles ne peuvent être valorisées que pour des vertus et des propriétés attribuées selon des bases scientifiques. Elles ne peuvent alors être autre chose que des fétiches animalisés. Ainsi, en raison de l'héritage théorique du XVIIIe siècle, la question de l'éthique végétale se révèle bien plus complexe que celle de l'éthique animale. En nous en tenant à un point de vue moderne, la considération morale des plantes est condamnée soit au fétichisme soit à une pensée non scientifique ou préscientifique.

Sortir de cette impasse fétichiste réclame au moins deux étapes : tout d'abord, reconnaître la nature relationnelle de la valeur ; ensuite, rouvrir la question du statut attribué aux plantes. Comme le souligne Callicot, la valeur résulte toujours d'un sujet intentionnel. Elle n'est pas une expérience passive objectivable, mais requiert la participation d'un évaluateur [2]. Ceci contredit l'idée d'une valeur intrinsèque supposée purement objective. Pour autant, la seule reconnaissance d'une subjectivité ne suffit pas à s'affranchir d'une fétichisation irrationnelle du monde naturel. Un tel affranchissement exige en effet de prendre conscience que l'affirmation de la valeur intrinsèque des êtres humains opère au détriment de leur appartenance

1. A. Berque, *Écoumène. Introduction à l'étude des milieux humains*, Paris, Belin, 1987.

2. J. B. Callicot, « Intrinsic value in nature », art. cit.

ontologique et existentielle au monde, c'est-à-dire au détriment de leur co-création constitutive au sein d'un tout intégrateur. La valeur ne réside pas dans un sujet (A) ou dans un objet (non-A). En réalité, la valeur est « entre » (ni A ni non-A) et/ou « dans les deux » (A et non-A). La valeur, par sa nature symbolique et relationnelle, réclame de déconstruire totalement la notion de fins ultimes, et donc aussi le sujet cartésien, ou quasi cartésien dans le cas des animaux. Ceci exige l'instillation d'une véritable conscience évolutive au sein de la vie morale. Callicot avait déjà soulevé ce point en soulignant qu'avec les plantes, la déconstruction du sujet cartésien conduisait progressivement au niveau des « non-sujets »[1]. Mais il n'est pas allé jusqu'à évaluer les implications de cette affirmation pour la théorie de la science. Notre propos rend manifeste que la question morale des plantes ne constitue pas une simple étape de plus dans un continuum de déconstruction. La question morale des plantes ne peut être (r)ouverte qu'en s'écartant radicalement des références humaines et animales *et donc* en réévaluant le statut attribué aux plantes. Ceci signifie que la dénomination ontologique de « non-sujet » requiert un changement dans la théorie des sciences végétales et doit nous conduire à considérer les plantes sur des bases réalistes, comme formant une catégorie ontologique entièrement distincte et unique.

> *Rouvrir la question du règne végétal :*
> *avons-nous jamais perçu les plantes comme*
> *une catégorie d'objets ?*

Après analyse de l'expérience suisse, nous pouvons réinterpréter les divers commentaires ironiques suscités par le rapport de la CENH comme signifiant : « une plante n'est *pas* un second animal ». Cette affirmation diffère

1. J. B. Callicot, « Intrinsic value in nature », art. cit., p. 222.

radicalement de celle qui consiste à dire que les plantes ne méritent ni attention ni soin pour leur intérêt propre. Elle fait valoir que l'octroi d'un statut moral doit reposer sur des références internes : une plante doit être défendue pour elle-même. Elle ne peut l'être à partir du plan théorique de l'animal décérébré ou de l'instance biologique indifférenciée. Pour le sens commun, les plantes et les animaux appartiennent à des champs de perception et d'expérience radicalement différents, qui s'expriment généralement par la notion de « règne ». D'un point de vue scientifique, le règne, en tant que définition nominaliste, ne représente qu'une catégorie d'objets qui partagent des caractéristiques communes comme segment de la communauté biotique. En revanche, pour le sens commun, un règne correspond à la définition réelle d'une expérience sensorielle, esthétique et pragmatique de la vie quotidienne.

Il apparaît dès lors clairement impossible de donner un sens à une éthique des plantes sans rouvrir la question du règne. Cette réouverture s'impose, bien qu'en sens inverse, de la même manière que pour la question des espèces. Le débat sur la notion d'espèce rappelle la grande querelle du Moyen Âge qui a opposé les tenants du nominalisme et du réalisme au sujet des Universaux ou des essences platoniciennes. Ce débat s'est finalement conclu au xxe siècle par une assimilation des espèces à des constructions intellectuelles. Le règne ne doit pas non plus être abordé en tant qu'essence, quelle qu'en soit la nature. Il doit l'être plutôt dans sa manifestation et ses propriétés les plus concrètes. Il ne faudrait ainsi pas exclure des catégories établies par le sens commun, car toute catégorisation repose en premier lieu sur lui. La catégorisation fait partie intégrante de notre relation cognitive au monde. Les philosophes orientaux et occidentaux qui étudient notre façon de penser les êtres vivants s'accordent à dire que le sens (commun) procède à la fois du même et de l'autre, de la ressemblance et de la différence [1]. Le sens commun ne peut se réduire à des chaînes empiriques de ressemblances. Dès le départ, nous ne pouvons parler des plantes qu'en tant qu'« autres ». La similarité ne peut donc à elle seule servir de principe directeur pour progresser dans la considération morale des plantes ; l'altérité est aussi indispensable.

Plutôt que de chercher à unifier les êtres vivants sous le critère de la vie et de créer un cercle moral artificiel (intellectuel/nominaliste) d'entités qui y sont incluses, nous pensons plus pertinent de discriminer positivement ces entités, c'est-à-dire d'examiner la base empirique des différences qui les excluent. Ceci implique d'identifier ce qui les rend ontologiquement uniques et irréductibles aux autres. Si nous admettons qu'« une plante n'est pas un second animal », alors il devient crucial d'évaluer en quoi elle s'en distingue radicalement et inconditionnellement. Autrement dit, pour quelles raisons les plantes sont-elles à part, ou hors-norme ? Cette question ne doit pas nous écarter de la science, mais plutôt la pousser au-delà de son périmètre actuellement limité en demandant : « Quels sont réellement et objectivement les attributs des plantes auxquels nous accordons subjectivement de la valeur *parce qu'ils ont de la valeur ?* » (et non parce que nous projetons sur elles les attributs d'entités distinctes, elles aussi dotées de valeur). Pour cela, nous jugeons impératif de rechercher une approche plus globale et plus réaliste du règne végétal. Cette approche doit englober les caractéristiques esthétiques

1. K. Imanishi, *Le monde des êtres vivants* [1941], trad. fr. A.-Y. Gouzard, Marseille, Wildproject, 2011. K. L. F. Houle, « Animal, vegetable, mineral », art. cit.

et pragmatistes des plantes, qui loin d'être uniquement des constructions intellectuelles, constituent aussi concrètement des perceptions et des expériences (é)motionnelles de la vie quotidienne.

> *Construire une perspective postmoderne*
> *sur la vie végétale : une incommensurabilité*
> *avec la vie animale*

Dans la vie quotidienne, nul besoin d'être expert pour distinguer les plantes des animaux : même un enfant y arrive. Les plantes présentent des traits distinctifs facilement reconnaissables. Elles sont vertes et photosynthétiques, modulaires et sessiles, paisibles et sans voix. Toutefois, ces caractéristiques ne seraient-elles pas interconnectées ? Existe-t-il une propriété ou un caractère général ou intégrateur qui puisse englober ces diverses caractéristiques et expliquer la végétalité d'une plante ? Le caractère ouvert des plantes, c'est-à-dire leur forme d'existence proliférante et sans limites, est souvent évoqué. Par cette ouverture, les contours des objets deviennent plus flous et les catégories de partie et de tout tendent à se mélanger – ainsi en va-t-il des catégories d'individu, de colonie, de communauté et d'espèce [1]. C'est pourquoi définir la nature d'une entité végétale est difficile. Le caractère ouvert des plantes s'est mué en référence du devenir, capturé par le concept de rhizome dans l'œuvre de Gilles Deleuze et Felix Guattari [2]. Bien entendu, toutes les plantes ne forment pas de rhizomes au sens strictement botanique du terme. Mais le pouvoir de génération et de régénération des plantes peut raisonnablement être subsumé sous le terme générique de

---

1. F. Hallé, *Éloge de la plante, op. cit.*
2. G. Deleuze, F. Guattari, *Capitalisme et schizophrénie 2. Mille plateaux*, Paris, Minuit, 1980.

« rhizome » : proliférant, semblable à un réseau, robuste par ses connexions. Par exemple, les arbres peuvent produire des kilomètres de racines souterraines. De là, des arbres individuels rencontrés sur de vastes territoires et sur de longues périodes peuvent potentiellement composer un seul et même individu supérieur, également appelé méta-population [1].

Nous proposons de subsumer l'essence de la végétalité sous le caractère ouvert des plantes qui résulte d'un état d'être indifférencié, non polarisé. Les plantes semblent n'être tournées que vers l'extérieur, parce qu'elles n'ont ni intérieur ni extérieur au contraire des animaux qui subissent cette différenciation capitale au début de l'embryogenèse. Cette étape, appelée gastrulation [2], consiste en une invagination de l'embryon créant un véritable espace intérieur : un tube vide (l'embryon est alors appelé gastrula). Cette intériorisation de l'espace résulte d'un déplacement de ce qui était initialement tourné vers l'extérieur. L'intérieur des corps animaux équivaut à une contraction du monde extérieur plus vaste, qui se retrouve suspendu à l'intérieur. La gastrulation se distingue profondément de la division des cellules tant végétales qu'animales. Elle ne donne pas lieu à une duplication, mais plutôt à une forme d'être véritablement duelle. Sur le plan organique, elle équivaut à la différenciation ontologique d'un tout à l'origine de la centration sur le soi et de sa séparation dualiste avec le monde – parfaitement exprimées par le cartésianisme.

---

1. F. Hallé, *Éloge de la plante, op. cit.*
2. L. Wolpert, « Gastrulation and the evolution of development », *Development* 116 (Supplement), 1992, p. 7-13. L. Solnica-Krezel, « Conserved patterns of cell movements during vertebrate gastrulation », *Current Biology* 15 (6), 2005, p. R213-R228.

Chez les plantes, aucune gastrulation au cours du développement et aucun espace intérieur ne peuvent être observés. Néanmoins, des similitudes frappantes avec les animaux apparaissent lors de la reproduction. Ainsi, l'ovaire formé lors de la morphogenèse de la fleur, puis du fruit, abrite un espace intérieur fermé. Mais l'ovaire de la plante s'apparente en réalité à un pseudo espace intérieur. Contrairement à l'espace intérieur de la gastrula animale, il ne résulte pas d'un déplacement dualisant, mais plutôt d'un repliement ou d'une fusion entre des appendices [1]. Il en ressort que la différence ontologique fondamentale entre les plantes et les animaux tient au caractère cartésien de l'animal, différencié dualement, tandis que les plantes sont des êtres indifférenciés, de type prémoderne. Remarquons que dans leur plateau *Rhizome*, Deleuze et Guattari soutiennent de façon très intéressante que le devenir ne repose pas sur la dichotomie et la duplication, par un passage de un à deux, et ainsi de suite. Le devenir se fonde sur « un être à n – 1 », jamais il ne provient ni n'arrive à un état « n » achevé. Cette affirmation est confortée par une autre différence ontologique entre plantes et animaux : les plantes sont des êtres (potentiellement) immortels, alors que les animaux sont périssables. Cette différence rejoint par ailleurs celle d'un accord des animaux avec la définition du « *topos* » alors que les plantes sont des « *non-topos* ».

---

1. R. Sattler, « New approach of gynoecial morphology », *Phytomorphology* 24, 1974, p. 22-34. K. R. Sporne, *The morphology of Angiosperms : the structure and evolution of flowering plants*, London, Hutchison & Co, 1974. J. A. Verbeke, « Fusion events during floral morphogenesis », *Annual Review of Plant Physiology and Plant Molecular Biology* 43, 1992, p. 583-598.

La notion de *topos* relève du concept de lieu chez Aristote. Elle est définie dans sa *Physique* comme la « limite immobile première de l'enveloppant » (*to tou periechontos peras akinêton prôton*) [1], c'est-à-dire : la limite ou la frontière immobile immédiate qui agit pour contenir et entourer simultanément ce qui appartient à un lieu donné. Dans le cas des animaux, nous pouvons traduire et appliquer cette définition comme suit. Premièrement, dès l'instant de la conception, les animaux sont confinés et circonscrits dans un espace clos, que ce soit un œuf ou un utérus. Puis, à partir de la gastrulation, les animaux atteignent une clôture. Ils sont alors fermés et centrés sur eux-mêmes en un espace confiné, seulement traversé par un tube empli d'extérieur. Leur taille peut changer autour de ce tube, mais leur condition restera limitée, séparée du Tout extérieur. Dès lors, les animaux deviennent hétérogènes à tout ce qui se trouve à l'extérieur d'eux-mêmes. Ils doivent se développer de façon à dérober, capturer et assimiler l'extérieur sous forme de nourriture, de rapprochement et de vie sociale. Deuxièmement, l'état de clôture « n » des animaux les rend présents dans leur totalité à tout moment. En règle générale, ils sont incapables de s'adapter en produisant de nouveaux membres, poumons, ailes ou os. En conséquence, ils doivent en permanence protéger chacune de leurs parties afin de maintenir leur niveau d'intégrité vitale. Il leur faut également lutter pour se prolonger dans l'avenir au moyen de performances techniques et symboliques comme le langage. Troisièmement, parce qu'ils se concentrent autour d'un centre, les animaux ne peuvent jamais en changer. Ils peuvent aller et venir, mais d'un point de vue égocentré, ils sont immobiles, enracinés en un point fixe immuable.

---

1. Aristote, *Physique*, trad. fr. P. Pellegrin, Paris, GF-Flammarion, édition 2002, IV 212a20.

Donc, les animaux doivent développer leur sensibilité et leurs facultés mentales afin d'acquérir un sens intérieur du mouvement et de la rencontre avec Autrui, et finalement avec le Tout. Cette triple implication de la notion de *topos* appliquée aux animaux nous amène à en reformuler la définition comme : « une entité, un être ou un espace, divisé entre un dedans et un dehors, fini et autocentré ».

De cette adaptation du *topos*, nous pouvons inférer la définition d'un « non-*topos* » décrivant la végétalité. Tout d'abord, par leur absence de gastrulation, les plantes sont des êtres ouverts, non clos, dépourvus de limites définies. Elles n'ont pas besoin de prendre l'extérieur, de s'emparer et de consommer les autres, puisque, ontologiquement, elles ne manquent de rien. Dans la réalité, les plantes ne se nourrissent pas, ne s'accouplent pas et ne communiquent pas : elles sont nourriture, multiplicité et communication. Elles n'ont besoin que de s'épanouir pour maintenir un état d'être ensemble. Ensuite, les plantes ne sont jamais engendrées simultanément, en une fois. Elles s'inscrivent dans la poursuite d'un devenir perpétuel – comme le soulignent les perspectives biocentriques de Rolston vues plus haut. À tout instant, elles sont davantage que ce qu'elles montrent transitoirement et existent toujours au-delà des limites d'un *topos* ou d'un solide newtonien. Pour les plantes, un état « n » est toujours « au-delà », non atteint. C'est ce qui permet à leur devenir de se poursuivre pratiquement sans fin. Contrairement aux animaux qui dépendent de la combustion et du catabolisme, les plantes sont des êtres (photo-) synthétiques. Elles incorporent continuellement de la matière diffuse dans leur corps en expansion constante (appelé biomasse). En même temps, elles abandonnent certaines de leurs parties et remettent ainsi en circulation de la matière pour d'autres êtres. Elles ne se déploient pas grâce à des performances technosymboliques, mais par un devenir ensemble impliquant d'autres êtres – humain, animaux, microorganismes, minéraux – créant de multiples relations, ou plutôt des accès et des voies. Enfin, puisqu'elles sont non centrées, les plantes sont à la fois héliocentriques et géocentriques, c'est-à-dire « cosmocentriques ». Elles sont les médiatrices directes de la circulation de l'énergie en provenance du grand moteur primordial : le Soleil, qui leur tient rôle de cœur. Elles diffusent cette énergie sous forme de matière organique à l'ensemble de la biosphère, dont les parties se comportent comme leur cerveau et leurs membres. Entre Soleil et Terre, les plantes sont essentiellement des lignes de fuite qui partent de nulle part et ne vont nulle part. Telles des navettes, elles tissent et s'épanouissent continuellement pour recréer des connexions et réunir toutes les formes de vie et d'intelligence sur Terre.

> *Éthique végétale et biologique : mouvoir la pensée depuis des égo-centres vers des égo-périphéries*

L'argumentation de cette description préliminaire pourrait être davantage déployée. Mais d'ores et déjà, il nous apparaît clairement que l'état d'être non différencié *versus* différencié (ou non séparé *versus* séparé) suffit pour fonder les caractéristiques les plus essentielles des plantes par opposition aux animaux. Bien que la voie scientifique montre que la matière organique des plantes et des animaux témoigne des mêmes propriétés biophysiques, leurs lois ontologiques inhérentes, les plus essentielles, sont pourtant foncièrement dissemblables. Jusqu'à présent, cette profonde divergence a été occultée par l'attachement de la théorie scientifique aux objets plutôt qu'aux processus. La réalité du devenir est donc un angle mort pour la science dont l'horizon d'intelligibilité des animaux est un stade d'achèvement appelé « stade adulte ». Le devenir se termine alors par une impasse dans laquelle la vie tourne en rond et finit par dégénérer[1]. L'animal, de même que l'être humain, est capable de survivre et d'échapper à cet état périssable parce qu'il a acquis, dans le processus de différenciation de soi, une capacité de devenir entièrement nouvelle : un devenir actanciel, technique et symbolique qui culmine dans le geste et la parole[2]. Mais il nous faut bien voir que c'est la condition confinée des animaux et des êtres humains qui justifie la surévaluation de leur mouvement, de leur sensibilité, de leur agentivité et de leur psychisme.

En réalité, les plantes ne sont pas totalement dépourvues de facultés de mouvement. Des données biologiques montrent effectivement qu'elles manifestent une propension à atteindre la vie animale et sensible[3]. Cependant, ces capacités impliquent des choses distinctes pour les plantes et les animaux. La loi la plus fondamentale de la vie végétale est la synthèse et le devenir ininterrompus. Par leur devenir, les plantes répondent à leur exigence ontologique la plus essentielle, à savoir être « à n − 1 », au-delà de l'unité et de la dichotomie, au-delà de toute définition cartésienne : simplement « au-delà ». Aucun terme ne désigne correctement la condition distinctive des plantes. En effet, le terme « non-sujet » proposé par Callicot[4] et la notion de « non-*topos* » introduite dans notre essai restent, dans une certaine mesure, indexés sur une référence animale.

---

1. Ainsi Bergson considère que les êtres vivants tournent en rond sur eux-mêmes (H. Bergson, *L'évolution créatice*, *op. cit.*).

2. A. Leroi-Gourhan, *Le geste et la parole*, Paris, Albin Michel, 1964.

3. E. D. Brenner *et al.*, « Plant neurobiology », art. cit.

4. J. B. Callicot, « Intrinsic value in nature », art. cit.

En outre, ces termes ne tiennent pas compte de la tendance des plantes à une vie animale. « Devenir tout-le-monde » proposé au terme de la série des devenirs de Deleuze et Guattari[1] semble une expression plus appropriée pour souligner la capacité unique des plantes à l'immersion dans « un-être-ensemble ». C'est cet être-ensemble qui permet d'incarner le monde et d'alimenter la biosphère tout entière grâce à l'énergie solaire.

Dès que les sciences végétales ont commencé à les comparer aux animaux, les plantes ont acquis un nouveau statut dans l'histoire de l'humanité. En dépit des réserves soulevées par la référence à l'animal dans laquelle nous ne pouvons plus confiner les plantes, nous ne pouvons pas plus rejeter les plantes du côté du monde « matériel », muet et informe. Récemment, des biologistes et des philosophes ont défendu que le paradigme de l'automate appliqué aux plantes contredisait les multiples propriétés étonnamment complexes des plantes découvertes ces dernières décennies[2]. Pour autant, la façon de décrire ces propriétés continue à se rapporter à ce qui importe chez les animaux et les humains. L'utilisation de termes zoomorphiques tels que « agentivité », « intelligence », « sensibilité » et « communication » montre que la référence primordiale à l'animal, chevillée dans la théorie scientifique, n'a pas encore été complètement éliminée. Des réserves peuvent notamment être émises quant à la tentative d'extension du pathocentrisme sous le vocable de la « neurobiologie végétale »[3]. Certains rétorqueront que nous ne disposons tout simplement pas

1. G. Deleuze, F. Guattari, *Capitalisme et schizophrénie 2*, op. cit.

2. F. Hallé, *Éloge de la plante*, op. cit. A. Trewavas, « Aspects of plant intelligence », art. cit. M. Hall, *Plants as persons*, art. cit. K. L. F. Houle, « Animal, vegetable, mineral », art. cit. ; « Devenir plante », art. cit. J. C. Ryan, « Passive flora ? », art. cit.

3. E. D. Brenner *et al.*, « Plant neurobiology », art. cit.

encore de termes appropriés pour décrire les plantes et que l'utilisation de formules zoomorphiques est la seule façon d'avancer pour le moment. Nous pourrions même affirmer que la vie organique devrait être redéfinie comme source première de toute forme de sensibilité, d'intelligence et de conscience. Le cerveau n'étant qu'une instanciation de cette intelligence sensible primordiale, instanciation qui permet à l'égo de se développer et en retour de prétendre, de manière égotique, au statut de seule chose valorisable.

Comme Houle [1] le soutient, « penser l'animal » a saturé la culture occidentale et « ontostabilisé » une certaine version de la vie humaine. Cette « ontostabilisation » peut être subsumée sous le terme de « Modernité » qui culmine dans la pensée-objet et le développement égocentré. « Penser la plante » requiert un renversement de cette position, une mutation de notre égo-centre particulier en vue d'atteindre un stade « post-égo ». Pour ce faire, l'éthique biologique, nécessaire pour véritablement prendre en compte la vie végétative, devrait elle-même développer une considération morale englobante, avec une perspective ouverte depuis une périphérie environnante plutôt que depuis un centre. La véritable contre-image d'un égo-centre, à savoir un « post-égo », n'est pas un cercle ou une sphère : c'est une ligne, une « ligne de devenir ». Cette ligne n'est pas constituée d'une multiplicité de centres ou de points ni de cercles plus vastes incluant toujours plus de types de vie. Elle est un centre métamorphosé, rouvrant de nouvelles possibilités de devenir au-delà de la vie organique, technique et symbolique. Pour citer Deleuze et Guattari, seules des lignes peuvent proliférer parce qu'elles n'ont ni début ni fin [2]. Ainsi, pour transcender leur finitude, les centres

---

1. K. L. F. Houle, « Animal, vegetable, mineral », art. cit.
2. G. Deleuze, F. Guattari, *Capitalisme et schizophrénie 2*, op. cit.

devraient être transformés en lignes abstraites, en lignes de fuite ou de « déterritorialisation ».

Comprendre et respecter les plantes nous impose de *penser* moralement leur non-différenciation (ou non-division). Ceci implique d'amorcer une nouvelle forme de devenir : la pensée-devenir, qui est en même temps un devenir dans un-être-ensemble. Nous pouvons décrire la pensée-devenir comme un acte performatif de la pensée, comparable à la façon dont les plantes performent leurs vies. Cet acte performatif nous demande de retourner les solides newtoniens, *topoï* et centres en lignes de fuite aux extrémités ouvertes. Penser la plante ne se résume pas à changer l'objet sur lequel s'exerce la pensée (c'est-à-dire passer de l'animal à la plante). Cela demande de changer la pensée de l'intérieur et de s'affranchir fondamentalement d'une pensée-objet. Parce que la plante est un processus, la pensée doit également être processuelle et se déplacer d'un égo-centre vers un élargissement, aller du centre vers la ligne pour atteindre un état « égo-périphérique » où les humains rencontrent les plantes dans leur totalité, et plus seulement à travers leurs parties ou leurs fonctions transitoires. L'état égo-périphérique permet aussi la rencontre mutuelle des humains et de leur propre humanité. C'est pourquoi l'éthique biologique – ou l'éthique végétale – n'est pas seulement une entreprise normative et prescriptive, mais aussi une méthode critique de recherche d'une nouvelle conscience épistémique à partir d'une expérience perceptive et esthétique individuelle. Si nous recourons à nouveau à une notion phénoménologique, cette méthode éthique doit reposer sur une véritable forme de variation eidétique [1].

---

1. E. Husserl, *Idées directrices pour une phénoménologie, op. cit.*

*Conclusion*

La traduction scientifique qui a dépouillé les plantes de leur sensibilité, de leurs intérêts vitaux et de leur valeur ne peut être inversée simplement en leur fixant une valeur fétiche. Certes, nous pourrions chercher à valoriser les plantes par ressemblance avec ce qu'elles ne sont pas. Mais la valeur des plantes ne réside pas au premier rang dans l'évaluateur : elle appartient aux plantes elles-mêmes. Pour le sens commun et l'approche esthético-éthique des plantes, l'animal constitue un verrou théorique plutôt qu'une référence. Notre étude montre que la considération morale des plantes est beaucoup plus qu'une occasion de se confronter à une nouvelle question éthique. Elle est une incitation à rouvrir la question de la végétalité elle-même et à élargir notre perspective cognitive sur l'ontologie spécifique des plantes, rendant l'enjeu d'une éthique des plantes entièrement nouveau. En effet, il exige une réévaluation des références *à la fois* morales et cognitives et fournit des raisons pragmatistes à la réinterprétation de l'intrication de la science et de l'éthique. La science comme *épochè* morale consiste à interrompre, non pas le jugement moral, mais le moralisme atavique. Elle est une méthode ou un outil pour acquérir une faculté morale et épistémique plus élaborée. Quant à l'éthique biologique en tant que variation épistémique ou eidétique, elle n'est pas une démission parodique du jugement rationnel. Elle est un dépassement des idées préétablies.

Valoriser les plantes pour ce qu'elles sont réclame une compréhension plus éveillée de leur ontologie. Spontanément, nous tendons à confier cette compréhension à la science. Pourtant, la difficulté de s'affranchir d'une référence animale montre clairement qu'après trois siècles de sciences végétales, nous devons encore élaborer de nouveaux moyens pour comprendre véritablement ce que signifie être une plante, indépendamment d'un animal. Nous formulons l'hypothèse que donner sens à une éthique des plantes en reconnaissant leur nature indifférenciée (ou non séparée) ne pourra progresser au-delà de quelques chercheurs avertis qu'à la condition de toucher le grand public. Nous escomptons que cette reconnaissance favorise un changement majeur dans nos schémas de pensée, un changement capable de nous amener à comprendre plus en profondeur pourquoi nous devrions attribuer une valeur aux plantes [1]. Nous pourrions alors mieux adapter nos besoins humains, actuels et futurs, à leur ouverture ontologique illimitée et partager autrement avec elles les bénéfices de notre compagnonnage issu des origines de l'agriculture.

Nous tenons à remercier Christine Roberts pour sa révision linguistique. Nous sommes également très reconnaissants à Karen Houle pour l'aide apportée à la précision du manuscrit et pour la stimulation de nos discussions. Sans oublier les précieux commentaires des relecteurs anonymes d'une version antérieure de cet article.

1. S. Pouteau, « Providing grounds for agricultural ethics : the wider philosophical significance of plant life integrity » *in* T. Potthast, S. Meisch (ed.), *Climate change and sustainable development. Ethical perspectives on land use and food production*, Wageningen, Wageningen Academic Publishers, 2012, p. 154-159.

# BIBLIOGRAPHIE

ABBOT (A.), « Swiss "dignity" law is threat to plant biology », *Nature* 452, 2008, p. 919.

ABRAMSON (C. I.), GARRIDO (D. J.), LAWSON (A. L.), BROWNE (B. L.), THOMAS (D. G.), « Bioelectrical potentials of *Philodendron cordatum* : a new method for investigation of behaviour in plants », *Psychological Reports* 91, 2002, p. 173–185.

ACOSTA (F. J.), SERRANO (J. M.), PASTOR (C.), LOPEZ (F.), « Significant potential levels of hierarchical phenotypic selection in a woody perennial plant, *Cistus ladanifer* », *Oikos* 68, 1993, p. 267–272.

AFEISSA (H.-S.), *La communauté des êtres de nature*, Paris, Éditions MF, 2010.

ALEXANDRE (C. M.), HENNIG (L.), « FLC or not FLC : the other side of vernalization », *Journal of Experimental Botany* 59, 2008, p. 1127-1135.

ALLY (D.), RITLAND (K.), OTTO (S. P.), « Can clone size serve as a proxy for clone age ? An exploration using microsatellite divergence in *Populus tremuloides* », *Molecular Ecology* 17 (22), 2008, p. 4897–4911.

ALPI (A.), AMRHEIN (N.), BERTL (A.), BLATT (M. R.), BLUMWALD (E.), CERVONE (F.), *et al.*, « Plant neurobiology : no brain, no gain ? », *Trends in Plant Science* 12, 2007, p. 135-136.

AMBROSOLI (M.), REDON (O.), TOMASI (L.), GRIECO (A. J.), *Le Monde végétal (XII<sup>e</sup>-XVII<sup>e</sup> siècles)*, Vincennes, Presses universitaires de Vincennes, 1993.

AMIGUES (S.), *Études de botanique antique*, Paris, De Boccard, 2001.

ANDREWS (J. H.), « Bacteria as modular organisms », *Annual Review of Microbiology* 52 (1), 1998, p. 105-126.

ANONYME, « Notes », *Nature* 9, 1874, p. 332.

ANONYME, *Computer Hope Dictionary*, http://www.computerhope. com 2008.

ANONYME, *MedTerms Dictionary*, http://www.medterms.com 2008.

ANTOLIN (M. F.), STROBECK (C.), « The population genetics of somatic mutation in plants », *The American Naturalist* 126, 1985, p. 52–62.

APHALO (P. J.), BALLARE (C. L.), « On the importance of information acquiring systems in plant–plant interactions », *Functional Ecology* 9, 1995, p. 5-14.

ARBER (A.), *Herbals : Their Origin and Evolution : A Chapter in the History of Botany, 1470-1670* [1912], Cambridge, Cambridge University Press, 2010.

– *The Natural philosophy of plant form*, Cambridge University Press, Cambridge, 1950.

ARIEW (A.), LEWONTIN (R. C.), « The confusions of fitness », *British Journal for the Philosophy of Science* 55 (2), 2004, p. 347-363.

ARISTOTE, *Parties des Animaux*, trad. fr. P. Pellegrin, Paris, Flammarion, 2011.

– *Petits Traités d'histoire naturelle*, trad. fr. P.-M. Morel, Flammarion, 2000.

– *Physique*, trad. fr. P. Pellegrin, Paris, GF-Flammarion, édition 2002.

– *Traité de l'âme*, trad. fr. I. Auriol, Paris, Pocket, 2009.

ARZ DE FALCO (A.), MÜLLER (D.), *Les animaux inférieurs et les plantes ont-ils droit à notre respect ? Réflexions éthiques sur la dignité de la créature*, Genève, Hygiène et Médecine, 2002.

ATTFIELD (R.), « The good of trees », *Journal of Value Inquiry* 15, 1981, p. 35-54.

BAENA-GONZÁLEZ (E.), SHEEN (J.), « Convergent energy and stress signaling », *Trends in Plant Science* 13, 2008, p. 474-482.

BALUŠKA (F.), MANCUSO (S.), VOLKMANN (D.) (eds), *Communication in plants : neuronal aspects of plant life*, New York-Berlin, Springer, 2006.

BALUŠKA (F.), VOLKMANN (D.), MENZEL (D.), « Plant synapses : actin-based domains for cell-to-cell communication », *Trends in Plant Science* 10, 2005, p. 106-111.

BARBIERI (M.), *The organic codes. The birth of semantic biology*, Ancona, peQuod, 2001.

BARLOW (P. W), « Reflections on "plant neurobiology" », *BioSystems* 92 (2), 2008, p. 132-147.

BAZZAZ (F. A.), *Plants in a changing environment*, Cambridge, Cambridge University Press, 2000.

BECK (J. B.), WINDHAM (M. D.), PRYER (K. M.), « Do asexual polyploid lineages lead short evolutionary lives ? A case study from the fern genus *Astrolepis* », *Evolution* 65, 2011, p. 3217–3229.

BEGON (M.), TOWNSEND (C. R.), HARPER (J. L.), *Ecology : From Individuals to Ecosystems*, Oxford, Wiley-Blackwell, 2006.

BERGSON (H.), *L'évolution créatrice*, Paris, Félix Alcan, 1907, réédition Félix Alcan 1925.

– *Le rire. Essai sur la signification du comique*, Paris, Félix Alcan, 1900, réédition P.U.F., 1940, édition 2002.

BERTRAND (A.), « Le blé des physiocrates. Contribution à une histoire politique de l'ontologie végétale », *Cahiers philosophiques* 152, 2018, p. 9-36.

BERNIER (G.), *Darwin un pionnier de la physiologie végétale. L'apport de son fils Francis*, Académie Royale de Belgique, Bruxelles, 2013.

BERQUE (A.), *Écoumène. Introduction à l'étude des milieux humains*, Paris, Belin, 1987.

BITBOL-HESPERIÈS (A.), *Le principe de vie chez Descartes*, Paris, Vrin, 1990.

BOSCOWITZ (A.), *L'âme de la plante*, Paris, Ducrocq, 1867.

BOSE (I.), KARMAKAR (R.), « Simple models of plant learning and memory ». arXiv : cond-mat 2003 ; 0306738v2 (last update 2008).

BOSE (J. C.), *Plant response as a means of physiological investigation*, London, Longmans, Green and Co., 1906.

– *Researches on the irritability of plants*, London, Longmans, Green and Co., 1912.

BOURG (D.), PAPAUX (A.) (éd), *Dictionnaire de la pensée écologique*, Paris, P.U.F., 2015.

BRANDON (R.), « The units of selection revisited : the modules of selection », *Biology & Philosophy* 14 (2), 1999, p. 167–180.

BRASIER (C.), « A champion thallus », *Nature* 356 (6368), 1992, p. 382-383.

BRAUN (A.), STONE (C. F.), « The vegetable individual, in its relation to species », *The American Journal of Science and Arts* 19, 1853, p. 297–317.

BREESE (E. L.), HAYWARD (M. D.), THOMAS (A. C.), « Somatic selection in rye grass », *Heredity* 20, 1965, p. 367–379.

BRENNER (E. D.), STAHLBERG (R.), MANCUSO (S.), BALUŠKA (F.), VAN VOLKENBURGH (E.), « Response to Alpi, et al. : plant neurobiology : the gain is more than the name », *Trends in Plant Science* 12, 2007, p. 285-286.

BRENNER (E. D.), STAHLBERG (R.), MANCUSO (S.), VIVANCO (J.), BALUŠKA (F.), VAN VOLKENBURGH (E.), « Plant neurobiology : an integrated view of plant signaling », *Trends in Plant Science* 11 (8), 2006, p. 413-419.

BROWN (R.), *A manual of botany*, Blackwood and Sons, Edinburgh, 1874.

BUONCRISTIANI (A.), « Andrea Cesalpino as a pioneer in classification », *Kos* 212, 2003, p. 38-41.

BURGAT (F.), *Liberté et inquiétude de la vie animale*, Paris, Kimé, 2006.

BURNET (F. M.), *Self and Not-self. Cellular Immunology*, Cambridge, Cambridge University Press, 1969.

BUSS (L. W.), « Evolution, development, and the units of selection », *Proceedings of the National Academy of Sciences* 80 (5), 1983, p. 1387.

– *The Evolution of Individuality*, New Jersey, Princeton University Press, 1987.

CALLICOT (J. B.), « Intrinsic value in nature : a metaethical analysis », Electronic *Journal of Analytical Philosophy* 3, http://ejap.louisiana. edu/EJAP/1995.spring/callicott. 1995. spring.html, 1995.

CALLOT (E.), *La philosophie biologique de Goethe*, Paris, Marcel Rivière et Cie, 1971.

CALVO (P.), « The Philosophy of Plant Neurobiology : a manifesto », *Synthese* 193 (5), 2016, p. 1323-1343.

CAMPBELL (N. A.), REECE (J. B.), *Biology*, 8th edn, Redwood City, Benjamin Cumming's Publishing Company, 2008.

CANGUILHEM (G.), *La connaissance de la vie*, Paris, Vrin, 1965, réédition Vrin 2009.

– *La formation du concept de réflexe au XVII$^e$ et XVIII$^e$ siècles*, Paris, P.U.F., 1955, réédition Vrin, 1994.

CESALPINO (A.), *Questions péripatéticiennes*, [1569], trad. fr. M. Dorolle, Paris, Alcan, 1929.

– *De plantis libri XVI*, Florence, Georgium Marescottum, 1583.

CHAMOVITZ (D.), *La plante et ses sens*, trad. fr. J. Oriol, Paris, Buchet Chastel, 2014.

CLARKE (E.), « Plant Individuality : A Solution to the Demographer's Dilemma », *Biology and Philosophy* 27(3), 2012, p. 321-361.

– « The Problem of Biological Individuality », *Biological Theory* 5(4), 2010, p. 312–325.

– « Plant individuality and multilevel selection theory » *in* K. Sterelny, B. Calcott (eds.), *The Major Transitions in Evolution Revisited*, MIT Press, Cambridge, 2011, p. 227–251.

CLOUTIER (D.), RIOUX (D.), BEAULIEU (J.), SCHON (D. J.), « Somatic stability of microsatellite loci in Eastern white pine, *Pinus strobus L.* », *Heredity* 90, 2003, p. 247–252.

COCCIA (E.), *La vie des plantes. Une métaphysique du mélange*, Paris, Payot & Rivages, 2016.

COMMISSION FÉDÉRALE D'ÉTHIQUE POUR LA BIOTECHNOLOGIE DANS LE DOMAINE NON HUMAIN (CENH), *La dignité de la créature dans le règne végétal. La question du respect des plantes au nom de leur valeur morale*, https://www.ekah. admin.ch/inhalte/_migrated/content_uploads/f-Broschure-Wurde-Pflanze-2008.pdf, 2008.

CONRATH (U.), PIETERSE (C. M. J.), MAUCH-MANI (B.), « Priming in plant pathogen interactions », *Trends in Plant Science* 7, 2002, p. 210–216.

COOK (R. E), *Population Biology and Evolution of Clonal Organisms*, Yale University Press, New Haven, 1985.

– « Asexual reproduction : a further consideration », *The American Naturalist* 113 (5), 1979, p. 769–772.

– « Growth and development in clonal plant populations » *in* J. B. C. Jackson, L. W. Buss, R. E. Cook (eds.), *Population Biology and Evolution of Clonal Organisms*, New Haven, Yale University Press, 1985, p. 259–296.

– *The Biology of Seeds in the Soil. Demography and Evolution in Plant Populations*, Berkeley, University of California Press, 1980.

CORBIN (A.), *La douceur de l'ombre. L'arbre source d'émotion de l'Antiquité à nos jours*, Paris, Flammarion, 2014.

CRONE (E. E.), « Is survivorship a better fitness indicator than fecundity ? », *Evolution* 55, 2001, p. 2611-2614.

CVRČKOVÁ (F.), LIPAVSKÁ (H.), ŽÁRSKÝ (V.), « Plant intelligence Why, why not or where ? », *Plant Signaling & Behavior* 4 (5), 2009, p. 394-399.

D'AQUIN (T.), *Somme théologique*, Paris, éditions du Cerf, 2000.

DARWIN (C.), DARWIN (F.), *La faculté motrice dans les plantes* [1880], trad. fr. E. Heckel, Paris, Reinwald, 1882.

DARWIN (C.), *Les mouvements et les habitudes des plantes grimpantes* [1865], trad. fr. R. Gordon, Paris, Reinwald et Cie, 1877.

– *On the origin of species*, London, Murray, 1859.

– *L'origine des espèces au moyen de la sélection naturelle ou la lutte pour l'existence dans la nature*, trad. fr. E. Barbier, Paris, Schleicher, 1859.

– *Plantes insectivores* [1875], trad. fr. E. Barbier, Paris, Reinwald et Cie, 1877.

DARWIN (E.), *Phytologia*, J. Johnson, London, 1800.

DAUDIN (H.), *De Linné à Lamarck : méthodes de la classification et idée de série en botanique et en zoologie (1740-1790)*, Paris, Editions des archives contemporaines, 1983.

DAUGEY (F.), *Les plantes ont-elles un sexe ? Histoire d'une découverte*, Paris, Ulmer, 2015.

DAVY DE VIRVILLE (A.) (éd) *et al.*, *Histoire de la botanique en France*, Paris, SEDES, 1954.

DAWKINS (R.), *The Extended Phenotype*, Oxford, Oxford University Press, 1982.

DELAPORTE (F.), *Le second règne de la nature : essai sur les questions de la végétalité au XVIII*$^e$ *siècle*, Paris, Flammarion, 1979.

– *Le second règne de la nature*, [1979], Paris, Éditions des archives contemporaines, 2011.

DELEUZE (G.), GUATTARI (F.), *Capitalisme et schizophrénie 2. Mille plateaux*, Paris, Minuit, 1980.

DESBIEZ (M. O.), TORT (M.), THELLIER (M.), « Control of a symmetry-breaking process in the course of the morphogenesis of plantlets of *Bidens pilosa L.* », *Planta* 184, 1991, p. 397-402.

DESCARTES (R.), « L'homme » [1662, trad. fr. 1664], in *Œuvres complètes*, Paris, Vrin, 1996.

– *Discours de la méthode* [1637], Paris, Vrin, 1984.

DESCOLA (P.), *Par-delà nature et culture*, Paris, Gallimard, 2005.

DINENNY (J. R.), LONG (T. A.), WANG (J. Y.), JUNG (J. W.), MACE (D.), POINTER (S.), *et al.*, « Cell identity mediates the response of *Arabidopsis* roots to abiotic stress », *Science* 320, 2008, p. 942-945.

DRAELANTS (I.), « Expérience et autorités dans la philosophie naturelle d'Albert le Grand », dans T. Bénatouïl et I. Draelants (éd.), *Expertus sum. L'expérience par les sens dans la philosophie naturelle médiévale*, Florence, Sismel-Edizioni del Galluzzo, 2011, p. 89-121.

DROUIN (J.-M.), *L'herbier des philosophes*, Paris, Seuil, 2008.

DUMAS (R.), *Traité de l'arbre : Essai d'une philosophie occidentale*, Arles, Actes Sud, 2002.

DUPRÉ (J.), *The Disorder of Things : Metaphysical Foundations of the Disunity of Science*, Cambridge, MA, Harvard University Press, 1995.

ERIKSSON (O.), JERLING (L.), « Hierarchical selection and risk spreading in clonal plants » *in* J. van Groenendael, H. de Kroon (eds.), *Clonal Growth in Plants : Regulation and Function*, SPB Academic Publishing, The Hague, 1990, p. 79–94.

ERRERA (L.), *Receuil d'œuvres*, Bruxelles, Lamertin, 1910.

EVANS (J. P.), CAIN (M. L.), « A spatially explicit test of foraging behaviour in a clonal plant », *Ecology* 76, 1995, p. 1147–1155.

EYLES (A.) *et al.*, « Induced resistance to pests and pathogens in trees », *New Phytologist* 185 (4), 2010, p. 893–908.

FAGERSTRÖM (T.), BRISCOE (D. A.), SUNNUCKS (P.), « Evolution of mitotic cell-lineages in multicellular organisms », *Trends in Ecology & Evolution* 13 (3), 1998, p. 117–120.

FAGERSTRÖM (T.), « The meristem–meristem cycle as a basis fordefining fitness in clonal plants », *Oikos*, 63, 1992, p. 449–453.

FEDERAL ETHICS COMMITTEE ON NON-HUMAN BIOTECHNOLOGY (ECNH) 2008. *The dignity of living beings with regard to plants. Moral consideration of plants for their own sake.* En ligne sur : https://www.ekah.admin.ch/inhalte/ekah-dateien/ dokumentation/ publikationen/e-Broschure-Wurde-Pflanze-2008.pdf.

FEINBERG (J.), « The rights of animals and unborn generations » *in* W. J. Blackstone (ed.), *Philosophy and environmental crisis*, Athens, University of Georgia, 1974, p. 43-68.

FIRN (R.), « Plant intelligence : An alternative point of view », *Annals of Botany* 93,2004, p. 345-351.

FOLSE (H. J. III,) Roughgarden (J.), « Direct benefits of genetic mosaicism and intraorganismal selection : modelling coevolution between a long-lived tree and a short-lived herbivore », *Evolution*, 2001 (doi:10.1111/j.1558-5646. 2011.01500.x).

– « What is an individual organism ? A multilevel selection perspective », *The Quarterly Review of Biology* 85 (4), 2009, p. 447–472.

FONTENAY (É. de), « Les bêtes dans la philosophie et la littérature » dans D. Müller, H. Poltier (éd.), *La dignité animale*, Genève, Labor et Fides, 2000, p. 37-68.

FOX KELLER (E.), LLOYD (E.) (eds), *Keywords in Evolutionary Biology*, Cambridge, Harvard University Press, 1992.

FRANCÉ (R.), *Les sens de la plante* [1911], trad. fr. J. Baar, Paris, Adyar, 2013.

FROST (C. J.), MESCHER (M. C.), CARLSON (J. E.), MORAES (C. M.), « Plant defence priming against herbivores : getting ready for a different battle », *Plant Physiology* 146, 2008, p. 818–824.

GAGLIANO (M.), GIBSON (P.), « The feminist plant : changing relations with the water lily », *Ethics & the Environment* 22 (2), 2017, p. 125–147.

GARDNER (A.), GRAFEN (A.), « Capturing the superorganism, a formal theory of group adaptation », *Journal of Evolutionary Biology* 22, 2009, p. 659–671.

GERBER (S.), « An herbiary of plant individuality », *Philosophy, Theory, and Practice in Biology* 10 (5), 2018, p. 1-5.

GERNERT (D.), « Ockham's razor and its improper use », *Journal of Scientific Exploration* 21, 2007, p. 135-40.

GERSANI (M.), ABRAMSKY (Z.), FALIK (O.), « Density dependent habitat selection in plants », *Evolutionary Ecology* 12, 1998, p. 223–234.

GIBON (Y.), BLÄSING (O. E.), PALACIOS-ROJAS (N.), PANKOVIC (D.), HENDRIKS (J. H. M.), FISAHN (J.) *et al.*, « Adjustment of diurnal starch turnover to short days : depletion of sugar during the night leads to a temporary inhibition of carbohydrate utilization, accumulation of sugars and post-translational activation of ADP-glucose pyrophosphorylase in the following light period », *The Plant Journal* 39, 2008, p. 847-862.

GILBERT (S. F.), EPEL (D.), *Ecological Developmental Biology*, Sunderland, Sinauer Associates, 2009.

GILBERT (S. F.), SAPP (J.), TAUBER (A.), « A symbiotic view of life : we have never been individuals », *The quarterly review of biology* 87 (4), 2012, p. 325-341.

GILBERT (S. F.), TAUBER (A.), « Rethinking individuality : the dialectics of the holobiont », *Biology and Philosophy* 31(6), 2016, p. 839-853.

GILL (D. E.), CHAO (L.), PERKINS (S. L.), WOLF (J. B.), « Genetic mosaicism in plants and clonal animals », *Annual Review of Ecology, Evolution, and Systematics* 26 (1), 1995, p. 423–444.

GILL (D. E.), « Individual Plants as Genetic Mosaics : Ecological Organisms versus Evolutionary Individuals » *in* M. J. Crawley (ed.), *Plant Ecology*, Blackwell Scientific Publications, Oxford, 1986.

GODFREY-SMITH (P.), *Darwinian Populations and Natural Selection*, Oxford, Oxford University Press, 2009.

GOETHE (J. W.) von, *Essai sur la Métamorphose des plantes* [1790], trad. fr. F. de Gingins-Bassaraz, Genève-Paris, Barbezat et Cie, 1829.

GOH (C. H.), NAM (H. G.), PARK (Y. S.), « Stress memory in plants : a negative regulation of stomatal response and transient induction of *rd22* gene to light in abscisic acid-entrained *Arabidopsis* plants », *Plant Journal* 36, 2003, p. 240–255.

GOODPASTER (K. E.), « On being morally considerable », *Journal of Philosophy* 75 (6), 1978, p. 308-325.

GORELICK (R.), HENG (H. H. Q.), « Sex reduces genetic variation : a multidisciplinary review », *Evolution* 65 (4), 2011, p. 1088–1098.

GOULD (S. J.), *L'éventail du vivant : le mythe du progrès*, Paris, Seuil, 2001.

– *La structure de la théorie de l'évolution*, Paris, Gallimard, 2006.

– *The Flamingo's Smile : Reflections in Natural History*, London, Penguin books, 1991.

– *Le Sourire du flamant rose : Réflexions sur l'histoire naturelle*, Paris, Seuil, 1985 (1988 pour trad. fr.).

– *The structure of evolutionary theory*, Cambridge, MA, Harvard University Press, 2002.

GOULD (S. J.), LLOYD (E. A.), Individuality and adaptation across levels of selection : How shall we name and generalize the unit of Darwinism ? *Proceedings of the National Academy of Sciences USA*, 96, 1999.

GRAY (A.), *How plants behave*, New York, American Book Company, 1872.

GREENE (E. L.), *Landmarks of Botanical History I*, Washington, Smithsonian Institution, 1909.

– *Landmarks of Botanical History II*, Palo Alto, Stanford University Press, 1983.

GUÉDÈS (M.), « La théorie de la métamorphose en morphologie végétale : des origines à Goethe et Batsch », *Revue d'Histoire des Sciences* 22, 1969, p. 323-363.

HACHE (É.), LATOUR (B.), « Morale ou moralisme ? Un exercice de sensibilisation », *Raisons politiques* 34 (2), 2009, p. 143-165.

HADANY (L.), « A conflict between two evolutionary levels in trees », *Journal of Theoretical Biology* 208 (4), 2000, p. 507–521.

HALL (M.), « Plant Autonomy and Human-Plant Ethics », *Environmental Ethics* 31 (2), 2009, p. 169-181.

– *Plants as persons : a philosophical botany*, Albany (NY), SUNY Press, 2011.

HALLÉ (F.), *Du bon usage des arbres : Un plaidoyer à l'attention des élus et des énarques*, Arles, Actes Sud, 2011.

– *Éloge de la plante : pour une nouvelle biologie*, Paris, Seuil, 1999.

– *Plaidoyer pour l'arbre*, Arles, Actes Sud, 2005.

HAMILTON (N. R.), SCHMID (B.), HARPER (J. L.), « Life-history concepts and the population biology of clonal organisms », *Proceedings of the Royal Society of London, B : Biological Sciences* 232 (1266), 1987, p. 35–57.

HARAWAY (D. J.), « The promises of monsters : a regenerative politics for inappropriate/d others » *in* L. Grossberg, C. Nelson, P. A. Treichler (eds.), *Cultural Studies*, New York, Routledge, 1991.

HARDWICK (R. C.), « Physiological consequences of modular growth in plants », *Philosophical Transactions of the Royal Society B : Biological Sciences* 313, 1986, p. 161–173.

HARMON (S. H. E.), « Of plants and people. Why do we care about dignity ? », *EMBO reports* 10 (9), 2009, p. 946-948.

HARPER (J. L.), « Modules, branches, and the capture of resources » *in* J. B. Jackson, L. W. Buss, R. E. Cook (eds.), *Population Biology and Evolution of Clonal Animals*, Yale University Press, New Haven, 1985, p. 1–33.

– *Population Biology of Plants*, Academic, London, 1977.

HARPER (J. L.), BELL (A. D.), « The population dynamics of growth form in organisms with modular construction » *in* R. Anderson, D. Turner, L. R. Taylor (eds.), *Population Dynamics*, Oxford, Blackwell, 1979, p. 29–52.

HARRISON (R.), *Forêts. Essai sur l'imaginaire occidental*, trad. fr. F. Naugrette, Paris, Flammarion, 1992.

HARTMANN (K. M.), GRUNDY (A. C.), MARKET (R.), « Phytochrome-mediated long-term memory of seeds », *Protoplasma* 227, 2005, p. 47-52.

HASTINGS (I. M.), « Germline selection : population genetics of the sexual/asexual lifecycle », *Genetics* 129, 1991, p. 1167–1176.

HEGEL (G. W. F.), *Philosophie de la nature*, trad. fr. B. Bourgeois, Paris, Vrin, 2004.

HEIDEGGER (M.), *Les concepts fondamentaux de la métaphysique (1929-1930)*, Paris, Gallimard, 1992.

HERMITTE (M.-A.) (éd), *Le Droit du génie génétique végétal*, Paris, Librairies techniques, 1997.

– « La nature, sujet de droit ? », *Annales. Histoire, Sciences Sociales* 1, 2011, p. 173–212.

HIERNAUX (Q.), « History and Epistemology of Plant Behaviour : a pluralistic view », *Synthese* 198 (4), 2019, p. 3625-3650 : 10.1007/s11229-019-02303-9.

– « History and philosophy of early modern botany », *in* D. Jalobeanu, C. T. Wolff (eds), *Encyclopedia of Early Modern Philosophy and the Sciences*, New York, Springer, 2020.

– « Végétal (écologie, philosophie et éthique) », *La pensée écologique*, 2018, en ligne sur https://lapenseeecologique. com/vegetal-ecologie-philosophie-et-ethique/.

– *Du comportement végétal à l'intelligence des plantes ?*, Versailles, Quae, 2020.

HIERNAUX (Q.), TIMMERMANS (B.) (éd.), *Philosophie du végétal*, Paris, Vrin, 2018.

HOLDSWORTH (M. J.), BENTSINK (L.), SOPPE (W. J. J.), « Molecular networks regulating *Arabidopsis* seed maturation, afterripening, dormancy and germination », *New Phytologist* 179, 2008, p. 33-54.

HOQUET (T.) (éd), *Les fondements de la botanique. Linné et la classification des plantes*, Paris, Vuibert, 2005.

– *Buffon-Linné. Éternels rivaux de la biologie*, Paris, Dunod, 2007.

HOULE (K. L. F.), « Animal, vegetable, mineral : ethics as extension or becoming ? The case of becoming plant », *Journal for Critical Animal Studies* 9(1/2), 2011, p. 89-116.

– « Devenir plante », *Chimères* 76 (Écosophie), 2012, p. 183-194.

HUGHES (J. D.), « Theophrastus as ecologist » *in* William W. Fortenbaugh and R. W. Sharples (eds.), *Theophrastean studies*, New Brunswick, NJ : Transaction Books, 1988, p. 67-75.

HUGHES (R. N.), *A Functional Biology of Clonal Animals*, New York, Chapman & Hall, 1989.

HULL (D. L.), « Individuality and Selection », *Annual Review of Ecology and Systematics* 11, 1980, p. 311-332.

– « A matter of individuality », *Philosophy of Science* 45 (3), 1978, p. 335–360.

– « Individuality and selection », *Annual Review of Ecology, Evolution, and Systematics* 11 (1), 1980, p. 311–332.

– « Interactors versus vehicles », dans H. C. Plotkin (ed), *The role of behaviour in evolution*, MIT Press, Cambridge, MA, 1988, p. 19–51.

HUSSERL (E.), *Idées directrices pour une phénoménologie* [1913], trad. fr. P. Ricœur, Paris, Gallimard, 1950, réédition Gallimard, 1985.

HUTCHINGS (M. J.), BOOTH (D.), « Much ado about nothing… so far ? », *Journal of Evolutionary Biology* 17 (6), 2004, p. 1184–1186.

HUXLEY (J. S.), *The Individual in the Animal Kingdom*, Cambridge, Cambridge University Press, 1912.

HUXLEY (T. H.), « Upon animal individuality », *Proceedings of the Royal Institute* 1, 1852, p. 184–189.

IMANISHI (K.), *Le monde des êtres vivants* [1941], trad. fr. A.-Y. Gouzard, Marseille, Wildproject, 2011.

INOUE (J.), « A simple Hopfield-like cellular network model of plant intelligence », *Progress in Brain Research* 168, 2008, p. 169-174.

JABLONKA (E.), LAMB (M. J.), *Evolution in Four Dimensions : Genetic, Epigenetic, Behavioral, and Symbolic Variation in the History of Life*, Cambridge, MIT Press, 2005.

JACKSON (J. B. C.), COATES (A. G.), « Life cycles and evolution of clonal (modular) animals », *Philosophical Transactions of the Royal Society B : Biological Sciences* 313 (1159), 1986, p. 7.

JACKSON (J. B.), BUSS (L.W.), COOK (R.E.), *Population Biology and Evolution of Clonal Organisms*, New Haven, Yale University Press, 1985.

JAFFE (M. J.), « Thigmomorphogenesis : the response of plant growth and development to mecahnical stimulation – with special reference to *Bryonica dioica* », *Planta* 114, 1973, p. 143-157.

JAFFE (M. J.), GALSTON (A. W.), « The physiology of tendrils », *Annual Review of Plant Physiology* 19, 1968, p. 417–434.

JANZEN (D. H), « What Are Dandelions and Aphids ? », *The American Naturalist* 111(979), 1977, p. 586-589.

JELINKOVA (H.), TREMBLAY (F.), DESROCHERS (A.), « Molecular and dendrochronological analysis of natural root grafting in *Populus tremuloides* (*Salicaceae*) », *American Journal of Botany* 96 (8), 2009, p. 1500.

JERLING (L.), « Are plants and animals alike ? A note on evolutionary plant population ecology », *Oikos* 45 (1), 1985, p. 150–153.

JOHNSON (M. T. J.), FITZJOHN (R. G.), SMITH (S. D.), RAUSHER (M. D.), OTTO (S. P.), « Loss of sexual recombination and segregation is associated with increased diversification in evening primroses », *Evolution* 65, 2011, p. 3230–3240.

JONES (J. D. G.), Dangl (J. L.), « The plant immune system », *Nature* 444 (7117), 2006, p. 323–329.

JONG (T. J.) de, KLINKHAMER (P. G. L.), *Evolutionary ecology of plant reproductive strategies*, Cambridge, Cambridge University Press, 2005.

KANT (I.), *Fondements de la métaphysique des mœurs* [1785], Paris, Vrin, 1992.

KELLER (E. F.), LLOYD (E.) (eds), *Keywords in Evolutionary Biology*, Cambridge, Harvard University Press, 1992.

KELLEY (T. M.), *Clandestine Marriage : Botany and Romantic Culture*, Baltimore, The Johns Hopkins University Press, 2012.

KERR (B.), GODFREY-SMITH (P.), « Individualist and multi-level perspectives on selection in structured populations », *Biology & Philosophy* 17 (4), 2002, p. 477–517.

KLEIJN (D.), Groenendael (J. M.) van, « The exploitation of heterogeneity by a clonal plant with contrasting productivity levels », *Journal of Ecology* 87, 1999, p. 873–884.

KLEKOWSKI (E. J.), « Plant clonality, mutation, diplontic selection and mutational meltdown », *Biological Journal of the Linnean Society* 79 (1), 2003, p. 61–67.

KLEKOWSKI (E. J.), KAZARINOVA-FUKSHANSKY (N.), MOHR (H.), « Shoot apical meristems and mutation : stratified meristems and angiosperm evolution », *American Journal of Botany* 72, 1985, p. 1788–1800.

KOECHLIN (F.), « The dignity of plants », *Plant Signaling and Behavior* 4(1), 2009, p. 78-79.

KOHN (E.), *Comment pensent les forêts : vers une anthropologie au-delà de l'humain*, trad. fr. G. Delaplace, Bruxelles, Zones sensibles, 2017.

KOORNEEF (A.), PIETERSE (C. M. J.), « Cross talk in defense signaling », *Plant Physiology* 148, 2008, p. 839–844.

KUPIEC (J.-J.), *L'origine des individus*, Paris, Fayard, 2008.

LACOSTE (J.), *Goethe, science et philosophie*, Paris, Presses universitaires de France, 1997.

LARRÈRE (C.), LARRÈRE (R.), *Penser et agir avec la nature, une enquête philosophique*, Paris, La découverte, 2015.

LATOUR (B.), *Nous n'avons jamais été modernes. Essai d'anthropologie symétrique*, Paris, La découverte, 1991.

LEIGH (E. G.), « The group selection controversy », *Journal of Evolutionary Biology* 23, 2010, p. 6–19.

LENNE (C.), *Dans la peau d'une plante*, Paris, Belin, 2014.

LERDAU (M.), GERSHENZON (J.), « Allocation theory and chemical defence », dans F. A. Bazzaz, J. Grace, (eds), *Plant resource allocation*, London, Academic Press, 1997, p. 265–278.

LEROI-GOURHAN (A.), *Le geste et la parole*, Paris, Albin Michel, 1964.

LEV-YADUN (S.), « Bioethics. On the road to absurd land », *Plant Signaling & Behavior* 3(8), 2008, p. 612.

LEWONTIN (R.), « The Units of Selection », *Annual Review of Ecology and Systematics* 1, 1970, p. 1-18.

LIEUTAGHI (P.), *La plante compagne : pratique et imaginaire de la flore sauvage en Europe occidentale*, Arles, Actes Sud, 1998.

LINNAEUS (C.), *Fondements botaniques, qui, comme Prodrome à de plus amples travaux livrent la théorie de la science botanique par brefs aphorismes* [1736], trad. fr. G. Dubos et T. Hoquet, Paris, Vuibert, 2005.

LLOYD (E.), « Units and levels of selection », *Stanford Encyclopedia of Philosophy*, 2005. http : //plato.stanford.edu/entries/selection-units/#3.1.

LLOYD (G. E. R.), *Les débuts de la science grecque de Thalès à Aristote*, trad. fr. J. Brunschwig, Paris, Maspéro, 1974.

– *La science grecque après Aristote*, trad. fr. J. Brunschwig, Paris, 1990.

LOEB (L.), « The biological basis of individuality », *Science* 86, 1937, p. 1–5.

– « Transplantation and individuality », *The Biological Bulletin* 40 (3), 1921, p. 143.

LOVEJOY (A.), *The Great Chain of Being : A Study of the History of an Idea* [1936], Cambridge, Harvard University Press, 1964.

LOVETT DOUST (L.), LOVETT DOUST (J.), « The battle strategies of plants », *New Scientist* 95, 1982, p. 81–84.

LOWENHAUPT TSING (A.), *Le champignon de la fin du monde. Sur la possibilité de vivre dans les ruines du capitalisme*, trad. fr. P. Pignarre, Paris, La découverte, 2017.

LOXDALE (H. D.), « The nature and reality of the aphid clone : genetic variation, adaptation and evolution », *Agricultural and Forest Entomology* 10, 2008, p. 81–90.

LUDWIG (P.), PRADEU (T.) (éds.), *L'individu : Perspectives contemporaines*, Paris, Vrin, 2008.

LUSHAI (G.), LOXDALE (H. D.), ALLEN (J. A.), « The dynamic clonal genome and its adaptive potential », *Biological Journal of the Linnean Society* 79, 2003 p. 193–208.

LYNDON (R. F.), *Plant Development*, London, Unwin Hyman, 1990.

MacDonald (S. E.), Leiffers (V. J.), « Rhizome plasticity and clonal foraging of *Calamagrostis canadensis* in response to habitat heterogeneity », *Journal of Ecology* 81, 1993, p. 769–776.

Maeterlinck (M.), *L'intelligence des Fleurs*, Paris, E. Fasquelle, 1907.

Magnin-Gonze (J.), *Histoire de la botanique*, Paris, Delachaux et Niestlé, 2015.

Maher (C.), *Plant Minds : A philosophical Defense*, New York, Routledge, 2017.

Malaterre (C.), « On what it is to fly can tell us something about what it is to live », *Origins of Life and Evolution of Biospheres* 40 (2), 2010, p. 169-177.

Mancuso (S.), Viola (A.), *L'intelligence des plantes*, trad. fr. R. Temperini, Paris, Albin Michel, 2018.

Marcotrigiano (M.), « Herbivory could unlock mutations sequestered in stratified shoot apices of genetic mosaics », *American Journal of Botany* 87 (3), 2000, p. 355-361.

Marder (M.), « Vegetal Antimetaphysics : Learning from Plants », *Continental Philosophy Review* 44, 2011, p. 469-470.

– « Plant-Soul : The Elusive Meanings of Vegetative Life », *Environmental Philosophy* 8 (1), 2011, p. 83–99.

– « The Life of Plants and the Limits of Empathy », *Dialogue : Canadian Philosophical Review* 51 (2), 2012, p. 259-273.

– « Plant intentionality and the phenomenological framework of plant intelligence », *Plant Signaling & Behavior* 7(11), 2012, p. 1–8.

– « Resist like a Plant », *Peace Studies Journal* 5(1), 2012, p. 24-32.

– « Plant intelligence and attention », *Plant Signaling and Behavior* 8(5), 2013.

– « The Multiple Realizability of Biological Individuals », *Journal of Philosophy* 110, 2013, p. 413-435.

– « Is it ethical to eat plants ? », *Parallax* 19 (1), 2013, p. 29–37.

– « What is Plant-Thinking ? », *Klesis. Revue philosophique* 25, 2013, p. 124-143.

– *Plant-Thinking a Philosophy of Vegetal Life*, New York, Columbia University Press, 2013.

– *The Philosopher's Plant : An Intellectual Herbarium*, New York, Columbia University Press, 2014.

– « For a Phytocentrism to Come », *Environmental Philosophy* 11, 2014.

– « The Sense of Seeds, or Seminal Events », *Environmental Philosophy* 12(1), 2015, p. 87-97.

MARDER (M.), IRIGARAY (L.), *Through vegetal Being*, New York-Chichester, Columbia University Press, 2016.

MARIS (V.), *Philosophie de la biodiversité. Petite éthique pour une nature en péril*, Paris, Buchet-Chastel, 2010.

MARTENS (J.), « Organisms in evolution », *History and Philosophy of the Life Sciences* 32, 2010, p. 373–400.

MASSA (G. D.), Gilroy (S.), « Touch modulates gravity sensing to regulate the growth of primary roots of *Arabidopsis thaliana* », *Plant Journal* 33, 2003, p. 435–445.

MAYNARD SMITH (J.), SZATHMÁRY (E.), *The Major Transitions in Evolution*, Freeman, New York, 1995.

MAYR (E.), « What is a species, and what is not ? », *Philosophy of Science* 63 (2), 1996, p. 262–277.

MEDAWAR (P. B.), *The Uniqueness of the Individual*, Dover Publications, New York, 1957.

METCHNIKOFF (E.), *Immunity in Infective Diseases*, trad. F. G. Binnie, Cambridge, Cambridge University Press, 1905.

METLEN (K. L.), Aschehoug (E. T.), Callaway (R. M.), « Plant behavioural ecology : dynamic plasticity in secondary metabolites », *Plant Cell and Environment* 32, 2009, p. 641–653.

MICHOD (R. E.), *Darwinian Dynamics*, Princeton, Princeton University Press, 1999.

MICHOD (R. E.), HERRON (M. D.), « Cooperation and conflict during evolutionary transitions in individuality », *Journal of Evolutionary Biology* 19 (5), 2006, p. 1406–1409.

MICHOD (R. E.), NEDELCU (A. M.), « On the reorganization of fitness during evolutionary transitions in individuality », *Integrative and Comparative Biology* 43 (1), 2003, p. 64–73.

MILLER (E. P.), *The Vegetative Soul : From Philosophy of Nature to Subjectivity in the Feminine*, Albany, State University of New York Press, 2002.

MOISO (F.), « De Candolle et Goethe. Botanique et Philosophie de la Nature entre la France et l'Allemagne », *Sciences et techniques en perspective* 2(1), 1996, p. 85-123.

MOLVRAY (M.), « Biological factors in the evolution of intelligence », http://www.molvray.com/sf/exobio/recog.htm, 2007.

MONRO (K.), POORE (A. G. B.), « Selection in modular organisms : is intraclonal variation in macroalgae evolutionarily important ? », *The American Naturalist* 163 (4), 2004, p. 564–578.

— « The potential for evolutionary responses to cell-lineage selection on growth form and its plasticity in a Red Seaweed », *The American Naturalist* 173 (2), 2009, p. 151–163.

MOULINIER (L.), « Un échantillon de la botanique d'Albert le Grand », *Médiévales : langue, textes, histoire*, t. 16-17, 1989, p. 179-185.

MÜNCH (E.), « Untersuchungen über die Harmonie der Baumgestalt », *Jahrbücher für Wissenschaftliche Botanik* 86, 1938, p. 581–673.

MURCHISON (E. P.), « Clonally transmissible cancers in dogs and Tasmanian devils », *Oncogene* 27, 2008, p. 19–30.

MYERS (N.), « Conversations on Plant Sensing : Notes from the Field », *Nature Culture* 3, 2015, p. 35-66.

NAIK (G.), « Switzerland's green power revolution : ethicists ponder plants'rights », *Wall Street Journal*, 10 octobre 2008, http://online.wsj.com/article/SB122359549477921201.html.

NASRALLAH (J. B.), « Recognition and rejection of self in plant self-incompatibility : comparisons to animal histocompatibility », *Trends in Immunology* 26 (8), 2005, p. 412–418.

NEIMAN (M.), LINKSVAYER (T. A.), « The conversion of variance and the evolutionary potential of restricted recombination », *Heredity* 96, 2006, p. 111–121.

NEMHAUSER (J. L.), « Dawning of a new era : photomorphogenesis as an integrated molecular network », *Current Opinion in Plant Biology* 11, 2008, p. 4-8.

NERLICH (B.), CLARKE (D. D.), DINGWALL (R.), « Clones and crops : the use of stock characters and word play in two debates about bioengineering », *Metaphor and Symbol* 15 (4), 2000, p. 223-239.

NIKLAS (K.J.), *The Evolutionary Biology of Plants*, Chicago, University of Chicago Press, 1997.

NOZUE (K.), MALOOF (J. N.), « Diurnal regulation of plant growth », *Plant, Cell & Environment* 29, 2006, p. 396-408.

OFFRAY DE LA METTRIE (J.), *L'homme plante*, Potsdam, C. F. Voss, 1748.

OKASHA (S.), *Evolution and the Levels of Selection*, Oxford, Oxford University Press, 2006.

ORIVE (M. E.), « Somatic mutations in organisms with complex life histories », *Theoretical Population Biology* 59 (3), 2001, p. 235-249.

OTTO (S. P.), HASTINGS (I. M.), « Cell lineage selection, germinal mosaics, and evolution-mutation and selection within the individual », *Genetica-Den Haag* 102, 1998, p. 507-524.

OTTO (S. P.), ORIVE (M. E.), « Evolutionary consequences of mutation and selection within an individual », *Genetics* 141, 1995, p. 1173–1187.

PAN (J. P.), PRICE (J. S.), « Fitness and evolution in clonal plants : the impact of clonal growth », *Evolutionary Ecology* 15 (4–6), 2001, p. 583-600.

PEDERSEN (B.), TUOMI (J.), « Hierarchical selection and fitness in modular and clonal organisms », *Oikos* 73 (2), 1995, p. 167–180.

PELT (J.-M.), *Les Plantes : amours et civilisations végétales*, Paris, Fayard, 1980.

– *L'évolution vue par un botaniste*, Paris, J'ai lu, 2012.

– *Les langages secrets de la nature la communication chez les animaux et les plantes*, Paris, Fayard, 1996.

PEPPER (J. W.), HERRON (M. D.), « Does biology need an organism concept ? », *Biological Reviews* 83 (4), 2008, p. 621–627.

PERERA (I. Y.), HEILMANN (I.), CHANG (S. C.), BOSS (W. F.), Kaufman (P. B.), « A role for inositol 1,4, 5-trisphosphate in gravitropic signaling and the retention of cold-perceived gravistimulation of oat shoot pulvini », *Plant Physiology* 125, 2001, p. 1499-1507.

PFEFFER (W.), *Pflanzenphysiologie*, Leipzig, Engelmann, 1881.

PIAGET (J.), *Behaviour and evolution*, London, Routledge and Kegan Paul, 1979.

PINEDA-KRCH (F.), FAGERSTRÖM (T.), « On the potential for evolutionary change in meristematic cell lineages through intraorganismal selection », *Journal of Evolutionary Biology* 12 (4), 1999, p. 681–688.

PINEDA-KRCH (F.), LEHTILÄ (K.), « Costs and benefits of genetic heterogeneity within organisms », *Journal of Evolutionary Biology* 17 (6), 2004, p. 1167–1177.

– « Cell lineage dynamics in stratified shoot apical meristems », *Journal of Theoretical Biology* 219 (4), 2002, p. 495–505.

PLINE, *Histoire naturelle*, trad. fr. S. Schmitt, Paris, Gallimard, 2013.

POLLAN (M.), *The botany of desire : a plant's-eye view of the world*, New York, Random House, 2002.

POORE (A. G. B.), FAGERSTRÖM (T.), « A general model for selection among modules in haplo-diploid life histories », *Oikos* 92 (2), 2001, p. 256–264.

POUTEAU (S.), « Beyond "Second Animals" : Making Sense of Plant Ethics », *Journal of Agricultural and Environmental Ethics* 27 (1), 2014, p. 1-25.

– « Plants as open beings : from aesthetics to plant-human ethics » *in* A. Kallhoff, M. Di Paola et M. Schörgenhumer (eds.), *Plant Ethics : Concepts and applications*, London-New York, Routledge, 2018, p. 82-97.

– « Providing grounds for agricultural ethics : the wider philosophical significance of plant life integrity » *in* T. Potthast, S. Meisch (eds.), *Climate change and sustainable development. Ethical perspectives on land use and food production*, Wageningen, Wageningen Academic Publishers, 2012, p. 154-159.

PRADEU (T.), « What is an organism ? An immunological answer », *History and Philosophy of the Life Sciences* 32, 2010, p. 247–268.

PRADEU (T.), CAROSELLA (E. D.), « On the definition of a criterion of immunogenicity », *Proceedings of the National Academy of Sciences* 103 (47), 2006, p. 17858-17861.

PRUSINKIEWICZ (P.), HAMMEL (M.), MECH (R.), « Visual Models of Morphogenesis : A Guided Tour », http : //algorithmicbotany. org, 1997.

PRUSINKIEWICZ (P.), HANAN (J.), HAMMEL (M.), MECH (R.), ROOM (P. M.), Remphrey (W. R.), *et al.*, *Plants to ecosystems : Advances in computational life sciences*, Colingwood (Australia), CSIRO, 1997.

PRUSINKIEWICZ (P.), LINDENMEYER (A.), *The algorithmic beauty of plants*, New York-Berlin-Heidelberg, Springer 1990.

PRUSINKIEWICZ (P.), ROLLAND-LAGAN (A.-G.), « Modeling plant morphogenesis », *Current Opinion in Plant Biology* 9, 2006, p. 83-88.

PSEUDO-ARISTOTE, *Des plantes*, trad. fr. M. Federspiel et M. Cronier, Paris, Les belles lettres, 2018.

PTASHNE (M.), *A genetic switch. Third edition : phage lambda revisited*, Cold Spring Harbor, NY, Cold Spring Harbor Laboratory Press, 2004.

QUELLER (D. C.), STRASSMANN (J. E.), « Beyond society : the evolution of organismality », *Philosophical Transactions of the Royal Society B : Biological Sciences* 364, 2009, p. 3143–3155.

RAVEN (P.), EVERT (R.), EICHORN (S.), *Biologie végétale*, 3ᵉ éd., trad. fr. J. Bouharmont, Bruxelles, De Boeck, 2014.

RAYNAL-ROQUES (A.), *La botanique redécouverte*, Paris, Belin, 1994.

REEDS (K. M.), « Albert on the natural philosophy of plant life » *in* J. A. Wheisheipl (ed.), *Albertus Magnus and the sciences*, Toronto, Pontifical Institute of Mediaeval Studies, 1980, p. 341-354.

RENCK (J.-L.), SERVAIS (V.), *L'éthologie : histoire naturelle du comportement*, Paris, Seuil, 2002.

RIEGER (T.), NEUBAUER (Z.), BLAHUŠKOVÁ (A.), CVRČKOVÁ (F.), MARKOŠ (A.), « Bacterial body plans : colony ontogeny in *Serratia marcescens* », *Communicative and Integrative Biology* 1, 2008, p. 78-87.

RING (H.), « The dignity of plants », *Archinect.com*, 23 mars 2009, https : //archinect.com/features/article/86646/the-dignity-of-plants.

ROLLAND-LAGAN (A.-G.), PRUSINKIEWICZ (P.), « Reviewing models of auxin canalization in the context of leaf vein pattern formation in *Arabidopsis* », *The Plant Journal* 44, 2005, p. 854-865.

ROLSTON III (H.), « Value in nature and the nature of value » *in* R. Attfield, A. Belsey (eds.) *Philosophy and natural environment*, Cambridge, Cambridge University Press, 1994.

– « What do we mean by the intrinsic value and integrity of plants and animals ? » » *in* D. Heaf, J. Wirz (eds.), *Genetic engineering and the intrinsic value and integrity of animals and plants. Proceedings of an Ifgene workshop*, Hafan (UK), Ifgene, 2002, p. 5-10.

ROSENBLUETH (A.), WEINER (N.), BIGELOW (J.), « Behaviour, purpose and teleology », *Philosophy of Science* 10, 1943, p. 18-24.

RUNYON (J. B.), MESCHER (M. C.), MORAES (C. M.), « Volatile chemical cues guide host location and host selection by parasitic plants », *Science* 313, 2006, p. 1964–1967.

RUSSELL (E. S.), *The study of behaviour*, Aberdeen, British Association for the Advancement of Science, 1934.

– *The directiveness of organic activities*, Cambridge, Cambridge University Press, 1946.

RYAN (J. C.), « Passive flora ? Reconsidering nature's agency through Human-Plant Studies (HPS) », *Societies* 2(3), 2012, p. 101-121.

SACHS (J.) von, *Vorlesung über Pflanzen-Physiologie*, Leipzig, Engelmann, 1882.

– *Handbuch der Experimentalphysiologie der Pflanzen*, Leipzig, Engelmann, 1865.

– *Lectures on the physiology of plants*, Oxford, Clarendon Press, 1887.

– *Histoire de la botanique du XVI$^e$ siècle à 1860*, trad. fr. H. de Varigny, Paris, Reinwald & Cie, 1892.

SACHS (T.), « Integrating cellular and organismic aspects of vascular differentiation », *Plant and Cell Physiology* 41, 2000, p. 649-656.

SALZMAN (A. G.), « Habitat selection in a clonal plant », *Science* 228 (4699), 1985, p. 603-604.

SANDBERG (A.), « The dignity of the carrot », *Practical Ethics*, 24 avril 2008, http://blog.practicalethics.ox.ac.uk/2008/04the-dignity -of-the-carrot/.

SARTRE (J.-P.), *La Nausée* (1938), Paris, Gallimard, 1972.

SATTLER (R.), « New approach of gynoecial morphology », *Phytomorphology* 24, 1974, p. 22-34.

SAUER (M.), BALLA (J.), LUSCHNIG (C.), WISNIEWSKA (J.), REINOHL (V.), FRIML (J.), BENKOVÁ (E.), « Canalization of auxin flow by Aux/IAA-ARF-dependent feedback regulation of PIN polarity », *Genes & Development* 20, 2006, p. 2902-2911.

SCHMIDT (H.), « The dignity of man and the intrinsic value of the creature (*Würde der Kreatur*) – conflicting or interdependent legal concepts in legal reality ? » *in* D. Heaf, J. Wirz (eds.), *The Intrinsic Value and Integrity of Plants in the Context of Genetic Engineering. Proceedings of an Ifgene workshop*, Hafan (UK), Ifgene, 2001, p. 19-23.

SCOTT-TURNER (J.), *The tinkerer's accomplice*, Harvard University Press, Cambridge MA, 2007.

SILVERTOWN (J. W.), CHARLESWORTH (D.), *Introduction to Plant Population Biology*, Oxford, Wiley-Blackwell, 2001.

SILVERTOWN (J. W.), GORDON (D. M.), « A Framework for Plant Behavior », *Annual Review of Ecology and Systematics* 20, 1989, p. 349-366.

SILVERTOWN (J. W.), *Demons in Eden : the Paradox of Plant Diversity*, The University of Chicago Press, Chicago, 2005.

SIMONDON (G.), *L'individuation à la lumière des notions de forme et d'information*, Grenoble, Editions Jérôme Millon, 2013.

SINGER (P.), *Animal liberation*, New York, Harper Collins Publishers, 1975.

SMITH (A. M.), STITT (M.), « Coordination of carbon supply and plant growth », *Plant, Cell & Environment* 30, 2007, p. 1126-1149.

SMITH (R. S.), GUYOMARC'H (S.), MANDEL (T.), REINHARDT (D.), KUHLEMEIER (C.), PRUSINKIEWICZ (P.), « A plausible model of phyllotaxis », *Proceedings of the National Academy of Sciences of the United States of America* 103, 2006, p. 1301-1306.

SOLBRIG (O. T.), *Demography and Evolution in Plant Populations*, Botanical monographs, vol. 15, Berkeley, University of California Press, 1980.

SOLNICA-KREZEL (L.), « Conserved patterns of cell movements during vertebrate gastrulation », *Current Biology* 15 (6), 2005, p. R213-R228.

SPORNE (K. R.), *The morphology of Angiospserms : the structure and evolution of flowering plants*, London, Hutchison & Co, 1974.

STENHOUSE (D.), *The evolution of intelligence—a general theory and some of its implications*, London, George Allen and Unwin, 1974.

STERELNY (K.), GRIFFITHS (P. E.), *Sex and Death : an Introduction to Philosophy of Biology*, Chicago, University of Chicago Press, 1999.

STEWART (F. C.), MAPES (M. O.), SMITH (J.), « Growth and organized development of cultured cells. I. Growth and division of freely suspended cells », *American Journal of Botany* 45 (9), 1958, p. 693–703.

STITT (M.), GIBON (Y.), LUNN (J. E.), PIQUES (M.), « Multilevel genomics analysis of carbon signaling during low carbon availability : coordinating the supply and utilisation of carbon in a fluctuating environment », *Functional Plant Biology* 34, 2007, p. 526-549.

STONE (C.), « Should trees have standings ? – Towards legal rights for natural objects », trad. fr. C. Larrère, *Les arbres doivent-ils pouvoir plaider ?* Lyon, Le passage clandestin, 2017.

STRUIK (P. C.), YIN (X.), MEINKE (H.), « Plant neurobiology and green plant intelligence, science, metaphors and nonsense », *Journal of the Science of Food and Agriculture 88*, 2008, p. 363-370.

SUNG (S.), AMASINO (R. M.), « Molecular genetic studies of the memory of winter », *Journal of Experimental Botany* 57, 2006, p. 3369-3377.

SUTHERLAND (W. J.), WATKINSON (A. R.), « Somatic mutation : do plants evolve differently ? », *Nature* 320, 1986, p. 305.

TASSIN (J.), *À quoi pensent les plantes*, Paris, Odile Jacob, 2016.

TAUBER (A. I.), « The biological notion of self and non-self », *The Stanford Encyclopedia of Philosophy*, 2009. http://plato.stanford.edu/entries/biology-self/.

TAYLOR (P. W.), « The ethics of respect of nature », *Environmental Ethics* 3(3), 1981, p. 197-218.

THAGARD (P.), *Mind. Introduction to cognitive science*, Cambridge MA, MIT Press, 1996.

THELLIER (M.), *Les plantes ont-elles une mémoire ?* Versailles, Quae, 2015.

THELLIER M., DESBIEZ (M. O.), CHAMPAGNAT (P.), KERGOSIEN (Y.), « Do memory processes occur also in plants ? » *Physiologia Plantarum* 56, 1982, p. 281-284.

THÉOPHRASTE, *Les causes des phénomènes végétaux*, 3 t., trad. fr. S. Amigues, Paris, Les Belles Lettres, 2012-2017.

– *Recherches sur les plantes*, trad. fr. S. Amigues, Paris, Les Belles Lettres, 2003.

TINBERGEN (N.), « On aims and methods of ethology », *Zeitschrift für Tierpsychologie* 20, 1963, p. 410-433.

TOWNSEND (C. R.), BEGON (M.), HARPER (J. L.), *Essentials of Ecology*, Oxford, Blackwell, 2003.

TREAT (M.), « Observations on the sundew », *American Naturalist* 7, 1873, p. 705–708.

TREWAVAS (A.), « A brief history of systems biology », *Plant Cell* 18, 2007, p. 2420–2430.

– « Aspects of plant intelligence », *Annals of Botany* 92 (1), 2003, p. 1-20.

– « Aspects of plant intelligence : an answer to Firn », *Annals of Botany* 93, 2004, p. 353-357.

– « Green plants as intelligent organisms », *Trends in Plant Sciences* 10 (9), 2005, p. 413-419.

– « How plants learn », *Proceedings of the National Academy of Sciences of the United States of America* 96, 1999, p. 4216-4218.

– « Plant intelligence : Mindless mastery », *Nature* 415, 2002, p. 841.

– « Plant intelligence », *Naturwissenschaften* 92, 2005, p. 401-413.

– « Plant neurobiology–all metaphors have value », *Trends in Plant Sciences* 12, 2007, p. 231-233.

– « What is plant behaviour ? », *Plant, Cell & Environment* 32, 2009, p. 606-616.

– *Plant Behaviour and intelligence*, Oxford, Oxford University Press, 2014.

TREWAVAS (A.), BALUŠKA (F.), « The ubiquity of consciousness », *EMBO Reports* 12, 2011, p. 1221-1225.

TUOMI (J.), VUORISALO (T.), « What are the units of selection in modular organisms ? », *Oikos* 54 (2), 1989, p. 227-233.

– « Hierarchical selection in modular organisms », *Trends in Ecology & Evolution* 4 (7), 1989, p. 209–213.

TURKINGTON (R.), HARPER (J. L.), « The growth, distribution and neighbour relationships of *Trifolium repens* in a permanent pasture, IV. Fine scale differentiation », *Journal of Ecology* 67, 1979, p. 245–254.

VALLAD (G. E.), GOODMAN (R. M.), « Systemic acquired resistance and induced systemic resistance in conventional agriculture », *Crop Science* 44 (6), 2004, p. 1920-1934.

VAN DUIJN (M.), KEIJZER (F.), FRANKEN (D.), « Principles of minimal cognition : casting cognition as sensorimotor coordination », *International Society for Adaptive Behavior* 14 (2), 2006, p. 157-170.

VAN OPPEN (M. J. H.), Souter (M.), Howells (E. J.), Heyward (A.), Berkelmans (R.), « Novel genetic diversity through somatic mutations : fuel for adaptation of reef corals ? », *Diversity* (3), 2011, p. 405–423.

VAN VALEN (L.), « Arborescent animals and other colonoids », *Nature* 276, 1978, p. 318.

– « Three paradigms of evolution », *Evolutionary Theory* 9, 1989, p. 1-17.

VERBEKE (J. A.), « Fusion events during floral morphogenesis », *Annual Review of Plant Physiology and Plant Molecular Biology* 43, 1992, p. 583-598.

VERDEIL (J.) *et al.*, « Pluripotent versus totipotent plant stem cells : dependence versus autonomy ? », *Trends in Plant Science* 12 (6), 2007, p. 245–252.

WANDERSEE (J. H.), CLARY (R. M.), « Advances in Research Towards a Theory of Plant Blindness », *Proceedings of the 6th International Congress on Education in Botanic Gardens at Oxford University*, London, Botanic Gardens Conservation International, 2006.

WANDERSEE (J. H.), SCHLUSSLER (E. E.), « Preventing Plant Blindness », *The American Biology Teacher* 61, 1999, p. 84-86.

— « Toward a Theory of Plant Blindness », *Plant Science Bulletin* 47, 2001, p. 2-9.

WATKINSON (A. R), WHITE (J.), « Some life-history consequences of modular construction in plants », *Philosophical Transactions of the Royal Society B : Biological Sciences* 313 (1159), 1986, p. 31–51.

WEEKS (A. R.), HOFFMAN (A. A.), « Intense selection of mite clones in a heterogeneous environment », *Evolution* 52, 1998, p. 1325–1333.

WEINIG (C.) *et al.*, « Antagonistic multilevel selection on size and architecture in variable density settings », *Evolution* 61 (1), 2007, p. 58–67.

WEISMANN (A.), « The continuity of the germ-plasm as the foundation of a theory of heredity », *Essays upon Heredity and Kindred Biological Problems*, Clarendon Press, Oxford, 1885, p. 161–254.

WHITE (J.), « The plant as a metapopulation », *Annual Review of Ecology, Evolution, and Systematics* 10(1), 1979, p. 109–145.

WHITHAM (T. G.), SLOBODCHIKOFF (C. N.), « Evolution by individuals, plant-herbivore interactions, and mosaics of genetic variability : the adaptive significance of somatic mutations in plants », *Oecologia* 49 (3), 1981, p. 287–292.

WIKBERG (S.), « Fitness in clonal plants », *Oikos* 72(2), 1995, p. 293–297.

WILKINS (M. B.), « Are plants intelligent ? » *in* P. Day, C. Catlow (eds.), *Bycicling to utopia*, Oxford, Oxford University Press, 1995.

WILLEMSEN (A.), « Moral consideration of plants for their own sake » *in* K. Millar, P. Hobson West, B. Nerlich (eds.), *Ethical futures : bioscience and food horizons*, Wageningen, Wageningen Academic Publishers, 2009, p. 434-439.

WILLIAMS (G. G.), « Retrospect on modular organisms », *Philosophical Transactions of the Royal Society B : Biological Sciences* 313 (1159), 1986, p. 245–250.

WILSON (A. C. C.), Sunnucks (P.), Hales (D. F.), « Heritable genetic variation and potential for adaptive evolution in asexual aphids (*Aphidoidea*) », *Biological Journal of the Linnean Society* 79, 2003, p. 115–135.

WILSON (J.), *Biological Individuality : The Identity and Persistence of Living Entities*, Cambridge, Cambridge University Press, 1999.

WILSON (R. A.), « The biological notion of individual », *The Stanford Encyclopedia of Philosophy* (Fall 2007). http://plato.stanford.edu/archives/fall2007/entries/biology-individual/.

WINKLER (E.), FISCHER (M.), « Two fitness measures for clonal plants and the importance of spatial aspects », *Plant Ecology* 141 (1), 1999, p. 191–199.

WOLPERT (L.), « Gastrulation and the evolution of development », *Development* 116(Supplement), 1992, p. 7-13.

ZWART (H.), « Biotechnology and naturalness in the genomic era : plotting a timetable for the biotechnology debate », *Journal of Agricultural and Environmental Ethics* 22 (6), 2009, p. 505-529.

*Remerciements*

Ce livre est le fruit d'un travail collectif. Je voudrais tout d'abord remercier Michel Malherbe qui a cru en mon projet et Gaël Kervoas qui a aidé à sa concrétisation. Ensuite, les différents auteurs du volume qui ont accepté de céder leurs droits pour permettre la publication et parfois la traduction inédite en français de leur texte. Enfin, les traducteurs avec lesquels j'ai collaboré étroitement qui ont donné de leur temps sans compter. Je pense ici à Sophie Gerber, Antoine Daratos et tout particulièrement à Corentin Tresnie.

L'édition de ce volume a également bénéficié d'une aide financière du Centre de recherche en philosophie (PHI) de l'Université libre de Bruxelles dont je remercie le directeur, Arnaud Pelletier, pour son soutien. Ma gratitude va également au Fonds National de la Recherche Scientifique de Belgique qui m'a octroyé un mandat postdoctoral de chargé de recherches pendant lequel j'ai pu, entre autres choses, réaliser ce travail.

À titre plus personnel, je voudrais remercier Benoît Timmermans pour ses conseils, sa sagacité, son optimisme et surtout sa bienveillance à toute épreuve.

# TABLE DES MATIÈRES

Achevé d'imprimer en juin 2021
La Manufacture - *Imprimeur* – 52200 Langres – Tél. : (33) 325 845 892
Imprimé en France – N° : 210599 – Dépôt légal : juillet 2021